U0897610

选择革命

长征中的红军女战士

CHOOSING REVOLUTION

Chinese Women Soldiers on the Long March

杨·海伦（Helen Praeger Young）/著
朱晋平 等/译 罗敏/校译

中共中央党校出版社
The Central Party School Publishing House

图书在版编目(CIP) 数据

选择革命——长征中的红军女战士/〔美〕杨·海伦（Young，H.P.）著，朱晋平等译，罗敏校译.—北京：中共中央党校出版社，2011.6

ISBN 978-7-5035-4528-3

Ⅰ.选… Ⅱ.①杨…②朱…③罗… Ⅲ.中国工农红军-女英雄-生平事迹 Ⅳ.①K264.406②K825.2

中国版本图书馆 CIP 数据核字（2011）第 084901 号

北京市版权局著作权合同登记号 图字：01-2011-2974

选择革命——长征中的红军女战士

责任编辑 西 风
版式设计 李 灵
责任校对 马 晶
责任印制 王洪霞

出版发行 中共中央党校出版社
（北京市海淀区大有庄 100 号）
邮 编 100091
网 址 www.dxcbs.net
电 话 （010）62805800（办公室） （010）62805818（发行部）
经 销 新华书店
印 刷 三河市华润印刷有限公司
字 数 278 千字
版 次 2011 年 6 月第 1 版 2011 年 6 月第 1 次印刷
开 本 700 毫米×1000 毫米 1/16
印 张 17
定 价 36.00 元

谨以此书献给那些讲述长征经历的红军女战士们和那些继承了红军精神的中国青少年朋友们，希望他们能将红军在长征中所坚守的信念发扬光大。

——作　者

Content 目录

导　言

20 世纪 30 年代中期，在中国国民党军队的包围下，中国红军被迫放弃了在中国东部和中部的根据地，冲出重重包围，转战南北。他们力图北上与自己的同志会合，但是屡遭敌人的围追堵截。红军先是退却到中国西南边陲，最后又辗转北上，穿越青藏高原边缘的崇山峻岭，进入危险丛生的草地。只有 1/10 的红一方面军的战士们在饱受饥寒之苦后，衣衫褴褛地走出草地，又继续奋斗翻越一座高山，终于与在陕北的红军部队胜利会师。一个月后，毛泽东告诉他的将士们：

> 十二个月光阴中间，天上每日几十架飞机侦查轰炸，地下几十万大军围追堵截，路上遇着了说不尽的艰难险阻，我们却开动了每人的两只脚，长驱二万余里，纵横十一个省。请问历史上曾有过我们这样的长征吗？没有，从来没有的。长征又是宣言书。它向全世界宣告，红军是英雄好汉……长征又是宣传队。它向十一个省内大约两万万人民宣布，只有红军的道路，才是解放他们的道路。……它散布了许多种子在十一个省内，发芽、长叶、开花、结果，将来是会有收获的。总而言之，长征是以我们胜利、敌人失败的结果而告结束。[①]

就这样，红军在国民党军队的围追堵截下实现从苏区突围的战略性大转移成为了神话。他们坚忍不拔的毅力、超乎常人的忍耐力和令人难以置信的勇气，使得长征成为红军不可战胜的象征。中国共产党把“二万五千里长征”变成了一个强大的宣传工具，为党和军队凝聚了巨大的向心力。有关长征的故事很快传遍了中国的四面八方。

一位当时在燕京大学任教的美国记者埃德加·斯诺，在听到中国共产党转战一年打败中国国民党军队并在陕西站稳脚跟的消息后，立刻意

① 《毛泽东选集》第 1 卷，人民出版社 1991 年版，第 150 页。

识到所发生的事件的历史影响。他假装离开北京前往上海，实际上却悄悄来到延安——中国苏维埃根据地的首都。斯诺采访了毛泽东几个小时后，完成了当时唯一一本的关于中国共产党领导人的权威性传记，让西方世界了解了红军长征所取得的令人难以置信的英雄事迹[①]。过了30多年后，迪克·威尔逊，一位西方学者兼新闻记者，出版了第一部关于长征的英文历史著作。该书强调长征的重要历史意义，认为是中国历史上的非同寻常的转折点[②]。长征被认为是中国现代历史的分水岭，又充满了传奇的英雄事迹，逐渐成为西方研究军事史和政治史的历史学者及新闻记者关注的焦点[③]。

艾格尼丝·史沫特莱，是30年代末在延安的另一位美国记者。在她所写的红军总司令朱德传记中，是这样描述长征的："无论世间万物，抑或万水千山，都无法述说红军长征的历史意义。因为他们无法形容参加长征的十万名红军战士所体现的不屈不挠的精神、坚韧不拔的意志和所遭受的巨大牺牲。"[④]

至少有2000名女性参加了长征。她们都是些什么人？为何选择了背井离乡，投身革命并成为红军战士？从本书中她们自己所讲述的故事中，我们得知：她们有些才十来岁，从小被卖到别人家当"童养媳"，因不堪忍受婆家的虐待跑了出来；有些是为了逃避包办的婚姻；有些则仅仅是为了躲避饥饿。而那些能够上学的女学生则是幸运者，她们参加了革命活动，为了逃离国民党的迫害而来到苏区。一些人是共产党人的妻子、姐妹、女儿或侄女。她们都希望在红军队伍中找到家的感觉。

作为一个群体，本书所特写的22位女性比较广泛地代表了参加长征的女战士们。她们分别来自三支主力红军，来自八个不同的省份，其中14个人在17岁左右加入中国共产党或参加红军，有11人在婴儿或儿童时期就被卖给或送给别人家，有12人是文盲。参加长征时，她们的年龄从12岁到32岁不等。她们在长征中的工作包括：为司令部翻译

① 埃德加·斯诺（Snow，Edgar）：《红星照耀下的中国》（Red Star over China），纽约，1938，第五章，"长征"，第171—196页。

② 迪克·威尔逊：《长征，1935：中国共产党生存下来的英雄史诗》，纽约：Viking，1971。

③ 除了一般的著作通常至少有一章的篇幅专门写长征以外，最近新出版两本专门写长征的书：一本是索尔兹伯里：《长征：不为人所知的故事》，纽约：Harper&Row，1985；一本为杨炳章的《从革命到政治：长征中的中国共产党》，Boulder，Colo.：Westview，1990。

④ 史沫特莱：《伟大的道路：朱德的生活和时代》，纽约：Monthly Review Press，第308页。

电报，在沿途的村庄从事宣传工作，抬送担架和医疗救护，照顾伤员，在安全部门和党的部门做一些行政工作，或者在被服厂做工、领导妇女组织、参加学校的工作。她们中的一些人嫁给了将军或不同级别的政治委员，或者更基层的干部。另一些人还是未婚，或者在参加革命时离开了她们的丈夫。其中有三位女战士在长征中生了小孩。

她们出生在动荡的20世纪初叶，当时的中国政治和社会都在发生着剧烈的变动。1911年延续数千年的帝制统治结束后，中华民国宣告成立。但是推翻清朝后持续多年剧烈的政治动荡，对当时生活在远离政治中心的大多数中国人来讲影响并不明显。村民日出而作、日落而息的日子几百年如一日地继续着，外界的领袖更迭、政府变换以至于战火纷飞，对他们而言依旧那么遥远。

到20世纪20年代，在受五四运动洗礼的一群年轻的充满激情的青年知识分子所建立的学校的影响下，社会所发生的变化逐渐渗透到一些省会城市和其他的城市。在这些教师的爱国和革命激情鼓舞下，那些日后参加长征的女学生成了学生中的积极分子。在30年代，当红军在边远的山区展开游击战、创建苏维埃政权的时候，许多面临困境的年轻农村妇女也通过当地的共产党组织参加了革命。她们是在党组织中，尤其是在妇女部门中逐渐成长为领导人。在红军转败为胜的传奇中，她们是当之无愧的“军中英雄”。

在口述采访基础上还原历史的叙述是一项非常耗时的工作。由于本书英文写作所需的资料都是基于中文的访谈稿，这一过程就变得更加漫长。要翻译对西方读者来说非常陌生的词语和概念就更加费时了。不仅如此，由于本书所讲述的中国历史事件，在美国除了少数专业人士外，一般受过教育的民众几乎一无所知，因此有必要为读者提供大量相关的背景知识。鉴于此，自我接到电话开始着手准备写作此书，至书稿完成历经了16年的时间，也就不足为奇了。

我自1979年后便一直生活在北京，在北京广播学院任教，我的工作是将大学本科生培训成英文教师。我是中国政府聘请的第一批外籍专家之一。我们之所以被聘用主要基于学术水准而不是政治认同。1985年5月间，当时中国的社会每一个部门都急于盈利赚钱，我丈夫的一位年轻中国同事问我，是否有兴趣帮助中国一个慈善组织筹募一些国外资助，并且帮助增进两国之间的相互了解。她的婆婆曾经是中国儿童基金会的主席之一。她和基金会的其他董事是参加过30年代长征的红军战士。她们想知道我是否愿意把她们的故事写出来并在西方出版。我当即表示同意，因非常高兴能有机会研究中国现代历史上这一引人入胜的题目。

这个项目虽然开始时很不经意，但后来的发展大大出乎我的意料之外。当我同意承担这个项目后，那些最初提议的红军女战士们得到来自最高政治当局——中共中央总书记胡耀邦的批示。然而，胡总书记所指定的负责资助此项工作的机构，出于政治方面的考虑，发现支持这项工作有些不合时宜。当时中国最高领导层的政治变动已初露端倪，但胡耀邦直至一年半以后才被罢免。

没有官方机构的支持，儿童基金会董事会中的许多红军女战士们不愿意接受一个外国人的采访。

在第二年，当我还在教书时，我得到了过去在广播学院的同事，当时在中央人民广播电台当领导的黄惠春的支持。她认为写一本关于长征中女战士历史的书非常有价值，因此非常热情地愿意帮助我。

1985 年 12 月，我遇到了严景唐先生，他当时是中国人民革命军事博物馆的历史学者，是研究红军长征的专家。非常感谢退休的美国外交部官员约翰·谢伟思先生亲自致函引介，军事博物馆的馆长秦兴汉将军安排与我的见面。谢伟思先生生长在中国，第二次世界大战期间在华工作。在深受中国政府敬重的谢伟思先生的帮助下，索尔兹伯里准备重走长征之旅。1984 年，在秦将军、夏洛特等人的陪同下，索尔兹伯踏上旅途，并最终完成了他的大作《长征日记》。

我虽然一直没有得到相关机构的赞助，但是军事博物馆的工作人员提供了有关长征的地图、背景材料，并且帮助我联系了参加过长征的女战士进行采访。严景唐解释说，军博的历史研究者还没有专门研究过长征女战士，他们非常高兴我能挖掘出一些新的材料。他告诉我这些红军女战士们的姓名、出生日期、数量，以及她们丈夫的相关材料，并且还告诉我谁在长征途中生过孩子等情况。他还给我红军三支主力部队长征时期的年表、地形图和军事、政治结构图等。①

① 红一方面军 1934 年 10 月从江西与福建边界的中央苏区开始长征，红四方面军在 1935 年春季离开四川与陕西交界的根据地，在四川西部与红一方面军会师。红一方面军又单独北上陕西，在 1935 年 11 月到达。红四方面军在四川又停留了一段时间。红二方面军由原来的二、六军团演变而来，在 1935 年 11 月离开了湖南、湖北和贵州的根据地，他们与红四方面军在四川西部会师后，一同在 1936 年 11 月与红一方面军在陕西会师。

1986年6月，中国国际广播电台出版社同意资助口述历史的研究项目，作为帮助中国儿童基金会募集基金的一种手段。我的同事，中央广播电台的黄惠春女士安排落实了资助。她知道我在美国的大学已经学习了好几年的中文，有关中国方面的知识很丰富，但口语不是十分流利。她派王卫华给我当翻译。王卫华曾经在北京广播学院跟我学习了四年，现在在国际电台英文部工作。随后，黄惠春安排了采访一位红四方面军的女战士王定国。在位于中央广播电台大楼背后的中国国际广播电台出版社四楼的办公室，王定国成为我的第一位被采访人。她说："我出生在四川省营山县，我妈妈告诉我出生在1913年。实际上是1915年的2月，农历在1914年。"

几天后，这个项目的发起人、红一方面军的女战士邓六金，来到友谊宾馆我的房间，成为第二个接受采访的女战士。

在1986年10月，我搬到了北京外国语大学的校园生活。在北外讲授美国社会史。12月间，三位红四方面军的女战士——何曼秋、权卫华和张文接受了我的采访。同月，恰巧胡耀邦被免去中共中央总书记职务后，中共中央宣传部部长同意我对参加过长征的红军女战士进行采访，并出版相关的英文专著。项目刚获官方的批准不久，朱德元帅的遗孀康克清女士同意在中央人民广播电台接受我的电视访谈。她是参加过长征的女红军中依然健在的级别最高的人物，她身体健康，非常愿意接受采访。她的支持为口述工作的顺利进行打开了方便之门。此后的5年，我可以毫无阻拦地采访更多其他的红军女战士们。

长期从事这一研究项目，我得以有机会建立很多的联系，不断思考采访的过程，做相关的研究，加深了我对中国文化的了解。这对一个在国外进行田野调查工作的学者来说，简直是一种不可多得的奢侈的享受。

当我刚开始采访这些参加过长征的女战士时，我原本设想她们所提供原始的叙述，将会更加丰富我们所熟知的关于红军的军事与政治的历史，并增添许多鲜为人知的历史细节，从而为这段动荡岁月增添些许除了民族矛盾之外的历史传奇故事。刚开始时，我还不知道这些红军女战士们的故事是如此与众不同，将重新建构我们已知的历史知识。随着访谈进行得越深入，我就越清楚地知道我所聆听的并不是关于毛泽东如何一步步掌握领导权的单一历史叙事。女红军们所口述的长征不只是她们之所以选择革命道路中的一个片段。实际上，直到后来当她们听到男性首长谈到二万五千里长征的伟大意义后，才明白那段在她们看来似乎很普通的一次军事行动，尽管那是一段长期、艰难的行军跋涉，竟具有如此非同寻常的历史意义。女红军首先谈到的是她们入伍后所从事的工作，以及她们是如何适应成为一名战士的政治、军事、体力和社会等方面的要求的。我开始怀疑是否男性的天赋是从英雄事迹的角度来讲述历史，并从历史过程中的具体事件中抽象出伟大的历史意义；而女人的天性则善于将不同寻常的伟大事件整合并吸收至她们的日常生活中。

当我一边采访长征的女红军，并将采访记录翻译成英文时，我还一边在攻读美国社会史方面的硕士课程。随着对社会史理解的加深，我认识到社会史既关注那些对历史进程产生巨大影响的政治领袖及其政策、军事将领及其战略，同时也关注历史的其他方面。社会史方面的训练为我提供了组织正在收集的有关长征的史料的理论基础。我还在教授美国妇女史的过程中，便对某一特定历史时期女性的社会角色的转变非常感兴趣[①]。当我将妇女史方面的内容融入美国社会史课程后，我意识到当考虑到女性及其贡献后，历史的面貌会是多么的不同。[②]

后来，我学会从历史资料中提出这样的问题：不是女性在多大程度上能做男性做的事情，而是女性实际上做了些什么。换句话说，比如像“女战士们在长征结束后政治地位提高了吗?”之类的问题，改为“参加长征后女性在政治方面有哪些收获?”在她们所取得的诸多成就中，女性拥有了第一部成文的法规，1949 年共产党执政后开始实施。通过对照分析长征前后及长征过程中中国女性的生存状况，我们可以看到，婚姻法为妇女赢得了稳定的权利。

无论是采访那些后来成为著名领导人的知识女性，还是那些没有文化的农村妇女，访谈的价值都得到了证实。通过访谈使我能够更加平衡地勾勒出这些女性早期的生活场景，将一些过去在历史上名不见经传的人物搬上历史舞台，并帮助那些普通人从无声无息中走出来。

当然，这些当年选择参加革命后来又完成长征的女性绝非等闲之

---

① 在这一时期我第一次读到约翰·凯蒂（Joan Kelly）的讨论，称当她在劳伦斯学院听了戈达尔·勒纳将女性纳入历史内容的课程后受到很大冲击，这一冲击改变了她思考意大利文艺复兴的方式。见凯蒂：《女性、历史、理论：约翰·凯蒂论文集》一书的“导论”，芝加哥：芝加哥大学出版社 1984 年版。

② 在一本关于印度革命妇女的口述历史专著中，编者注意到：“对我们而言，我们所写的历史知识结果很可能是亚群人的历史。”Stree Shakti Sanghatana：《我们创造历史》，伦敦：Zed，1989，第 32 页。

辈。大多数农村的妇女未能成为在当地的中共组织中的领导，也未能离开家庭参加红军；大多数的青年学生也没有参加共青团，并发挥积极的领导作用；大多数的妇女姐妹未能跟随他们的兄弟与丈夫参加革命工作；大多数饱受饥饿折磨的孩子也没有跑出来参军。在50多年后，这些愿意接受采访的红军女战士具有无比坚韧的毅力和乐观向上的人生信念，使得她们能够超越生命的极限。

这些访谈在多种场所进行，经常由接受访谈的女红军来选择。第一次是在国际广播电台出版社的办公室，第二次是在友谊宾馆我的房间，后来又在北京外国语大学我的房间里，还有中央人民广播电台的接待处办公室，在北京军事历史博物馆，在其他城市的宾馆及会客厅，以及在被采访者自己的家中。一些女红军是独自来接受采访的，有些是由朋友或家人陪伴而来的。在北京的军博、江西和广东采访时，军事历史学家也一同参加采访。每次采访时，王卫华都和我一同工作，由于她的工作非常繁忙，在她有事耽搁或需要提早离开时，有一两位她原先的同学会暂时替代她帮我翻译。我的丈夫是美籍华人，他精通三种中国方言，在时间允许的情况下，他会陪同我一起访问。还有一两次是由老齐，一位退休的幼儿园老师，陪同我一起访谈的。

在我采访红军女战士们的过程中，王卫华一直是我的合作采访人和翻译，能与她合作是我人生中难得的机缘。卫华在北京广播学院学习的四年期间，我担任过她的任课教师。当时班上共有17名同学，我与他们的关系非常密切。卫华在毕业前便开始在广播电台当记者，我们第一次访谈时，她已经在中央人民广播电台正式工作了。经过我们几年的合作，她逐渐成长为研究型的新闻记者，开始主持中央电视台的英语新闻节目。她逐渐成了全国的电视节目主持人，既主持英语新闻节目，同时也是深受大众喜爱的大型电视片的主持人。

被采访的女战士们非常高兴卫华对她们的故事感兴趣。她们非常兴奋能有像卫华这样的知名主持人当自己的听众。卫华“长在红旗下”，没有经历过解放前的事情，所以听得全神贯注。她们对卫华讲述往事时，能够非常放松地娓娓道来，不像面对我这样一个外国人容易分散注意力。

许多被采访者都要求事先看看我们准备的问题，结果她们都非常惊讶我们所提问题的性质。我们不断地提一些非常简单的问题，比如：您是哪年出生的？出生在哪里？您为什么参加红军或入党？您还记得女红军有哪些英雄事迹吗？她们非常奇怪地发现我们不是在找寻有关长征的军事或政治的历史信息，而是想知道她们自己的经历。长期生活在不重视个体的文化背景下，这些红军女战士们有时会因我们对她们个人生活感兴趣而显得有些局促不安。考虑到文化方面的原因和她们是参加过长征的红军女战士的特殊身份，我们始终把问题限制在一定的范围。既没有问关于她们与性相关的问题，也没有探究她们的婚姻关系以及关于家庭成员之间的情感问题。

毫无疑问，有其他人陪同访谈会影响她们的叙述。当她们的亲属、秘书或者军方的历史学者纠正时间和地点的错误时，她们会被经常打断，时常会被分散注意力。当红军女战士们单独或在亲密的朋友和家人陪同访谈时，往往会在录音结束后告诉我们很多闲闻趣事。另一方面，有几位女红军直截了当地当着中方官员的面说，她们所讲的事情不希望出现在中文出版的书中，可能会受到来自官方或秘书的干预。但我和卫华都认为干扰她们畅所欲言的最重要原因不是在现场的其他人，而是她们不得不自我保护，躲避公众的审查。“文化大革命”中，几乎这些所有的女红军们都被要求写自己的经历，一些人试图澄清自己所遭受的误解，或者与某项对自己不利的指控划清界限。比如，有一位受访者非常详细地讲述了她为自己缝制的一件连衣裙，那时她还是十几岁的花季少女，是一位秘密的地下工作者。她提及此事显然是为了证明其他的事情，因为此事与长征毫无关系。还有一些人则有意要隐藏一些事情，比如某个不雅的名称，关于父母的身份，或者过去的反抗社会的过激行为。不仅如此，每一位受访者都或多或少急于讲述共产党与红军历史中积极光明的一面，有意略去在她们看来视为黑暗面的事情。

由于女战士们接受采访前通常会记忆起她们自身的往事，当突然被打断时，她们会不知道该从何说起。刚开始时，由于我所掌握的中文词汇有限，我们的访谈会时常因翻译问题而中断。随着我掌握的军事和政治术语越来越多，需要翻译的词汇越来越少了，叙述也就变得更加流畅自如了。对一些女红军来说，采访非常容易，只要让她们自己说就可以了。而有些女战士则因口音太重或是思路不清，必须通过不断地提问来澄清相关问题。

我们经常是围坐在桌旁，如果方便的话，手边还放一个热水瓶和一杯热茶。我们使用的是双卡录音机，先打开一个开始录音，几分钟再开另一个，这样能够避免经常换带而打断谈话。

当我们将我们的生活转变为叙事时，需要寻求故事的开头和结尾，突出其中的矛盾和问题的解决，融合成为一个完整的故事。我们要有所取舍，略去那些与故事内容不符或者离题太远的部分。我们采访的这些红军女战士们的故事也是如此。有时我们所提的问题能让她们从所记忆的生活结构中跳脱出来，谈论她们自己的经历。这类的问题经常涉及她们认为不重要或者不是很敏感的一些生活细节。幸运的是，我们认为重要的内容和她们看重的事情不同，如我们愿意了解她们的童年生活，她们参加革命的原因，与其他女性之间的非政治性的交往，她们在长征中的个人经历。这些问题她们都可以自由地交谈。

若干记忆有误的、可以查证的历史史实，比如日期、人名均在注释中订正。例如在第七章里，王泉媛提到裹着小脚走完长征的女性是第九军政委的妻子。我在注释中注明了名字，并订正了她的丈夫是第九军司令员，不是政委。

我们处理年代有误这类问题的方式，是打断她们离题太远的政治与军事历史方面的叙述，问她们："你在当时知道这些吗？"我们想知道的是她们个人的历史，而不是她们在20世纪80年代所理解的官方的军事和政治的历史。

她们的若干回忆在不断地重复讲述过程中，已经变成了神话故事的一部分。王泉媛说她的视力很好，能够看到敌人射向她的子弹发出的光，她能坐船过河时躲开子弹。我们觉得这无碍大局的夸张也是可以接受的。危秀英在讲述毛泽东第一次使用"二万五千里长征"的会议的情形时，有很多时间记忆错误的说法，视觉方面的描述是从电影和革命戏剧中借用来的，因此，我们认为她的话需要打折扣。

添枝加叶的记忆抵消了某些记忆中的空白，让许多历史细节从她们的记忆中消失得无影无踪。例如，陈仲英根本就回忆不起来上海国民党监狱里的情形。当年她和襁褓中的女儿曾在那里被关押了将近一年。尽管我们绞尽脑汁地慢慢启发她的记忆，但是她始终无法描述当时的情况。

许多女红军已经不能描述她们所经过的省份的自然地理概貌了。当让她们讲讲所爬过的高山时，一位红一方面军的女战士三言两语就打发了我们的问题："山就是山啊——还能是什么？"邓六金是我们的第二个受访者，她对所经过地方的自然景观几乎一无所知，以至于我怀疑她对长征是否有真实的记忆，还是她告诉我们的都是她听来的或者从别人的叙述中读来的。我们采访的红军女战士越来越多了以后，发现大多数人都无法形容她们经过的那些风景优美的自然景观。我也意识到这不是记忆力缺失所导致的问题，而是因为她们当年根本就无暇顾及周围的环境。她们要夜里行军，体力消耗很大，每天必须以每分钟 120 步的速度才能保证跟得上队伍，每人还大约负重 18 斤；她们还必须把注意力集中在艰难的山间小路，而且越走越饿。这些都使得她们无心去欣赏如画的风景。

她们记忆最清楚的就是身体方面的，但都是非常个人化的感觉。她们对自己或别人生小孩的事情都有记得一清二楚。她们对卫生条件差的情况下来例假的痛苦和尴尬记忆犹新，有些男战士不明白她们流血的原因，还以为是受伤了。她们记得当时生病了，非常害怕因无法赶上部队而被留在当地。她们对来自其他的女同志，尤其是女领导对自己的关心和爱护记忆深刻。

除了记忆方面的问题外，在翻译相关词语和概念的过程中，我们也遇到了挑战。

最令我疑惑不解的问题是，在长征的过程中这些女战士的婚姻家庭观念是什么？因为那时没有固定的家，也不可能保存相关的记录。

在本书的第七章，危秀英讲了一个女战士和喜欢她的上级领导一起离队的故事。这个故事有助于说明要弄清楚当时婚姻的真正状态时非常困难的。因为在她所讲述的故事中，她似乎觉得只要两个人睡在一起就是夫妻了。王泉媛还讲述了在长征途中她自己和一位高级首长结婚的事情。他们的婚姻是经过组织同意后批准的。但据危秀英说，王泉媛在老家已经有丈夫了。我把两个故事联系在一起，希望通过它们的并置——虽然无法完全解决——但能增进我们对当时的女战士们的婚姻观念的理解。

生日和年龄是有关概念方面分歧的另一个例子。在第一次采访时的第一句话，王定国就告诉我们："我母亲告诉我，我出生在 1913 年，实际上是 1915 年 2 月。"她母亲依据的是中国的阴历，而不是现在所通用的西历。此外，中国传统关于年龄的概念和西方的实际情形完全不同。在王定国的母亲看来，她出生后的第一年就已经一岁了，而不是我们通常所认为的出生后的第二年开始时才满一岁。王定国的生日之所以会出现两年的偏差，是因为在这个注重集体文化的国家，所有的生日都是按照阴历一年开始的时间来计算的，而不是根据每个人的实际出生日期。

因为王定国的生日临近春节，所以她刚一出生就长了一岁，而且她以后每次过生日时，都会同时长两岁。

关于童年的理解也很不相同。在这些女红军的叙述中，她们几乎没有一段独立的、特殊的现代概念的童年时期。大概在六岁以后，中国的农村孩子就要和成年人一样在家里、店里和地里干活儿。有些孩子从家里偷偷跑了出来，参加了红军，他们被称为“小鬼”，有些还参加了长征。当王定国告诉我们“小鬼”们在长征途中和成人一样要背着粮食行军时，实际是在强调这些“小鬼”其实被当成了小大人。她解释说，成人的背包是由裤腿做成的，而小鬼们的背包则是袖筒做成的。

还有些需要澄清的，是由根深蒂固的语言习惯所产生的概念歧义。在汉语口语中 ta 的发音是分不清性别的，实际包含着“他”、“她”、“它”三种可能。例如，如果我们不问工作组的领导究竟是男还是女的话，我们根本无法知道她或他的性别。要是前面没有提及或这句话的主语被省略的话，ta 就更加令人迷惑不解了。

另一个问题就是广泛使用的“敌人”一词的意思。根据不同的情况和场合，敌人可以是指地主的打手或者地方上的民团，没有组织的土匪、军阀的武装、国民党的部队，或者秘密侦探。在本书中，我尽量说明被采访者所提到的敌人的具体所指。

用来描述女性——无论是受过教育还是没受过教育的——总体的社会地位，特别是其在家庭中的地位时，所使用的经典词汇是“重男轻女”，这也是我在不同语境中经常遇到的一个词语。英文中没有关于“重男轻女”的固定表述，从字面上可翻译为“heavy on boys，light on girls”，或者更随意些，也可以翻译为“favoring sons while treating daughters lightly”。根据叙述者和她使用这一词语时的具体语境，我采用了几种不同英文翻译，但具体所指都是“重男轻女”。

“家”这个词，可以翻译成英文的“home”或者“family”，具体所指有两层含义：一是由婚姻或家庭为纽带联系在一起的一群人，二是所有家庭成员的居住场所。当党和军队成为革命者的家庭替代物之后，“家”作为居住场所在女战士们心中的重要性已大大减低了。她们讲到：“我们总是不停地行军，从一个村庄到另一个村庄，逃离敌人的密探或火力，跳上火车或者轮船来躲避敌人，开始一项新的工作，或者将孩子交给丈夫的家人抚养。”许多女战士都说党就是她们的家。

还有另外一个与家相关的概念，就是家长制的问题。由于家庭成员总是处于家长的管制下，当蹇先佛说："我的家人鼓励我参加革命"，或者刘英说："我的家人反对女孩子受教育"时，她们所指的实际上是她们的父亲，作为一家之长的态度。因此，当刘英说起她的母亲如何帮助她上学时，她不会觉察到有自相矛盾的地方。

这里提出另外一个关于如何理解这些女战士们的语言的问题。在中国社会中，有一些似是而非的说法，是按照一种想当然的方式来表述的。比如说"所有人都参加共产党"，并不意味着村里的每一个都参加了，甚至也不意味着大多数人参加了。这句话的意思其实只是表明在说话的人或者那些确实参加革命的人的心目中，加入党组织是非常令她们向往的行为方式。

邓六金说起她和其他同志参加第一方面军长征前的体检经历。她激动地说："我是最健康的。"当钟月林也说她是最健康时，我很疑惑她们两个怎能同时都是最健康的呢？我试图从自己的文化背景来理解她们所说的意思。从她们强调复数的"我们"而不是单数的"我"这一语境来看，她们的意思应该是说："我们这些被选中参加长征的都是最健康的"。

另一难题是这些女战士们用来称呼配偶的专门用语。"老头"是指男人，"老婆"是指女人，还有与性别无关的"老伴"。尤其是"老头"在英文中通常是与"guy"（家伙）意义相近的常用词语。英文中最为接近的说法是"my old man"（我的老男人）或者"my old lady"（我的老女人）。但是，由于英文的微妙含义随着时代的变化而发生变化，对不同时代的人而言，他们所指的意义是不同的。对我这个年龄的人而言，"my old man"是那些受男性强权压抑下的贫穷的工厂女工们经常使用的词汇。考虑到英文语意的变化，我使用"my old companion"（我的老伴）来翻译老头、老婆和老伴。这样既避免了相关的问题，又反映了中文的原意，但却不能表达出其中所隐含的阶级与性别的含义。

还有几个用语在文化上毫无契合之处，而且也没有相对应的英文表述。对于这种情况，我选择使用中文的音译。比如，大姐（dajie）这个词，从字面上理解，它的意思是"Big sister"，但是中文的"大姐"含有尊敬的意思，常用来表示对比说话的人地位高或年龄大的女性的一种发自内心的钦敬。所有的受访者在谈及参加长征的其他女红军时都使用"大姐"这个称呼。

另一个我有意保留、未加翻译的用语是"童养媳"，用来指那些在青春期到来之前就被自己的亲生父母送给或卖给别人家的女孩子。童养媳有很多不同的英文翻译，比如“child bride”（儿童新娘），“small daughter—in—law”（小儿媳）或者“affianced daughter—in—law”（订婚的儿媳）。尽管童养媳的地位与相关规定从不同的地方到不同的家庭都千差万别，中文里面也有不同的表达方式，但我还是选择用“童养媳”，因为它是每个受访者都使用的说法。有些童养媳婴儿时期便被送人，有些要到六岁以后才被领养。在我们的受访者当中，那些婴儿时期便被收养的童养媳境遇要稍好些，会被当成家人对待；而那些年纪较大才被领养的则通常会被当做女佣对待。受访的童养媳当中仅有一人与婆家的儿子完婚。其他的都被她们后来参加革命的未婚夫们当做姐妹或者同志，而不是未婚妻，实际上解除了婚姻关系。

随着时间的推移，我们的工作方式也发生了改变。当王卫华和我第一次访谈时，我们立刻把录音的内容都翻译出来。由于卫华的工作越来越紧张，她经常无法花大块的时间来帮助我采访，并立即将录音的内容翻译成英文。除了卫华经常陪同我一起采访外，我还得到其他的中国的同事和学生们的帮助。她们非常慷慨地奉献出宝贵的时间来协助我的研究，帮助我翻译。

尽管翻译者不断变化，但是翻译工作从来没有停止。卫华或其他的翻译者和我一起听采访录音，她逐字逐句地翻译成为英文，然后由我输入电脑。翻译一盘磁带大约需要六个小时。我们在翻译成英文时尽量保留中文的原貌。因受访者所说的中文非常简单、粗浅，所以我们在翻译时避免使用非常复杂的英文句式和正式的书面语言。在翻译这些只接受过很少教育、几乎没有文化的红军女战士的访谈记录时，我们尽量使用源于盎格鲁撒克逊的词汇，而不用源自拉丁或希腊语的比较正式词语。否则的话，在经过翻译和书面加工后，这些女战士们可能会变得知识渊博，精于世故，与其本来的面貌大相径庭。举一个例子来说，在由毛泽东的医生所写的英文版《毛主席的私人生活》一书中，引用了陈琮英回忆毛泽东的一段话：“他的脾气非常可怕，只要稍有触犯他就会毫不留情地反对你。”这段话经过一个受过教育的医生翻译过来后，遣词用句都很讲究。从译文来看，陈琮英也应该受过良好的教育的。但实际上，这段译文的中文原文能更准确地反映她的语言水准，她说：“老毛脾气很坏，他能随时翻脸不认人。”

在反复修订未经加工的原始译稿时，我会在意思清楚的前提下，尽量保留“大姐”的中文音译。我删除了口语中经常出现的重复的地方，并通过移动一些短语与句子，以便既符合英文的逻辑习惯，又尽量忠实于中文的原意。因为被采访者没有人说英语，所以我无法和她们讨论翻译，只有对自己在翻译中的曲解表示歉意。

翻译中的最大问题之一是汉语方言的千差万别，有时甚至相邻的两个村子的人都因口音不同而无法理解。我们的受访者来自八个不同的省份，以及同一省内不同的城市与村庄。对西方而言，她们所说的都是普通话，尽管都带着浓重的地方口音。她们的母语通常都是带有浓郁的某一省方言特色的家乡话。尤其是说到儿时的事情时，乡音的味道就更重了，并时常会陷入当地的俚语中。刘建告诉我们她家第一个女孩出生后就送人了，第二和第三个也都是女孩。她解释说，在那时穷人没有选择，只能把女孩放到○○（两个听不清楚的当地土语）里。直到后来我遇到一位来自四川、能听懂刘建所说的家乡话的学生后，我们才明白她所使用的当地土话的意思是尿桶。

最富有挑战的翻译是对王泉媛的采访。随同她一起来的当地官员既会说他们村里的方言，也会说江西话。当我们无法听懂她说的话时，我们就向这位官员寻求帮助，就这样我们先将村里的方言翻译成省里的方言，然后再把江西省的方言转换成标准的普通话，最后终于翻译成英文。当我们翻译录音带时，恰好和我们一同工作的一个学生来自离王泉媛家乡不远的江西农村，他能听懂王的口音和习语。

另一个问题是如何处理这些红军女战士们所使用的与共产主义相关的修辞性话语。我的一些同事建议我删除这些话，替换成容易为西方读者所接受的语言与概念。然而，出于以下几方面的原因，我决定保留这些女战士们所使用的语言。首先，这些慷慨激昂的话语是她们当时所说的话，也是她们当时所使用的语言；而且，这些革命话语在她们的生命中占据重要地位。“打倒土豪劣绅”，对西方读者而言是一种行话。但是，对这些女红军战士们而言，这个术语揭示她们与不在村的地主之间的社会与经济之间的关系，地主剥削她们的劳动，甚至不允许她们在除夕夜时吃上一顿肉。不仅如此，当女战士们使用革命话语进行宣传工作时，当她们以当地事例为原型，在街头剧中表现出地主是如何残酷欺压佃农时，她们所使用的这些语言非常富有煽动性，为农民们提供了一种宣泄情感的语言。这种革命话语既是一种情感的速记语言，同时又是对无法忍受的环境的一种弥补方式。对于那些在长征沿途的村庄里从事宣传工作的女战士们而言，使用革命语言增强了她们作为革命同志集体的归属感，同时帮助她们找到一个新的集体大家庭，来代替她们远在故乡的家。[①]

当正式开始写作时，我的首要目标是将这些女红军的故事原封不动地展现出来。但我很快认识到，出于各种原因我不得不重新改写她们的讲述。她们的故事经常需要解释，而这些解释既不能采取脚注的方式，也不能采用文中注释的方法打断正文的叙述。有些没有文化的女红军战士讲述得过于简单，我就要用我的话来转述，从而使读者不觉得枯燥。有一位采访者是由两个孩子陪同一起来的，他们会经常打断她的叙事。要是他们的意见提供了非常必要的澄清的话，我就用自己的话加以转述，作为访谈者自己的陈述。有时，一个故事不只被讲过一次，而且是用几种不同的语言水准讲述过好几遍细节不同的故事。这样的事情通常发生在受访者多次接受我们采访的情况下。我通常要重新讲述一遍故事，包括她就同一主题所讲的全部内容。

红军女战士开始接受访谈时，虽然不是必需的，但一般都要先介绍一下她们的出生日期和出生地，并按时间顺序讲有关的事情。然而她们一旦讲到一些像长征路上生孩子的事情时，就放弃了编年的顺序，转而讲到长征时其他人生孩子的情况。她们谈到有关身体的话题时也是如此，比如生病、饥饿、例假等。当她们讲述随着时间的推移而不断变化的一些事物时，比如她们所穿的衣服，所从事的工作以及所吃的食物时，她们是围绕同一主题展开的，而不是按编年方式来叙述的。

根据女战士们的讲述，我在书中的各个章节采用了宽松的编年体例，而更多地聚焦每个特殊的主题而展开。前三章主要讲述了关于红二方面军女战士的孩子们，及她们生孩子的情况。蹇先任带着刚出生的女儿开始长征是第一章的主题，其中也包含了她的妹妹在草地生孩子，并和她一同带着孩子走完长征的故事。第二章讲述了陈琮英的革命活动，中间穿插了她所生的九个孩子的故事，其中有一个就是在长征路上出生的。第三章讲述了马忆湘 11 岁就参加红军的故事，从一个孩子的角度

① 贺萧在她非常出色的关于上海妓女的一书的导论中非常详细地讨论了官方语言的使用问题。她强调指出官方语言“作为一种危险的模棱两可的官腔是不能被忽略的。它不仅仅是政府所发明的一种语言，还是为当时的‘人们’所接受，用来表达他们原来无法表达的自身所经受的压迫。”（贺萧：《危险的愉悦》，伯克利：加州大学出版社 1997 年版，第 22 页）

讲述了她的经历。第四章主要关注的是，红四方面军的女战士们的工作和学习情况。何曼秋描述了她在长征中参加卫生学校的经历。本章和接下来的第五、第六章曾经发表过。第五、六两章采用专题方式，通过补充相关背景知识，从总体上讲述了战争和女性的关系。第五章考察为什么女红军们选择了参加革命、入党、参军。第六章分析她们在长征中所从事的工作。第七章不是从每个女战士的角度，而是叙述了所有红一方面军的退休女战士们的童年和长征途中的经历。第八章是三位没有走完长征的红一方面军的女战士和其他人一起讲述她们的故事。本书最后简短的结语反思了如何去思考这些讲述者所告诉我们的一切。

第一章

长征路上的新生儿

一、蹇先任和贺龙的婚礼

> 贺龙和我逐渐产生了感情。他想和我结婚，这样他就可以照顾我，因为我是1000多男人中唯一的女性。

蹇先任和她的妹妹蹇先佛是为了保护自己而加入红军的。蹇先任在学生时期就形成了革命信仰。在20世纪20年代，蹇先任和她的弟弟在新式学校读书时，接触到了激进的革命思想，并且将之传给了比他们年纪更小的弟弟妹妹们。

蹇先任于1909年出生于湖南省慈利县。两年后清朝被推翻，中华民国建立。她的家坐落在五岭的东部边缘地区，慈利从地域和文化上都与外面的世界完全隔绝。

蹇先任的父亲来自交通发达的慈利东部湖泊地区，位于长江下游的泛滥平原上。在一次可怕的洪水泛滥过后，他的家人逃到了山区，并在慈利定居下来。她的父亲在孩子们的眼里，既有文化又非常开明，喜欢干一些自己爱好的事情，而不愿意从事更有声望的工作。因清朝末年科举考试已经非常腐败，他没有选择科举道路，而是学习制作手工艺品。当他掌握了蜡染布的技术后，就在慈利开了家作坊。随着生意逐渐兴旺，他还招了一些徒弟，并开了几家卖日杂商品的商店。他用积攒的钱买了土地，“这样，我们全家就可以吃住不愁了”，蹇先佛说道。妹妹们记忆中的童年都是幸福舒适的，然而比她大七岁的蹇先任所回忆更多的还是那些经济困窘的日子。

在将近20年时间里，蹇家养活了七个孩子，还有几个早年夭折。父亲认为无论男女都应该受教育，于是他再次背离常规，将大女儿送进了学校。随着家里生意日益红火，人丁不断增加，先任的大姐在学校学会了写字、算数和认字后就退学了。因为当时每个家庭的功能都是一个经济组织，大女儿在出嫁前要帮助母亲照顾小孩、做家务，这是非常常见的事情。据蹇先任的妹妹说，他们的母亲虽然是个文盲，但非常善于操持家务。

当蹇先任和她的弟弟蹇先为还很小的时候，父母还在为维持家里收支平衡而操劳，他们就帮着在家里和店里干活儿。当先任8岁、弟弟6岁时，家里的收入已明显改善，孩子们都送到了学校。先任解释说：“过去一般中国家庭都重男轻女，但是在我们家男孩女孩都一样。父母认为我还可以照顾弟弟，于是就让我们一起上学，这样我们可以一起读书、互相帮助。”

先任和先为刚开始上的是传统的私塾，学习四书五经，整天有节奏地摇头晃脑，背诵那些他们当时还不理解的句子。记诵了5年的传统经典后，当姐姐13岁、弟弟11岁时，又上了男女分校的新式高小学堂。他们的老师是一些受五四运动影响的大学生和师范学校毕业生，精力充沛、思想活跃。

蹇先任记得她的地理老师充满爱国激情，在黑板上画了幅中国地图，告诉孩子们中国的版图就像一片海棠叶。

当讲到中国地大物博、资源丰富，却不断遭到列强侵略时，这位女教师不禁失声痛哭。

“我们被老师的话深深打动了”，蹇先任解释说，“尽管我们并不十分明白，但我们知道中国不应该成为列强的奴隶”。她接着说：“五四运动对中国的年轻人产生了巨大的影响，我们的历史老师告诉我们：‘不要认为你们是女生就无所作为，在古代就有女战士、女科学家。我们有像秋瑾那样的女民族英雄。'[①] 我们的老师告诉我们要自立，做一个为社会的进步而努力工作的诚实的人。那时，我们却没有想到会投笔从戎。"

蹇先任于1926年高小毕业后，盼望着能够到长沙女子师范学校继续学习，将来成为一名教师。然而，她的母亲却让她留在家中帮忙照看生病的外婆。当问到她被迫留在家中而弟弟却可以继续读书，她的内心是不是觉得有些不公平时，她没有回答自己的感受，只是简单地说道："那时我非常听话，就留在了家里。"

1926年中华民国已经成立15年，但是国家的政权与领导权却依然四分五裂。国父孙中山逝世一年以后，1926年，为了统一国家，北伐军在广州成立。由国民党和共产党组成的北伐军在蒋介石的率领下，开始向军阀统治的北方地区推进。"当年，北伐军并没有影响到我们的家乡。"蹇先任解释说，"只有一些年轻的学生秘密地学习孙中山的新思想。我在家无所事事，所以我当时也读了他的《三民主义》。"孙中山先生当时被视为推翻清王朝、建立中华民国的辛亥革命之父。他的《三民主义》一书详细阐述了他的民族、民权和民生的思想。

当蹇先任待在家里的时候，她的弟弟蹇先为则在长沙一所思想进步的中学里如饥似渴地学习着革命思想。他把革命的书籍和杂志寄给家中的姐姐阅读。蹇先任在一个共产党的刊物《向导周报》上，阅读了许多

① 秋瑾：1875—1907，因嫁给湖南人的缘故，因此被视为湖南人，被视作第一个公开从事推翻清王朝的革命事业的女革命者。留学日本时，她便参加秘密社会，致力于推翻满清。她的文章与讲演提倡妇女的教育与经济独立。当她在浙江女子学校教书时，她组织军队，秘密谋划推翻清朝的起义。起义失败后被捕，于32岁时惨遭杀害。小野和子在其所著秋瑾传记的结语中写道："秋瑾的被害有如一把利剑刺入人们的胸膛，其宣传效用远较其他的任何著作都要强有力得多。"（小野和子（Ono Kazuko）：《革命世纪的中国女性，1850—1950》(Chinese women in a century of Revolution，1850—1950)，斯坦福：斯坦福大学出版社1975年版，第65页）另参见吉尔马丁（Gilmartin，Christina Kelley）：《中国革命中的性别问题：1920年代的激进妇女、共产主义政治与群众运动》(Engendering the Chinese Revolution：Radical Women，Communist Politics，and Mass Movements in the 1920s)，伯克利：加州大学出版社1995年版，第155—157页。除了秋瑾之外，与蹇先任同时代的女孩子们还非常崇拜花木兰。花木兰的故事因金斯顿（Kingston，Maxine Hong）所著《女战士》(The women warrior：Memoirs of a girlhood among ghosts，New-York：Vintage Books，1989）一书及迪士尼的电影《木兰》而为西方人所了解。王征（音译）在其所著《中国启蒙运动中的女性》一书中，讨论了木兰对她所参访过的女性的影响。其中王定慧在参加共青团时，甚至改名为木兰。(Wang Zheng，《中国启蒙运动中的女性：口述与文本的历史》(Women in the Chinese Enlightenment：oral and textual histories)，伯克利：加州大学出版社1999年版，第347页)

来自全国各地的激进分子所写的文章。她还读了《共产主义 ABC》、《共产党和青年团》等书。她说自己并不十分理解那些内容，因为“当时我是一个尚未走出家门的年轻人，消息闭塞，年幼无知”。

当她的外婆去世后，她的弟弟蹇先为回家参加葬礼。两个年轻人一起讨论那些从报刊杂志中学习来的进步思想，并且决定将理想付诸实施。因为他们年纪还小不能入党，就参加了共青团组织。共产党和共青团都是组织青年进行社会活动的团体，都主张反对腐败的官僚，反对抽鸦片、反对妇女缠足。他们还鼓励缠足的年轻妇女放脚，这和起初缠足时一样痛苦。共产党还强调穷人要和富人进行阶级斗争，主张从肉体上攻击有钱的地主们。

和世界各地所发生过的其他革命一样，改变人的发型成为一种认同的象征。清朝是由满族人而非汉族人所建立的，满人强令所有的汉族男人都要蓄发或留长辫子。如果把辫子剪断，就表示背叛朝廷，会被处死。当清朝灭亡，民国创建时，男人们就剪掉头发，去掉这一臣服于清朝统治的标志。对女人来讲，发型象征着婚姻的状况。蹇先任是当时第一批敢于剪断长辫的年轻妇女，她们要为年轻妇女树立进步的榜样。然而，她剪掉辫子后却害怕回家了，因为肯定会遭到母亲的训斥。

> 我从来也没有在不和母亲商量的情况下做过什么事情，但是这次我没有。剪掉头发后，我有两天都没有回家。母亲非常着急，她找到我时发现我的辫子没有了，非常地生气。
>
> 我的弟弟为我帮腔说：“过去所有的男人都留辫子，可最后他们都剪掉了。妈妈，将来你也会把你的辫子剪掉的。”

她的父亲越来越担心孩子们的活动了。他告诉先任：“下次你要做什么事情，必须先告诉家里。”父亲还告诉别再抓地主及其家人了，不要再喊革命口号了。父亲还禁止她参加当地的革命活动，而且不再让她到县城上学，严禁她参加“反对当地土豪劣绅的激烈斗争”。父亲告诫她说：“你们小孩子懂得什么？别再跟着别人四处喊闹。你如果想学习，我来教你”。

1927 年，蹇先任的父母又让她和弟弟蹇先为到长沙学习。弟弟参加了湖南省工人运动讲习所，被认为是有前途的共产党的“年轻的好苗子”。姐弟俩一到长沙就遇到了当时湖南最为杰出的四位中共领导人：

毛泽东、郭亮、李维汉和夏曦。"我们一到省城就和他们见面，学生们把他们当做大名鼎鼎的人物，实际上，在全国像他们这样的人很多。他们四位是我们认识的人中最有名的。他们都有很好的演说家。"

先任上了一所中学师范学校的预科班，并成了学生运动的积极分子。

> 我所在的中师学校男女生都有，进这所学校的女生都比较先进的，有许多老师也从事革命活动。尽管如此，我们依然必须小心谨慎，因为有许多女生胆小怯懦。当她们害怕得哭喊时，我就告诉她们：
>
> "哭也不管用，你不可能用哭来消灭敌人。"
>
> "我不为任何事情哭泣，除了想到将来如果我死了，我妈妈该怎么办时才掉泪。"
>
> 那是当时女孩子们的典型想法。那时，孩子们的家庭观念都很重，对家长一般都言听计从。

大部分女生都接受了新思想，剪短了头发。先任说，当女生碰到从小镇上来的男孩时，她们经常听到这样的歌谣：

瓢鸡婆，遭枪毙，
粑粑头，万万岁；
男女学生一同睡，
生出娃娃纠察队。

"瓢鸡"，就是秃头的鸡，那是指我们的发型。"遭枪毙"的意思是你应该被处死。"粑粑头"，也是当时一种流行的发型。"男女学生一同睡"的意思是男女生睡在一起。"生出娃娃纠察队"的意思是将来他们的孩子也要当共产党的纠察队。只有我们这些亲身经历过的人才知道这些，你无法在其他的书里看到。

在国共合作的大革命时期，长沙的学生革命活动愈演愈烈。老师们之间因为是强调课堂教育的重要还是鼓励学生积极参加社会活动而发生分裂。一些教师认为良好的教育是令学生们成为革命积极分子的先决条件，而另一些教师则持怀疑态度，认为学生们投身于革命运动后，怎么可能继续学习呢?

结果，包括蹇先任在内的许多学生都没有把精力用在学习上。她解释说:“虽说我们是在上学，实际上我整天都在做宣传工作，贴标语，表演戏剧，以及诸如此类的事情。”另一方面，当没有安排她工作时，她非常担心浪费掉宝贵的受教育机会，就抓紧时间努力学习。“当时我们担心如果等到完成学业，革命就可能完成了。”

大革命在1927年上海发生四一二事变后突然结束了。国民党军队将枪口转向盟友共产党，开始了被共产党人称之为白色恐怖的时期。蹇先任和其他学生积极分子被警告说“将有情况发生”，但是5月21日之前她不知道将会以什么方式发生。直到5月21日（“马日”）那天，国民党士兵在长沙镇压了共产党和进步学生，后来就称为“马日事变”。

自上海的白色恐怖开始后，至长沙马日事变爆发前，蹇先任说:“一些比我更了解时局的人说局势越来越紧张了，我们必须小心谨慎，因为蒋介石想当独裁者，要杀死我们这些革命者。”

在5月20日晚上9点，当她和同学们正在学习时，听到了枪声。国民党决定解除共产党的武装，袭击两所共产党的学校，工人运动讲习所和农民运动讲习所。这些进步学校的学生都有武装，包括她弟弟蹇先为所在的工人运动讲习所。先任为弟弟的安危而焦躁不安，当黎明前弟弟来到她的学校时，她一颗悬着的心才如释重负。

弟弟蹇先为告诉她们称，就在晚上他们刚上床准备休息时，工人运动讲习所的男同学们听到有士兵闯进了他们的学校。得知国民党的军队准备进攻学校后，教导员将学生们召集起来。不久，讲习所就被包围了，士兵们撞击大门并向楼内射击。工人运动讲习所的纠察队开枪还击，在随后的战斗中，在学校的领导向国民党军队投降前，有几名学生和老师被打死或打伤。

当国民党解除工人运动讲习所武装时，质问学生有谁参加了共产党，学生们否认参加了共产党。国民党方面答应以后再处理，士兵们没收了学生们的枪支、制服、被子、毯子和衣物，但也没有再拘留他们，让他们只穿着鞋和内衣就地遣散。

蹇先任找了一些衣服给弟弟蹇先为，但是弟弟还没来得及休息的时候，先任在中共湖南省委人事部门工作的同学恰巧回到了宿舍。她让蹇先为担任党组织的联络员，向蹇先为保证说，因为他很年轻，没有人会怀疑他的，所以当联络员很安全。

蹇先为搬到了一家旅社，表面上是准备参加考试的学生，实际上是为中共工作。因为当时党没有经费，父母也不再给他寄钱，他连吃饭都很成问题。马日事变后白色恐怖开始时，父母不断地催促他们姐弟二人回家。父母害怕他们的孩子会因为参加政治活动而被杀害。“他们认为如果家里不再给我们寄钱的话，我们因无法生存，就只能回家。他们不知道无论多么艰苦，我们都会坚持下去的!”先任说到。她的弟弟一天就靠吃几个包子度日。“一个人通常一顿要吃两三个包子，但是他早餐晚餐都只吃一个。当他送情报时总感觉饥肠辘辘的。”

因为健康状况不佳，蹇先为做情报员的时间并不长。一个叛徒向国民党告发了蹇先为。密探来到蹇先为住的旅店，店主为了保护蹇先为，对密探说他不在，并说他就是一个准备考试的年轻学生，不是什么“无赖”，因为密探是这么称呼共产党的。密探警告店主说他会回来带走蹇先为的，并要求店主别让蹇先为逃跑了。密探一走，店主就告诉蹇先为发生的事情，并催促他赶快藏起来。蹇先任说，店主非常愿意帮助弟弟逃脱，因为国民党杀害年轻学生，已经失去了当地民众的信任。

蹇先为来到了姐姐的宿舍，和那位让他做情报员的同学讨论他的处境。那位女同学就催他回家躲避国民党的追捕，因为当时国民党正在长沙四处搜索他。

蹇先任在继续为共青团工作的同时，加入了共产党。“无论是党组织还是团组织交给的任务，我都想方设法地完成”。先任在中共中央组织部门工作的同学对她十分信任，把党员的名单和地址都交给她保存。她让先任留在宿舍，一直等到她从长沙城外送完情报回来。她认为让先任带着名单留在学校很安全，在进步老师的帮助下，名单绝对不会落入敌人的手中。“即使你掉了脑袋，也不能丢了名单”，她的同学告诫她说。

马日事变后，共产党就转入地下活动。“此前，共产党和共青团虽然不是公开的，当他们也并不是秘密的。”

我们对地主虽然采取非常极端的手段，但是我们并未杀死那多人！蒋介石杀了很多人。他杀共产党员、农民、工人，但是我们并没有杀死那么多当地的恶霸。当我们从地主家拿出粮食分给穷人时，并没有犯罪。那些被杀害的人当中，有许多不是共产党员，仅仅是因为同情共产党就受到牵

> 连而被杀害。尽管当时我只有十七八岁，就下定决心战斗到底。大不过一死而已。如果我们牺牲了，后来人还会继续革命，所以我们要舍身忘我地工作。我们看到许多人都被杀害了，到处都能看到被杀的共产党人，大多数都是年轻人。那是血海深仇啊！

塞先任听说了许多被国民党逮捕的她的同志们的故事。国民党严刑拷打，并想从中获取一些关于党组织和党员的情报。当他们被处决时，女学生的手和乳房都被割下来，残缺不全的尸体被到处示众，用来恐吓人们别再支持和加入共产党。

与塞先任关系非常密切的同班好友及其丈夫的被害，让她深感悲痛。

> 当国民党杀害他们时，把他们的头砍了下来，把一个人的头放在另一个的两条腿中间。那个结婚的女同学已经怀了孩子，在临刑前不禁抽泣起来。她丈夫对她说："不要哭，没有什么好哭的。我们快死了，但是还有很多年轻人会起来反抗的。我们必须推翻这样的政府。"
>
> 同时被害的还有另外三四位同志，他们都非常勇敢面对死亡。这些人都是我的亲密战友。当我们听说她们牺牲后，内心非常悲痛。我刚加入共青团的时候还有很多事情不理解，但是从那以后我认识得更清楚了。我觉得如果不继续努力工作，将会让那些牺牲的同志失望。我必须忠实地履行自己的职责，并为之战斗至最后一刻。我明白自己必须完成党交给的任务。

她将信仰化作具体的行动，塞先任离开长沙，来到距家乡慈利大约100公里的位于澧水上游的一个商业发达的地区。她一边继续开展地下活动，一边在一家制袜厂当学徒。"我要为共产党工作，扎根播种。我就是党的根，把自己埋藏在工人中间，播下宣传的种子，发展党的队伍。"

塞先任和她的同志们都很年轻，缺乏自我保护的经验。她说，1921年创建的中国共产党也同样非常年轻、缺乏经验。幸运的是，她并没有因为留着短发而暴露身份，因为工厂的老板鼓励年轻的女工留短发，以便清洁。此外，当时许多年轻的妇女在大革命高潮时期，已经把头发剪短了，因此短头发已经不再是倾向共产党的标志了。

然而，当在另一个工厂干活的男同志被抓起来后，他们的老板也对共产党的地下活动警觉起来。一位同乡写给她的“慷慨激昂的来信”被老板拆看后，她的政治观点也暴露了。

> 很快工厂的老板就问我：“为什么你不再上学了？你的家庭条件很好，是老板的女儿，家里很有钱，为什么你说家里不给你钱呢?”
>
> “他们希望我回家，但是我想学门手艺好自己养活自己。”
>
> 他想打发我走，说：“我可以借你些钱，你就可以回学校读书了”。
>
> “那我可还不起”。
>
> 他说：“我可以让你家来还。”
>
> “如果从你这里借钱，我得得到家里的同意。我不想要你的钱”。
>
> “那么你得写一个检讨，承认你的错误”。
>
> 我同他争论道：“我又不是共产党，为什么要检讨?”
>
> “我给你24个小时来认真考虑，我们来自同一个县，我家离你家也就几里路，而且我和你父亲是同辈”。

蹇先任没有听从与她父亲年纪相仿的老板的建议，她打算离开那家工厂。她把和老板的谈话内容告诉一个由她发展为党员的女工。当其他工人正在吃饭的时候，她悄悄地不辞而别，跑到临近的石门县，并与那里的党组织取得了联系。在同志的帮助下，她在石门的一所初中当老师。当时的中学教育尚未普及，初中毕业就当初中老师的情况也很常见。

她的一些昔日同窗好友也在石门，积极地“给当地地主恶霸制造了很多的麻烦”。因为他们都来自其他地区，没有工作，所以他们需要掩护。她的工作使她有一个安身之处，也可保护四处躲藏的同志们落脚休息。“如果同志们来找我，我就对别人说他是我的兄弟，如果来人年纪大，我就说是我的叔叔。他们晚上工作，然后到我这里睡觉”。当地的一个恶霸被杀后，她家被敌人发现是窝藏共产党的地方。她和同志们听到消息说国民党要来抓他们，就迅速转移了。

当时蹇先任已经被列入当局要通缉的共产党人名单中，她和亲友们躲进了深山。她把自己乔装打扮成农民的样子，把头发留成长辫子。那时的中国，一个人在社会中的身份和官场中的地位是非常明显和稳定的。穿上农民的服装和农民亲戚在一起生活，很好地掩盖了她的学生身份，别人也看不出来她是一个知识分子。她就这样打发时间，直到能再次投入革命活动中来。

到1928年3月，贺龙元帅回到了他湖南西部的老家桑植，组织农民创建了苏区根据地。这位杰出的领袖早年就聚众起义，是湘西一位罗宾汉式的英雄人物①。当他十几岁的时候参加秘密帮会时，才改名叫贺龙。在他二十几岁时，就是土匪、造反者、小军阀和农民武装领袖。他招兵买马，与其他军阀开战，在国共合作的北伐战争时期，他加入了国民党，1927年他率领自己的队伍投靠了共产党。在几次战役失败后，部队损失惨重，贺龙又回到了湖南，几个星期后他又集结了3000多人的队伍。②

蹇先任的弟弟蹇先为在逃离长沙后，被列入国民党的黑名单。他回家待了没多久，就加入了贺龙的湘西工农红军。

1929年，蹇先任也离开了山区亲戚家加入了这支部队，成为贺龙部队中第一个、并且在很长时间内也是唯一的女战士。她被选派到训练队，在那里给其他的战士上文化课，同时也学习军事知识。“和大学毕业生相比，我不算是知识分子，但是那时我可算是小知识分子”，她解释道。因为她比大多数战士所受的教育要多得多。

当贺龙将她调到司令部来教他读书写字时，她的生活道路发生了转折。“他说自己在学校时是个穷学生，只会写三个字：他的名字‘贺龙’

---

① 加拉文特(Garavente，Anthony)的研究认为：贺龙被西方人视作非常受欢迎的英雄，尽管他不是一位知识渊博的共产党人，但被认为是党的领袖和指引者。他们将之比作西方人所熟知的英雄人物，如潘丘·维拉（Pancho Villa)，罗宾汉（Robin Hood）和白瑞德（Rhett Butler）等等，以便帮助西方读者更清楚地了解贺龙。(见：《贺龙与1927—1935年中国中西部地区的农村革命》（He Long and the Rural Revolution in West－Central China，1927—1935)，博士论文，加州大学洛杉矶分校，1978年，第23页）詹姆斯·贝特兰（James Bertram）指出：关于贺龙的传说在一半以上的南方省份广泛流传，这使得他成为类似于中国当代的罗宾汉式的人物。(《未被征服的人：在华北农民争斗中一年的历险记》(Unconquered：Journal of a Year's Adventures among the Fighting Peasants of North China)，纽约：John Day Co.，1939年，第188页）海伦·斯诺（Snow，Helen Foster ）书中一章的标题为，“贺龙，中国红色的罗宾汉”(《中国共产党人：老警卫员的概述和自传》(The Chinese Communist：Sketches and Autobiographies of the Old Guard)，Westport，Conn.：Greenwood，1952)

② 陈志让（Ch'en Jerome)：《华中的挑战者》(The Highlanders of Central China)，Armonk，N.Y.：M.E. Sharpe，1992，第226页。

和我的姓‘蹇’”。

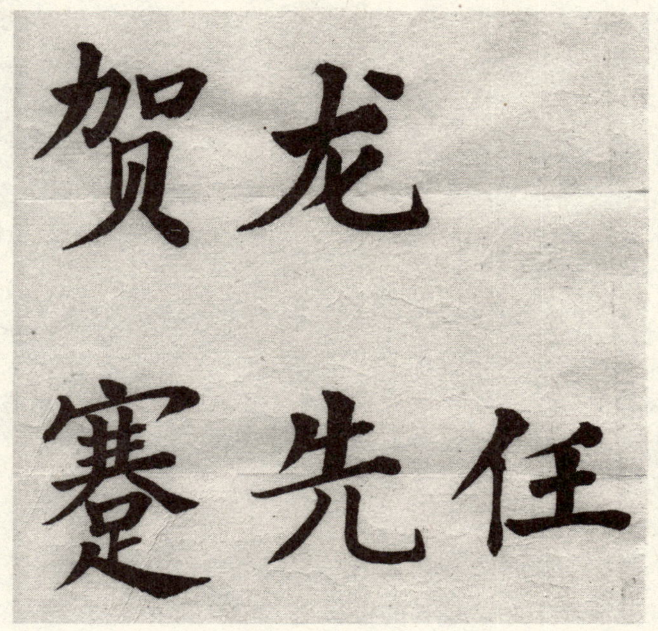

（此图由王友琴提供）

他当时33岁，是最高的领导。尽管他不会读书写字，却非常健谈。

贺龙和我逐渐产生了感情。他想和我结婚，这样他就可以照顾我，因为我是1000多男人中唯一的女性。[①]

蹇先任并不十分明确自己是否应该嫁给他，因为他的性格、家庭背景和教育程度都与自己差别很大。按传统的观点，父母们都认为在任何可能的情况下门当户对都是婚姻必不可少的标准。

与传统的家庭观点不同，党组织承担了促成婚姻的任务，依靠那些和双方共同工作、彼此都了解的人的善意帮助来安排和介绍。说服经常是必需的工作，因为许多像蹇先任这样的年轻妇女，根本看不出婚姻有

① 蹇先任提到的1000人的数字与前面提到的3000人数字不一致，陈所说的人数是贺龙第一次回湖南时招募的战士的数量，可能包括了一些农民和工人，在入伍后又经常回家种地、挣钱和照顾家庭。蹇先任的数字可能更准确地反映了实际参加训练的士兵数量。

什么好处。她不像现代的中国女性那样是为了避免性和怀孕，相反，她的解释非常的传统：

我不是很愿意，因为贺龙是一个喜欢冒险的军人，而我是一个知识分子①。我对未来是一个理想主义者，而他不是我希望的伴侣。我的朋友批评我，因为我想等一等，而他并不想这样。他们提醒我贺龙是在国民党部队占优势的逆境下毅然率领军队来投靠共产党的②。他是一个"老资格的军事家"，值得为他感到自豪。

我说："那么我绝不和任何人结婚可以吗？"但是我的同事们还是坚持，所以我同意了。

我们结婚时正处于敌人包围之中。大家只能用开水当"白茶"来为我们的婚礼祝酒，同志们还慷慨地发表祝词。

两天后，我们就上了战场。

贺龙的第二方面军在湖北、湖南和贵州与国民党部队战斗了好几年。后来被迫放弃了在桑植县的根据地，转移到了贵州。一直坚持到与其他部队会合。第六方面军在萧克军长和任弼时政委的带领下，由江西出发与贺龙会师，一路上他们付出了巨大代价，终于在 1934 年秋天到达了。

当萧克到达慈利县附近的时候，专程走访了蹇先任的家。他知道他们家的两个年轻人都参加了红军，就邀请蹇先任的妹妹蹇先佛和弟弟蹇先超也参加红军。先佛的父亲蹇承宴当时对蒋介石的对日绥靖政策非常不满，同时也考虑到十来岁的女儿的安全问题，就鼓励他俩加入红军。蹇先佛和她的弟弟加入红军不久，萧克就和先佛结婚了。先佛刚开始在革命委员会做文书工作，后来被调到宣传部门，她发挥了自己的绘画专长，绘制了许多宣传海报。

1934 年 10 月，萧克领导的红六方面军和贺龙领导的红二方面军在大庸创建了湘鄂川黔根据地。第二年，根据地中心的三个县政府被敌人

---

① 加拉文特在他的论文中指出，"见过贺龙的人认为他的身体条件非常吸引人，尽管他是那种与生俱来的性格外向的人，但在他喜爱大声喧闹的外表下，内心深处非常同情中国被压迫的底层民众的苦难"。（加拉文特：《贺龙》，第 23 页）

② 蹇先任指的是 1927 年 4 月蒋介石镇压共产党后，贺龙选择加入共产党方面。

反复占领了六次。红军部队成功地击退了敌人的第一次包围，但是很快情况变得更加严峻，领导决定突出重围向西转移到贵州的东部。蹇先任是如此描述当时敌人的实力：

> 敌人的部队大约有20万到24万，而我们二、六方面军的总兵力不足2000人，但是我们的战士训练有素，大家都踊跃参战。
>
> 那年，我们在苏区被分散成四部分，被国民党军队包围了。他们围着我们挖了两三层的壕沟、修建了碉堡。敌人的包围圈难于防守，但他们发现了一道天然的水上防线。于是他们用洪水淹没一块非常重要的交叉路口，用来阻挡红军的进攻，以为红军穿越不了这道湿地！
>
> 无论敌人有多么强大，碉堡有多么坚固，封锁有多么严密，他们都不能封锁我们。我们穿过了壕沟和碉堡，成功地突出重围。

贺龙将军将他的队伍集中到刘家坪后，召开誓师大会，于1935年11月19日正式开始了长征。

二、长征开始了，孩子何去何从

> 我们反复商量后，贺龙说："就带走吧！是福不是祸，是祸躲不过。"

蹇先任没能前往刘家坪参加誓师大会，因为她刚刚生了女儿贺捷生，孩子当时还没满月[①]。考虑到母子的安全，出生后第一个月非常关键，她和贺龙一开始决定将孩子留下。

> 许多人都说，一路上我们无法照顾好孩子，在天天都要打仗的情况下，我们自身都很难活下来。那时我的妹妹蹇先佛在

① 她正好在红军取得一次战斗胜利时出生，所以取名捷生。

革命委员会做宣传工作，尽管突围前她都非常忙碌，但是只要有一点时间，她就会来帮助照顾孩子。当然我也很伤心。

“别抱着她了”，我说，“如果孩子习惯了被人抱着，在没人抱的时候就会不停地哭”。

我妹妹说：“如果亲戚们把孩子带走了，我们还不知道何年何月才能见到她。”我们就这样边说边哭，因为我们实在舍不得丢下孩子。我们感情上非常地矛盾。

贺龙有个亲戚同意收养孩子，提出要用一个星期来找个奶妈。但是一个星期过后却杳无音信。贺龙派人去找他们，得到的消息却是就在亲戚说同意收养孩子的当天，他们就收拾了东西离开了。他们显然不愿意被人发现在根据地帮助收养了红军领导的女儿，害怕国民党卷土重来后遭到报复，蹇先任解释道。

我们理解他们的恐惧与担忧。如果你收养一个共产党人的孩子，就如同你自己是共产党一样。如果你不收养孩子，作为唯一的亲戚又过意不去。

我们反复商量后，贺龙说：“就带走吧！是福不是祸，是祸躲不过。”

我被分配到伤员所在的部门。那天我们离开时，孩子刚刚满 20 天。

当部队开拔时，贺龙吩咐她躺在担架上行军，蹇先任试图反对，因为她觉得自己既没有生病，也不是伤员，让同志们抬着走实在太难为情了。她觉得自己 100 斤的重量让人抬着太重了。她争辩说自己的月子也快坐完了，可以骑马。所在部门的领导最后劝说她称，再坐十天的担架，等月子一完就可以骑马了。

情况大致是这样的：我们一路行军，被落下，继续行军，又被落下。敌人飞机来了，我们就躲藏起来。所有部队中只有战斗部队一个接一个地行进。但对于后勤部队来说，往往是先头部队前进一步，他们却要跑好几步才能赶上。

第一天，我在桑植县吃了早饭和午饭，第二天中午到达了澧水附近的张家湾。

蹇先任打断了叙述，话题转到红军如何爱护农民和他们的财物。类似的故事在红军女战士们的口述中经常会被提及。她们讲得非常仔细，尽管发生的地点和情形有很大差别，但故事的内容都是一样的：红军从不拿农民的东西，深受穷困地区农民的喜爱，与当地农民保持着鱼水般的情谊。马忆湘在为学校学生们画的连环画中，描述了贺龙部队中的战士拿一块布和自己的母亲交换食物的故事。蹇先任则更进一步强调了饥饿的战士们是多么的自律。

现在我想告诉你一个故事。

在张家湾我们快要吃午饭的时候，大家又渴又饿。敌人的飞机发现了我们并开始扫射。我们藏到了橘树林里，正好树和人差不多高。我们可以轻易地摘下树上的橘子，但是没有一个人摘下一个橘子。敌人的炸弹将橘子从树上震落下来了，但是也没有人拾起来吃。一些走路的伤员捡起橘子，堆在树下，好方便老百姓来取。尽管我们一天一夜都没有吃东西，但我们都这样做。虽然没有强制性的惩罚措施，但我们都严格遵守纪律。每个人都自觉地遵守“三大纪律八项注意”。

革命胜利后，我又回到张家湾。老百姓们都赞不绝口地称赞我们说：“当年红军经过我们的橘林，他们连一个橘子都没拿。”他们一直记忆犹新。此时此刻，当我讲这个故事的时候，当时的情景又浮现在我脑海，仿佛就发生在昨天似的。

这就是我们刚出发时的情形。

蹇先任所在的部门在第二天黄昏时开始渡过澧水。奇怪的是，他们选择的渡口河水太深难以蹚过。河面上的桥梁已经被炸倒，只有几条小船可以摆渡。后勤部队奉命用骡子和马从上游过河，而伤员则乘船。中午刚过当蹇先任踏入小船时，她说：

我的耳朵非常灵，听到飞机正飞过来。

"飞机来了！快上岸！"

一些人立刻返回岸上，跑散开来。但是我不能跑，所以我没有上去，只好在船里待着。和我在一起的还有四位负责为我抬担架的同志，和一个帮我带孩子的同志。还有照看我的骡子同志①。另外还有位卫生部的领导。他现在还活着。

我告诉他："我不准备离开这船了"。

他说："如果你不离开，我们大家也留下来陪你。一切顺听天由命吧。如果我们被炸了，那么我们难逃一死；如果我们没被炸，我们就可以过河！"

敌机盘旋了一圈又一圈，只要有人群的地方就投弹轰炸。炸弹用光后，敌机飞到我们的上空用机关枪扫射。他们的技术并不高——没有击中我们。

他们又从渡口上船，向对岸驶去。卫生部门的负责人撑竿摆船，但他不是船夫，没能按着直线将大家摆渡过河，蹇先任说到。他们错过了登陆的渡口，船搁浅在了一片泥滩上，让大家走起路来非常吃力。"一个刚生了孩子 20 天的女性能走完如此艰难的一段路简直令人不敢置信"，蹇先任说。

尽管河滩只有三四十米宽，但如此短的路程却让我们不论男女个个都筋疲力尽。两个抬担架的挑夫帮着我走。我的孩子不停地哭。帮我抱孩子的挑夫生气地说："你哭什么呀？如果你再哭，我就把你扔在河滩上了。这么难走的破路都快累死我了！"

那位卫生部门的领导边走边讲些笑话，鼓励大家前进。他说："小姑娘，你为什么哭呢？因为你身上全是屎和尿！从昨天到今天，将近两天了，你都没有换尿布。你臭气熏人。20年后，当你喜欢臭美的时候，我们就把今天的事情告诉你！看你觉得是否有趣。"大家听后一边哈哈大笑，一边加紧赶路。

尽管他这么说，这些人实际给了处于困难中的我们母女俩非常多的帮助。

---

① 蹇先任在讲述中对自己骑的马和骡子分不太清楚。

他们离开河滩后，找到了一个房子休息过夜。直到那时，蹇先任才给孩子换了个尿布，喂她喝奶，洗涮尿布，忙乎完了就快天亮了。而她自己却没吃饭也没睡觉。“只有在战争时期，一个刚生了孩子的母亲才能碰上这样的事情”，她说。

一个从司令部来的士兵传来命令，让卫生部在早上 10 点出发。他们掩埋了轰炸中牺牲的战友，并为那些重伤员找到可靠的老乡家养伤。蹇先任觉得等卫生部准备出发时，敌人的飞机正好有充足的时间来再次轰炸他们。她问传令兵司令部是否已经出发了，回答称还没有。她让传令兵等她一下。她找到一位马夫，将东西放到马背上，把孩子放到背篓（一种用来背孩子的竹筐）里。她告诉卫生队的领导说她要离开。那位领导派给她一副担架，她拒绝了，说服他说骑马更舒服些。

她们大约走了一英里路就找到了司令部。当她向吃惊的领导们解释说那些伤病队伍已遭到敌人六次轰炸时，

> 任弼时说：“先任，你不用担架，难道骑马更舒服吗?”然后就问我是否吃饭了。
>
> “我最后一顿饭是我们从桑植县出发时吃的，我还没顾上睡觉。我睡的最后一觉是出发前的那天晚上。”
>
> 他听后说道：“哎呀，你最好还是和我们一起走吧，你的孩子出生还不到一个月，你要是吃不好饭、睡不好觉的话，身体会累垮的。”
>
> 其他人都同意，贺龙说：“出发前，把我们吃的东西分一些给先任同志吃吧。”
>
> 警卫员给我端了一碗米饭和一杯水。这就是长征开始后第二天所发生的事情。

刚开始时，她觉得跟着司令部走比较好。她和熟悉的同志们一同行军感觉比较舒服。她很快找到一个好办法保证自己能在行军途中吃好睡好。她起得很早，和警卫员们一同吃饭，然后和先头部队一起出发走向下一个宿营地。当战士们安营扎寨的时候，她就抽空给孩子喂奶，洗衣服。战士们都非常照顾她，设法保证她有饭吃、有水喝、有地方休息。

在离开桑植的第三天，他们开始向沅江急行军，一天在山区穿行了

150 里，一下都没有休息。当他们渡过沅江进入湖南中部后，到达了两条河之间的一个山谷。“我们的指挥员非常机敏，非常能干，立刻把我们的兵力展开部署。这样不仅可使我们机动调动兵力，而且迫使敌人也跟着我们调动。我们的战略计划非常灵活，但是我们只有 1 万或 2 万人”。①

在湖南中部，“我们没有仅仅穿行而过，而是在那里做了大量的群众工作和宣传工作”②。为了使他们的活动更具有合法性，反击国民党把共产党污蔑为“土匪”的宣传，他们告诉民众，他们正准备战斗，红军的目的是北上抗日，反对蒋介石提出的“先攘内必先安外”不抵抗政策。

当问及共产党对有钱人的政策时，蹇先任解释说，在她记忆中，共产党对资产阶级工商业者和封建地主的政策是有区别的。

> 我们提出“如果你是一个工商业者，就继续做你的生意。我们不会没收。如果买卖公平，当我们买你的东西时，会付给一个公道的价格。我们不干扰工商业。如果你是地主，我们会让你把粮食拿出来分发。我们会要求向部队交军粮，并让老百姓运送多余的粮食。只有你是‘四大家族’的官僚资本，我们才会予以没收。”

蹇先任继续讲有关女战士所从事的宣传工作。在政治部所组织召开的会议上，她们给大家做演讲报告。她调查地主们和其他坏分子的行踪，考察当地拥护国民党势力的力量，并侦查敌军的行动。

> 所有这些都是女同志能胜任的工作。我也可以做这些工作，尽管我没有任何正式的级别。如果我有时间并且想做的话，我就会做。我不能一边抱着孩子一边做演讲，但是我能单独地和妇女干部谈话。我告诉她们什么样的人是好人，什么样的人是坏人。这就是广义的群众工作。

---

① 杨炳章：《从革命到政治：长征与毛泽东的崛起》，第 203 页。这样描述到：“他们走向东南方向，越过了黑湾河，进入了湖南富裕的溆浦和新化地区。这种策略分散了敌人对东南的注意力，保证了共产党可以集聚物质和人员。”

② “Doing propaganda work”是“宣传工作”这一用语的直接翻译，女红军战士们都用“宣传工作”来描述她们是如何对老百姓和普通大众来解释共产主义理念的。“mass work”，即群众工作包括宣传工作在内，也包括组织方面以及征兵、征粮、征夫等方面所获得的群众的支持。

女同志做宣传工作是因为工作比较轻松。当然，男同志也做，但女同志有优势，因为她们很容易和普通人打交道。比如，如果你是一个年轻的男同志，要想和一个年轻姑娘或小媳妇谈话的话，一般人会感觉难以接受。但如果你是个女战士的话，不论男女老少都很容易谈到一起。

另一项男女都从事的工作就是招募新兵，壮大队伍。女同志非常善于做这项工作。在短短几天我们就在湖南中部召集了3000名战士。这里是人口稠密的地区，相对比较富裕，文化也很发达。这里征募的3000名新兵都是拥护红军的爱国青年。我们招募了一名女兵叫石志，她现在还活着，住在北京。

红军处于两条河之间，很快就被国民党的军队包围。这迫使他们向贵州省进发，领导们计划在那里开辟贵东革命根据地。精疲力尽的蹇先任病倒了。

那时，我经常骑马。当我从马上下来时，感觉非常糟糕，没有一点力气。我和孩子洗涮完后，给孩子吃了些东西，就哄她睡着了。我也躺下。第二天我就爬不起来了，发高烧了。再后来的两三天，只要有人喂我吃的，我就吃。如果没人来，我就睡。我感觉头昏脑涨、筋疲力尽。当有人说第二天我们就要出发了，我又恢复了些体力可以继续长征了。当我没病时，看起来像病了一样，可当我真病的时候，的确感觉病得不轻。

红军未能在贵州东部建立根据地，继续向西北方向转移，于1936年2月到达毕节县境内。当年红一方面军经过这里时，严禁士兵打扰穷苦百姓，他们严明的纪律使红二、六军团获益匪浅。“一年前，红一方面军经过了这里。当我们到达时，当地百姓没有一个人逃跑。男女老幼敲锣打鼓、载歌载舞、张灯结彩地欢迎红军”。

在毕节，领导们征用了一处基督教使团的住所用做办公、休息和开会的地方。建立了贵州云南边区的革命委员会，由前贵州省代省长、马克思主义者周苏源做主席。“那里是国民党控制的地方，他公开在自己的书架上摆放着马克思主义的著作。像他这样的人，我们还是头一次碰到”，蹇先任强调说。

她的妹妹蹇先佛讲到周苏源称：

来到毕节后，我们在那里停留下来，似乎要创建一个新的根据地：做了很多群众工作，召开了多次群众集会。我们抓了一些当地老百姓痛恨的官僚和一些还没有来得及逃走的劣绅。有些官僚、劣绅真是无恶不作，强奸妇女，强迫别人家的妻子和女儿当他们的小老婆。有些家伙还杀人。群众将地主划为不同的等级，分了他们的财产。人们非常满意和开心。

在那里红军招募了很多人参军，两支部队扩充了大约 5000 人。我们经常是工作几天，接着再休息几天。在休息时我们也从未停止群众工作。在那里我们都很忙碌，大家都非常高兴。

我们和当地老百姓的关系不错，尤其是和一个人的关系非常密切，他叫周苏源。你听说过他吗？他在贵州是个非常有名望的人，一位了不起的大人物，在军队和政府都担任过要职。当红军发现他的时候，他并没有离开。我们看到他家里有许多书。当把书打开看时，发现里面有许多圈阅标记。真是奇怪！当我们发现他时，就报告给政治部主任王震和政委夏曦。夏曦是一位真正了解马克思主义和列宁主义的革命者，他觉得这事非常奇怪，就来到周苏源家看个究竟。他们交谈了起来。

“你读过这些书吗?”

“是的，我看过了。我用大概十年的时间把这些书都读过一遍。我信仰马克思主义。您作为红军和共产党不也相信马克思主义吗？当其他人离开时也劝我走，但是我没走，因为我信仰这些思想”。

夏曦和王震同志和他谈论了一些国际事务。他什么都知道。他还痛恨蒋介石的不抵抗政策。夏曦和王震说：“现在我们主张建立抗日统一战线，您愿意加入吗?”

当时周苏源都快 60 岁了，在他被动员起来后，大约 1000 多士兵也参加了进来。当我们在毕节待了大概 20 天后，敌人的部队又包围了我们。因为我们不想冒险抵抗，就从毕节撤退了。他一直跟着我们。他是一个纸上谈兵的人，并不会带兵打仗，所以他把部队交由我们指挥。他自己和政治部一同走。

我当时在政治部的宣传队。我们给他一匹马，并让一名警卫员照顾他。在长征的路上，有时他会和我在一起行军。他还不会骑马，我就教他怎么骑。

当敌人的飞机到来时，我们就躲藏起来。当敌机发现我们时，会投弹扫射。他还在原地站着张望。

我告诉他："周先生，这样不对，你必须趴到地上！"他就穿着一身长袍躺在地上！"你必须找一个低一些的地方躺下，这样炸弹就伤不着你"。

那时的炸弹和现在可不一样。技术还不是很先进。只要你卧倒就不容易被伤到。

三、孩子突然生病了

蹇先任害怕孩子要死了，非常恐惧，就捎信给贺龙。当时贺龙正在指挥打仗……

在毕节，蹇先任按照中医的疗法、调理血脉，逐渐把身体调节得阴阳平衡，恢复了健康。她还给孩子接种了天花疫苗，"我的孩子非常漂亮。如果她长大后一脸麻子可就麻烦了！"在那个偏僻的地方，她找到了一小瓶凡士林，那可是真正的宝贝。在部队不断行军前进的路上，她不能经常给孩子换尿布，结果孩子感染了严重的尿布疹。涂上凡士林就可以治疗感染的部位，并控制不再蔓延。

2月底当红二、六军团离开毕节时，"孩子接种疫苗的部位已经结痂痊愈"。蹇先任说，他们曾想在毕节创建云贵革命根据地，但是她们在战役中失利了，更重要的是，他们接到了上级的电报命令，让他们在条件允许的情况下与四方面军会师，继续北上抗日。[①]

---

① 杨炳章：《从革命到政治：长征中的中国共产党》，第202—204页。他解释道，电报不是来自毛泽东的红一方面总司令部，而是来自红四方面军的张国焘。红一方面军与四方面军会师后，一方面军继续向陕北进发。电报密码留给了四方面军，由张国焘和朱德以军事委员会和总司令部的名义发报指示各个部队。杨书中的资料表明，他们应该是在离开乌蒙山之后，到达毕节之前接到电报的。蹇先任是根据她在采访前事先准备的相关记忆的笔记来讲述的。她讲述称电报命令她们："渡过乌江北上抗日，"很可能她记错了时间与地点。因为乌江在四川与湖南交界，不在贵州。然而，我认为我们不能轻易将她的回忆置之不用，因为她毫无疑问参考了一些书面的资料和她妹夫的回忆录。而且关于此事肯定有不止一封电报。

当我们进入山区后，这才是长征的开始。山很高，河谷很深。我们进入少数民族居住区，他们说着不同的语言。在相对平坦一些的地方，汉族人就多一些。道路崎岖不平，走起路来非常吃力。我们不见天日，因为云层很厚。当地老百姓说，在冬天，所有的山都被冰雪覆盖。即便是鸟也飞不过雪山。人们是这样形容那里的贫穷的：

地无三尺平，天无三日晴，人无三两银。

在封建农奴制统治下，那里的人们饱受封建地主和少数民族头人的欺压。

在国民党军队的包围下，红军在乌蒙山战斗了23天。他们的队伍依然保持稳定的战斗力，因为征募的新兵基本能够弥补战斗中的损耗。国民党部队和军阀的部队在数量上远远超过了红军，达到10：1的悬殊比例。蹇先任补充称，新兵们是在战斗中接受训练的。

队伍继续向西转移，日夜兼程，而且要保持绝对的肃静，因为敌人经常就在附近。一个侦察兵用背篓背着孩子，但是，蹇先任说，“孩子并不懂事，她想哭就哭”。她还骑着马，决定自己带着孩子，她做了一个布兜来背孩子。南方的母亲经常这样背着孩子。她把孩子放在布兜里，这样可以随时给孩子喂奶，免得她哭闹。

他们一直走蜿蜒的山路，避开走大路。“骑马也很困难，但是如果你胆子大也可以骑。或者你走不动了也就别无选择了”。当路不通的时候，马夫就扶她下来，牵着马。她就可以走走。在植被茂盛的地方，她就弯下腰躲在矮树下给孩子喂奶。当跳出敌人的包围圈后，她背着孩子在夜间走大路急行军。

背孩子实在是太辛苦。我想睡个好觉，但长途跋涉又让我筋疲力尽。我腰酸背痛，两腿酸痛。我想背着这个孩子比背一挺机关枪还沉！如果我是个男的，我宁愿背一支枪也不愿背一个孩子。那样如果敌人追上来，我还可以战斗。正如我所说，在我们进入山区之前我的身体便已累垮了。在山区恶劣的环境中，我精疲力竭，但是我却没有拉下部队一步。在我的脑子里，我有自己的信念，相信我们会打败他们。我想：“许多战友们都为国家牺牲了，因此无论经受怎样的苦难，无论多么艰苦，我们这些活下来的人必须珍惜。我们唯一的希望就是不停地走”。这就是我激励自己的办法。

这时，她的孩子贺捷生大概6个月，突然生病了。她发起了高烧，不肯吃饭也不睡觉。蹇先任因为害怕孩子要死了，非常恐惧，就捎信给贺龙。当时贺龙正在指挥打仗，他抽空来看自己的女儿。

贺龙有些封建的重男轻女思想，但是当他看到孩子奄奄一息的样子，心里也非常难过。他对女儿说：

“尽管你是个女孩，我也很爱你，你可不能就这样死了！”

“我已经40岁了，我就你一个孩子，唯一的女儿。尽管你不是个男孩，我也很爱你。河里没有鱼的时候，虾米也很珍贵。如果你死了，我就连虾米也没有了！”

我说：“你胡说！”

蹇先任找到一位军队的医生，答应给孩子看病。他一点药也没有，连碘酒都没有。但是他告诉蹇先任一个偏方：

“找一个鸡蛋和一点炉灶里的土灰，然后将土灰和鸡蛋清拌在一起，放到孩子的肚脐上。用布包扎好，保持几个小时，孩子的烧就会退的。”

这虽然是民间的偏方，但是却非常见效，竟然把我孩子的病给治好了。我之所以告诉你这一细节，是因为很多人都不知道这一非常有效的传统偏方。

他们在乌蒙山徘徊了23天，每天都在行军。当他们跳出敌人的包围圈后，就沿着贵州、云南边境向南，向盘县进发。在那里部队一边修整，一边计划下一步的行程。士兵们理了发，编了一些草鞋，因为在行军途中需不停地换草鞋。她说，在山区作战时大家都没时间编草鞋，很多战士都赤脚战斗。

红二、六军团的领导人就选择哪条道路到金沙江和如何让部队穿过江对岸的艰险地区进行了多次讨论。尽管蹇先任能接触到为数不多的几幅地图，但是直到第十师指挥官急匆忙回到镇上并给她带着一些补给品之后，她才知道等待她们的将会是什么。这位军官给她带来了十罐奶粉、小孩衣服和一些花布。她反对给孩子带很多东西，认为只带一些尿布和换洗的衣服就足够了。因为天气已经热起来了，她认为不需要太多东西。然而这位军官解释说他们即将要去的地方比已经走过的地方还要难走得多。“我建议你把一些没用的东西也要带上。”他说道，并让她一定要给孩子带足衣服和食物。于是，她同意带上他捎来的所有东西。

当他们离开盘县时，因为天热了，战士们开始脱掉夹衣，送给一路上碰到的农民。上级虽然没有说明任何原因，却命令他们留着保暖的衣服和毯子。“这是军事秘密”。但有些战士们即便被罚，也坚持要脱掉他们厚重的外衣。蹇先任说：“命令归命令，通知归通知，因为天气太热了，一些战士还是把衣服脱扔了”。她劝说周围几个同志把他们的东西放到她的马上。后来她发现当她骑马时，脚都够不到马镫了，她只好把东西往前推。就这样，蹇先任身后背着贺捷生，身前堆着一大堆棉衣和毯子，一路骑着马，被迫从云南向金沙江进发。“当我们前进时，敌人想在我们渡过金沙江前就消灭我们。我们部队的领导人非常机智灵活，发现敌人最薄弱的环节，使得敌人跟在后面团团转、迷失了方向。因为红军战士纪律严明，得到了当地老百姓的帮助”。

在当地群众的帮助下，红军获知了敌军集结的地点，地方武装驻守的地方和封锁线所在的位置，胜利地通过了敌人的封锁地区。“当敌人在后面追击时，我们就绕到追击敌军的背后”。

据蹇先任说，当红军的一支先头骑兵部队到达少数民族居住地区时，战士们就用红丝带编成花戴在帽子上，表示对当地习俗的尊重。当地人也非常热情地招待红军，给部队提供食宿，并主动问部队还需要些什么。

他们继续北上到达丽江县时，受到当地纳西族民众的热烈欢迎，他们对红军非常支持和友好。[①]

---

① 1997年6月笔者在丽江与两位纳西族姐妹交谈时，她们称还记得当年看到红军时的情形。这对姐妹当时坐在路边卖花生，她们的父亲是教师，家里很穷。红军战士们的衣服有很多破洞，但出于意料之外的是，其中一位战士送给姐姐一面小镜子作为礼物。这对姐妹说，她们没有机会和红军战士们说话，因为他们走得很快。她们描述称，红军战士的服装破烂，身上很脏，没有国民党的部队看上去那么整齐。姐妹们称她们不知道丽江当地人有参加红军的，但是听说有人给红军当向导。当被问及她们当时看到红军女战士们时的感觉时，她们说她们当时就想：“哇，快看呀！红军中不仅有男的，还有女的。”但她们并不认为非常奇怪，因为这让她们想起了花木兰。（周桂川与她的妹妹周桂英的访谈记录，丽江她们的家里，云南省，中国，1997年6月25日）

我们出发时还有一些钱，但是并不多。我们得到一些捐赠，我们还根据中国共产党的政策，没收了一些当地土匪和国民党官员的钱财。当我们在湖南时，我们用湖南当地的货币。当我们到毕节时，就用云南的纸币。有时我们也会有一些银元。当我们到达丽江时，我们把货币换成了银元。从此，我们就不再用纸币，所以纸币不再是个问题了。

我们的部队纪律严明。当第一方面军，也就是中央红军经过这里时，他们使用的是江西中央苏区的货币。这是我们自己根据地流通的货币。可红军一走，当地政府就不认可这种货币。如果你用这种货币，不仅会被没收，还可能会被罚款。当地的人们不得不将根据地的纸币藏起来。当我们经过同一个地区时，老百姓问我们是否和去年经过的红军是一家。

我们说："是的，我们是一家人。他们是中央红军"。他们问是否可以用他们藏起来的货币。我们的战士不是非常清楚，所以他们就问贺龙、萧克和任弼时这些首长。他们回答说，他们可以把苏区的货币换成银元。一块纸币可以换成同样的一块银元。

因为部队对百姓特别好，百姓也很支持红军。他们给我们当向导、做侦察、搜集情报。当地的官员是我们的翻译，我们可以通过他们和老百姓打交道。当地老百姓有上千人参加了红军。

现在，我再讲一个红军政策好的例子，也与钱有关。

他们很快就经过丽江，向距离丽江大约 48 公里外、位于长江上游的金沙江强速行进。形势非常急迫，因为他们必须在敌人到达之前渡江。当他们到达石鼓镇，位于金沙江畔第一道弯的悬崖边上的小镇时，令人沮丧的发现，在当地国民党的威吓下，大多数摆渡的船已经被悄悄地藏起来了。

金沙江第一湾，靠近当年骞先任和她的孩子渡江的地方(作者 1997 年 6 月拍摄)

当部队到达时，老百姓都走了。当地的反动武装曾告诉人们把他们的船藏起来，不要让红军征用，并告诉船夫逃走。贺龙非常善于与当地百姓打交道，告诉他们红军是一支不会伤害他们的部队。他写了封信，让当地民众知道部队需要的仅仅是船，希望他们能为部队找到一些船。当镇上的居民收到贺龙的信之后，派来四个船夫划着船来帮助我们过江。我们沿江又找到了更多的船只。第二方面军的战士发现找到船很不容易，因为船只都被藏匿起来了。但是当地百姓非常友善，帮助我们找到了船只。最后，我们一共找到了八只船。

一些铁匠和伐木工也前来帮助我们。我们需要他们帮助做一些竹排和木筏。铁匠们帮我们打制铁钩，来连接竹子或木头，制作木筏。我们就可以用它们运送战士，还有骡子和马一起过江。然而，由于水流湍急，乘坐木筏并不十分安全，所以我们主要依靠小船。因为速度非常重要，一切都在井井有条的安排下进行。贺龙、萧克作为第二、第六方面军的指挥官都到现场指挥。第一批三四十人整队上船秩序井然。船大小不一，有的可以载下 50 人。

敌人的飞机依然在寻找我们，但是当他们发现时，我们已经安然渡过了金沙江。我们快速穿过云南，敌人就找不到我们了。这是一片非常大的区域，敌人无法确定我们会在哪里渡江。开始，他们以为我们会在第一方面军渡江的地方，实际上，我们派了一个小组的人到那里迷惑敌人。敌人或许知道我们大概在哪里，但是他们不知道我们将从哪里渡江。

他们在 4 月 25 日抵达石鼓，“那里的江面并不是很宽，但是水流湍急，江水很深”[①]。那些新入伍的战士已经是部队的主力，他们用了整

① 当作者在 1997 年 6 月走访了石鼓西北的一个摆渡点时，看到江面大约 100 米宽。然而，由于江水陡然下降水流非常急，江岸的形状也经常改变，人们只能想象当时蹇先任过江时江面的宽度。如果要想详细了解金沙江的情况，可以参见西蒙·温彻斯特（Winchester，Simon）：《位于世界中心的河流》（River at the Center of the World），纽约：Henry Holt，1996，331—333 与理查德·邦思（Bangs，Richard）和凯伦·克里斯蒂娜（Christian，Kallen），《骑在龙背上：长江上游的木筏赛》（Riding the Dragon’s Back：the race to raft the upper Yangtze），纽约：1989。

整一天一夜的时间摆渡过江，摆渡一次大约需要一个半小时。他们在石鼓北面到巨甸之间开辟了多处渡口。巨甸是马忆湘的部队过河的地方。渡口都非常原始简陋，没有真正的码头，“没有绳索将船拉靠到岸边”，蹇先任解释道，由于雪山融化，河水忽高忽低，很不平稳。

在寻找和制作渡河的船只时，等待的部队就休息或吃饭[①]。首先渡江的是战斗部队。蹇先任和司令部的人最后一批过江，等待时就和当地的妇女聊天。

老百姓对我们非常好。当人们尤其是妇女们看到我背着孩子，就都围拢过来。我就借机做些宣传工作。我告诉她们为什么我们来这里，为什么我们想去西康[②]。我们当然是为了打蒋介石和日本鬼子。她们非常同情我，一个女人竟然抱着个孩子这么辛苦地走这么远的路。孩子还只有半岁。她们要抱抱她，还邀请我到她们家里。实际上，我急着想走。我有点担心，因为我想早点过江，但是每个人都想让我去家里看看。最后一位帮我抱孩子的汉族妇女说：“还是到我家吧，因为我也有个孩子”。

我就跟着去她家了。当她给孩子换尿布时，发现孩子那么脏，就给孩子洗了个澡。虽然她们想帮我干，但我还是自己给孩子洗了衣服。我也洗了个澡，我们一起晒着太阳，但是我们不得不在衣服晾干前就走。她们一路送我，一直将我送回司令部。我邀请她们进屋，坐在刚拆下来的门板上。

当贺龙看到我回来了，就开玩笑地说：“猴娘，你可回来了!”

为什么他叫我猴娘呢？因为当我们在行军的路上看到了许多小猴子，政治主任问我，“难道你不觉得自己像猴子吗?”

“不像!”众人都笑了，我不同意这个比方。

不过当贺龙拿这个比方开玩笑时，那位妇女开始叫我“猴

---

① “当部队在石鼓时，有些住在百姓家里，其他人睡觉或在街上做饭。每个人都吃米饭。一拨人吃完饭后几乎没有时间收拾，下一拨人就来接着做。锅底的锅巴越集越厚。在石鼓到巨甸的路上全是红军”。1997 年 6 月 26 日，在云南石鼓采访一位头脑清楚的 104 岁的退休老师王绅口述。

② 西康省是 1928 年到 1955 年由现在四川、云南和西藏的部分地区组成。

娘”，因为这个称呼比我的名字好记。

她们给了我一些红辣椒粉，让我用来预防感冒，同时也是防止我打瞌睡的刺激物。她们还一直叫我“猴娘”，我也不想告诉她们我的名字不叫猴娘，那只是一个玩笑。她们叫我“猴娘”的时候，我根本都不想答应。

那位妇女走后，贺龙说：

“当我叫你猴娘的时候，你拒绝接受。但是现在每个人都这么叫你，你就不得不接受。从今后我们就叫你猴娘了，你可得答应。你的名字不是很好记”。

尽管征途紧张劳累，我们还是照样开玩笑，这样可以让我们的日子过得轻松愉快些。因为我们怀有崇高的理想，就不会被艰难险阻所压倒。物质条件虽然非常艰苦，但生活依然很美好。

我们2万多部队在国民党还没有追赶上来之前安全渡过金沙江后，向西康挺进。西康位于四川省境内，长江在那里转了一个“V”字形的大弯。这时他们将面临更加严峻的考验，那不是整天的长途奔走，而是要翻越终年积雪覆盖的若隐若现、绵延起伏的大雪山。此时，战士们终于明白了为何在炎热的云南东部时上级命令他们不要将棉衣丢弃的原因。

我们在4月25日抵达石鼓，26日渡江，27日就开始翻越雪山。当开始爬山时感觉还可以。风有些凉。这只是开始的10里路。接下来的10里路，你就觉得秋天来了。你能看到一些雪，但是有些已经融化。但是走了30里后，你就觉得冬天开始了。向周围一看，到处浓雾茫茫。大家觉得实在太冷了，都把棉大衣穿上了。

山很高，放眼望去到处都是白雪皑皑。因为海拔很高，空气非常稀薄，大家不敢止步，必须不停地前进，因为你一旦坐下，就再也站不起来了。我们翻过了雪山，开始下山，走了几里后到了一个平坦的地方，然后继续下山。爬上雪山的路程大约是60里，但是下山的路只有40里，一天里我们走了差不多100里。

爬雪山时，用竹篓帮我背孩子的战士姓云。他现在退休了，回到了老家。背着一个孩子爬雪山的确非常困难，此外，对孩子来说也太冷了。在我们出发前，我们就给她穿好棉衣，并用棉被把她包裹起来。我们找到一根木棍撑起一块黑布，然后将木棍架到竹篓上面，这样黑布就可以给孩子挡风了。我背不动她。因为我实在走不动了，我骑了一匹马，实际上是一头较大的驴子。

我们非常渴，但是被告知不能吃雪，因为雪里有毒。我们没有看到有人吃雪，但是有人说看到一个战士死了，一边坐着一边手里拿着一杯雪水，很可能就是因为喝了雪水而牺牲了。

翻过雪山后，他们到达了中甸，海拔大约四五千米，位于云南的最北端。他们已经离开了纳西族居住的地方，进入到藏族人居住的地区。他们在那里待了三天，补充了粮食、买了些帐篷和一些辣椒粉之类的刺激性食物。虽然他们在过金沙江之前，兑换了一些银元，但不够买所需的东西。他们就让当地汉族的官员当翻译，和当地的藏人打交道。我们这些女战士也和以往一样，做些宣传工作。

我们经过时到处张贴布告，说明红军的意图："我们是人民的军队，是人民的儿女，我们保护人民的利益"。

我们把买卖公平及其他一些纪律也张贴出来，因为当时很多人不知道这些，都吓得逃跑了。我们张贴了布告后，他们就回来了。当然，有些人如农奴主是反对我们的，因为我们宣传反对统治阶级，而他们正是反动的上层统治阶级。其他老百姓总体来讲还可以，对我们非常友好。他们还主动地送给我们一些牦牛，牦牛善于拉东西，肉也是很好的食品。它们成了我们重要的运输工具。不过实际上，他们的本意是让我们用牦牛来拉那些落在队伍后面的、受伤的和生病的士兵。他们还提供自制的酥油茶、糍粑和红糖，让我们来买。但是这仍然不能解决2万士兵每天的伙食和日常生活必需品。

当他们到中甸后，贺龙和萧克一起来到了一座喇嘛庙，这是出了西藏之外最大的喇嘛庙。他们和喇嘛们商量如何安全通过在中甸由喇嘛掌管的区域。第二和第六军团同意走不同的路线，前提条件是如果他们能够筹到足够的给养的话。第二军团绕开中甸后，穿过位于中甸西北的一片宽广的草地；第六军团则穿过中甸东北的山口。两支队伍在与红四方面军会合前，还要翻越几道雪山。

红二方面军离开云南前，在西康边界遭到当地武装的伏击，两名团政委被杀害了。“你真不知道什么时候在什么地方就会被狙击手打死。他们藏在树林里，当你走近时，他们就射击，但是你却发现不了他们。有时你大声喊话，他们回应称：除非交出枪弹，否则就不能过去”。

四、草地、团聚、临产

蹇先佛要生产。萧克说他要留在身边照顾，因为如果我们留在后面，土匪或敌人追上来的话，会很危险的。

红四方面军驻扎在云南、四川边界和四川西北部的阿坝及现在西藏东部的山区，那里沟壑纵横、山谷很深。当蹇先任和红二方面军经过时，就行进在山边陡峭的羊肠小道上。如果小道被河水冲刷掉了，或怀有敌意的本地人拆除木板栈道的话，部队就很容易成狙击的目标。此外，找水喝也成了问题，因为当地人拆除了引水入山的竹筒。“在这个地方徒步行军实在太不容易了”，蹇先任轻描淡写地说道。

在6月，第二和第六军团到达了阿坝地区的甘孜，在那里和第四方面军会师了。四方面军的战友们为了表达“热烈的欢迎”与“深厚的情谊”，已经给我们这些衣衫褴褛的新来者纺好纱，织好汗衫和袜子。蹇先任看到四方面军的欢迎队伍中也有很多女战士，令她非常感兴趣。

我看到的女兵大都是从事政工、宣传或医护工作的。她们都是劳动妇女，大多数是四川人。一些女同志虽然没有受过什么教育，却非常能干。那些做宣传工作的不仅会演讲还会唱歌、演戏，丰富了部队战士们的生活。当她们在战斗中遇到敌人时，表现得非常英勇。她们把伤员抬上担架，背着医药箱进行救治。她们挖战壕、运粮食。炊事班里，不分男女都背着个又大又沉的铜锅。张清秋既是女子独立团的团长也是政委，后来这个团扩大成为一个师。我实际上没有看到这个女子部队，因为她们已经在我到来前出发了。

我还看到一些带孩子的女同志。王维舟的爱人马慧先，她现在还活着，我时常能看到她。她不是很健谈，但是脑子很好，我见她骑在马上怀里抱着个孩子。她的丈夫是四川籍的领导人之一，是一位在大革命时期就参加共产党的老党员。另一位也是部队将领的夫人，她的丈夫姓蔡，已经不幸牺牲了。她坐在马背上，马背一边的竹篮里放着孩子，另一边放着食物。她能跟着部队走非常不容易。当然，我们行军时，几乎无法说话。

7 月，红二、六军团合并为红二方面军，由贺龙任总指挥，萧克任副总指挥，任弼时任政治委员。那时，长途跋涉严重损害了这些领导人的健康，蹇先任就把她在穿过云南、翻越雪山时一直携带的几罐牛奶送给了他们。她之所以没让自己的女儿喝这些牛奶，可能因为用母乳喂养的缘故，也许是她有意不让孩子喝牛奶，因为许多中国人缺乏一种消化牛奶的酶。

就在这时，蹇先任和妹妹团聚了。“我妹妹在萧克的红六兵团，我们离开桑植后就很少有机会见面。长征时也不在一起，因为我们走了不同的路线。当停下来休息时，我们除了在毕节碰面外，一直也没见过。我们的丈夫倒是经常碰头，因为他们要讨论作战计划、行军路线，但是我们在到达甘孜前始终没见过”。

蹇先佛：我们在毕节待了 20 多天，在那里碰到了姐姐。她知道我怀孕了[①]。在甘孜也是好不容易见到她。齐大姐[②]告诉我有关生孩子的一些事情。我准备了一点东西，一些小衣服、一点布头。我姐姐也给我准备了一点围裙。

蹇先任：当我们到了甘孜的时候，她快生孩子了。我们在甘孜停留了有十天。我们分别和自己的工作组在一起，但是我

① 尽管她当时并不知道，蹇先佛实际在 12 月开始长征离开桑植时就已经怀孕了。

② 齐大姐是一位也怀孕了的年纪大一些的女性。

们碰面后就知道彼此的情况。我很担心。我们一家四个兄弟姐妹出来参加革命，现在就剩我们姐妹俩了，因为我们的两个兄弟都已经牺牲了[①]。我不敢告诉她弟弟牺牲的事情。我问她什么时候生孩子。她回答说孩子很快就要出生了。我希望她别在草地上生孩子。

7月11日，二方面军出发进入大草地。我们用了大概一个多月（将近45天）才穿过草地。我告诉你草地的一些情况。大草地非常宽广，一望无际。看不到一座房屋，只有牛粪和羊粪。由此我推断这里是牧场。牧民们将牛群赶走了，我们所看到的是牲畜留下的粪便。草地辽阔无比，天气变化无常。在500米的范围内，你就会经历从乌云密布到冰雹突降、大雨倾盆的天气变化。如果不下雨，天气就非常干燥，非常炎热。

蹇先佛：当我们行军时，我的胃口很不舒服，很疼，想小便。我不明白是为什么。羊水破了，我也没感觉。一直走到下午，昏倒在地，我自己都不知道，因为我一点经验都没有。我从早晨一直走到下午三四点钟。大约下午三点或五点左右，我姐姐找到了我。她一直在草地上四处找我。当她找到我时，情况非常糟糕。她觉得很伤心。

蹇先任：我们跟在四方面军的后面。我们分几路前进，所以到处都是人。一天下午，天气没有下雨，我看到妹妹骑着一头驴。我鞭打我的驴子追赶上了她。她说自己要临产了。我看她满头大汗。我们身处一片空地没有一丝遮拦。女同志找个地方小便都不方便，更别提生孩子了。我招呼其他的女同志把我们围起来[②]，一点也没说要生孩子的事。我注意到一处破败的没有房顶的堡垒，是用泥土围成的圆形建筑。我们所在的地方有点像沙漠，上面有少量的牧草，下面点缀着几片草丛。那几片草丛，一处摞在另一处的上面，用来加固泥土堆成的防御工事。

蹇先佛：当她帮着我下了马，我看到一个肮脏的防御堡垒，大概就这么高，大概是我们的先头部队和藏民的头领或骑

① 蹇先任仅仅提及她的兄弟们在长征时“死得像烈士一样光荣”，但没有详细说明。

② 不像当年穿越美国西部大草原的拓荒妇女，这些红军女战士没有长裙用来遮挡隐私。

兵战斗时修建的。尽管没有敌人袭击，反动的头领还是受了国民党和英国殖民者影响。她劝说我到那里去。

蹇先任：我认为那是一个适合生孩子的地方，所以我们就在堡垒里停留下来。我把带着的一床被子和一块油布铺到地下，这样妹妹就可以躺在上面。她的羊水已经破了。这种情况下分娩非常危险和困难，但是她非常坚强。我们虽然不是劳动妇女，但是已经在长征路上经受了锻炼。我把我的孩子放到一旁，但是她哭了。

蹇先佛：她的孩子还很小，不到一岁。我们不知道她为什么哭。她在地上就像个小泥人。

蹇先任：我们把马留在外面。萧克和贺龙来了，问为什么停在这儿，连水都没有。当时我们大概再走 10 里路就要到宿营地了。当先佛听到他的声音，她告诉萧克我们再也走不动了。她正要生孩子。萧克说她分娩时他要留在身边照顾，因为如果我们留在后面，土匪或敌人追上来的话，会很危险的。

蹇先佛：当时是 7 月，天气很热，脸上热汗直流。分娩时非常疼痛。我已忍受很长时间了，几乎不能躺到地上，我们把背包垫起来，我坐在背包上，将一些背包靠在后背。丈夫扶住我的后背，孩子就这样生出来了。我姐姐把脐带剪断。

蹇先任：尽管我已经是两个孩子的妈妈①，还是第一次帮人生孩子。我尽量按照听人说的方式助产。这里没有水，我就剪断脐带，在孩子还没有洗的情况下，把他包裹起来放到她怀里。

蹇先佛：孩子出生了，是个男孩。天已经黑了，又下起了大雨，还刮起了大风，真是风雨交加。我们支起个小帐篷，将所有的东西都盖在身上。我把孩子抱在怀里。所有的东西都湿了。孩子看起来非常健康。

蹇先任：那天晚上，萧克和我们在一起，所以我们一共五个人：两个孩子和三个大人。生的是男孩，后来我们给他起名叫“保生”。② 我就把随身带着的大孩子的衣服给他包裹起来。

---

① 这是蹇先任唯一一次提到她生过另一个孩子，但她没有讲明。

② 保的意思是“保护”，和“宝贵”的宝同音。生的意思是“出生”，也意味着“生命”。所以保生的意思是出生在城堡中，也寓意要珍惜生命。

他出生后第二天，我们就继续赶路了。

塞先佛：第二天我们继续和往常一样出发。在暴风雨中，我的马不见了。这实在太困难了。卫生部派来几个人抬担架。那时每个人都有难处。我姐姐和老萧把他们的食物都给了抬担架的同志。他们实在太辛苦了。

当晚，李伯钊听说我生孩子了。[①] 我们俩在工作上互相配合得很好：我看她编导的戏剧，她看我画的画。日久天长我们的关系非常亲密。她悄悄地给我留了两斤大米，都没告诉我。那时候，食物就意味着活命。后来她因自己缺粮，就吃野菜、草根以至于昏倒，幸好有人救了她，我听说后心里非常难过，觉得非常对不起她……

我在担架上躺着走了三天。在那种地方每个人都很艰难。他们从军需处找来一匹马给我。我骑着马，马夫帮着我牵马。后来他们还给我找来个竹篮放在背上。负责帮萧克运送书籍和文件的一个同志，将他所有的东西都放在马背上，专门过来照顾我。这两位同志帮着我带着孩子走出草地来。

塞先任：她经历了所有的艰难困苦。我的妹妹比我小 7 岁。当时我 27 岁。在担架上躺了三天后，她就自己骑马，让别人用竹篓背着孩子。在这一望无际的大草地，我们姐妹俩并肩走在一起。

大概过了十天，她回到了原来工作的政治部。这就是我们过草地的大概情况。

第二方面军花了一个半月穿越时而潮湿、时而干燥的草地。他们只要发现村庄就停下来休息、补充给养。牛粪就是他们的燃料，他们不停地寻找各种能点燃火的东西。

在阿坝附近陈琮英生了她的孩子任远远。塞先任说：“她的孩子出生在房子里，比我妹妹生孩子的地方好多了”。然而因为他们缺乏食物，

① 李伯钊开始和红一方面军长征，但是她和朱德、康克清等中途留在了红四方面军。她和塞先佛以出色的宣传工作而闻名。李伯钊善于编导街头戏剧；塞先佛长于画宣传画、刷标语。

两个将军还想方设法给她弄鱼吃。“她的身体并不太好，个子矮小，身体不是很结实。这就是她的情况”。

他们离开阿坝后，就来到了湿草地，这里是一望无边的沼泽地，地面上覆盖着浅浅的水，连棵树都没有。“如果你脚上有伤，就会感染皮肤溃烂，因为那水是有毒的”。找一个地势高的地方宿营都非常困难，照一天的行军路程来看，可能的宿营地不是太近就是太远。

另一个困难就是危险异常的脚下的大地。在一些地方就像流沙，能将战士和牲畜吞噬。蹇先任是这样描述流沙的：

> 它表面很软，颜色发黄。当你走上去的时候，觉得要塌下去，接着它又把你弹上来了。如果你沿着黄色地面的边缘不小心踏进中心，你就走到比黄色更深的土地上，那颜色发褐色，好像是酱油似的。如果你陷进去就拔不出来了。开始时，当我走上去时还觉得很神奇，后来有人告诉我别在上面走。我们看到一只驴子陷了进去，怎么也拉不上来，而且我们越拉它，它陷得越深。

他们经过的地方是幽深的河谷地带。第二方面军在靠近一条河道高地上宿营，那里的树木可以做掩护，但是也掩护了他们的敌人。因为司令部在部队的后面行军，目标非常容易暴露，蹇先任解释说。

> 我们翻过一座山后，经常在山的另一边发现一些河流，而一边则是浓密的森林。二方面军的各个营、连及战斗部队走到我们前面。敌人在对岸的森林里出没，我们无法发现。在我们身后是一条大概 3 米宽的支流。
>
> 敌人沿着河追上来，正好碰上我们。贺龙当时正在河里钓鱼。我正在休息，给孩子喂饭。和我们在一起的是个大概十四五岁的吹号员。突然有人发现情况不妙，大声说：“敌人来了！”贺龙立刻把鱼线收起来走过来指挥战斗。“开枪射击！”他命令道，但实际上他并没有真正的战斗部队。他带领的是一些落伍的士兵，甚至都没几杆枪。我非常紧张。一些战斗部队走在我们的前面，一些走在我们的后面，还没有赶上。敌人是当地部落的骑兵，听命于藏人的上层。
>
> 那时每个人都很紧张，但是没有一个人想逃走。我们没有

动。我们静静地看着他们。敌人的骑兵有上百人，向我们发起冲击，500 米、400 米、300 米。我们唯一的战士是一个男孩子，吹号手，大概和我差不多高。

我问“为什么不像我们要准备战斗时那样吹号呢？”

那个孩子问我，是否可以吹动员部队集结的号，而不是冲锋号，让后面的部队赶快跟上来。在他吹完号后，大概有 100 多个红军战士听到号声赶了过来。敌人大吃一惊，心惊胆战，吓得逃走了。那位吹号手选择吹响了集结号，真是非常机警。

比敌人更危险的是自然环境。蹇先佛解释说，来过金沙江后，“我们不仅要和敌人战斗，还有和老天、大地战斗”。在草地上，第二方面军不仅受到天气突变的困扰，还饱受饥饿与疾病的煎熬。他们把所有的粮食都吃光了，药品早在几个月前翻越贵州西部的乌蒙山的时候就没有了。第四方面军走在他们前面，蹇先任在行军途中看到许多没有掩埋的尸体，因为活着的人实在太虚弱了，已经没有力气安葬死人。“我们看到牺牲的士兵尸体上爬满了苍蝇，都腐化变味了。当我们看到战友们，作为革命者死得如此悲惨，内心非常悲痛。”随着饥饿和劳累的加重，部队行军的速度越来越慢。

当我们从阿坝出发时准备了几天的粮食，我们预计到再次买粮前要走的距离。我知道必须控制自己的食量，因为我还得喂养孩子。我每天都吃一点干粮，喝一些开水。每天我就喝这么多水。为什么我吃得这么少呢？因为每个人都定量供应，我必须省一些粮食留给帮我带孩子的人。我当时还在给孩子喂奶。

一些同志实在太饿了，都快支撑不住了。我们每人都有一个背粮食的长袋子。有些人因为行军，吃得比平时多些。如果他们严格按照定量的话，他们就不会饿成那样了。有时候我也没的吃，但是就那么一两顿。当断粮的时候，我就找些野菜再撒些青稞粉在上面[①]。我抱着孩子，有时候我们几个人一起吃饭。我一边喂孩子，一边对她说：“来，宝贝，尝尝这个。”但

① 当地藏人端给客人放着少量面粉的精美的瓷碗，客人用手指沾一点碗里的面粉品尝味道，从颜色、质感到味道都和小麦非常相似。

是她拒绝了。她才八九个月，我看到她的小脸紧皱眉头，不停地摇头，就是不吃。

贺龙说：“我们前面的部队也在找粮食，就像拿篦子梳头一样。我们也需要粮食，但是我们只能从篦梳缝里找了。我们前面的部队已经把沿途的野菜和能吃的植物吃了很多。我们也要吃野菜，但是我们必须到更远的地方才能找到，所以我们的困难更大些”。

帮我背孩子的同志对小家伙说：“你也和我们一起受苦了，这么小就经历了爬雪山和过草地的艰辛”。大家都看着这个可怜的孩子。

实际上，我已经没有奶水给孩子吃了。有一次，当我们到了一座喇嘛庙可以宿营了，孩子却不停地哭，哭得很厉害，但是声音并不太大，因为她已经没什么劲儿了。她实在太饿了。

贺龙说：“也许孩子哪里不舒服”。

我回答说：“没什么，一切都很正常。”

我不想说她是饿哭的，因为每个人都很饿，所以我说她是想让我抱抱她。

他说：“让我来抱她吧”！当他抱着孩子的时候，孩子就盯着他的胸脯看。

他说：“如果你想吃奶，妈妈有奶，爸爸可没有。你饿了吗？你当然是饿了。”孩子不会说话，她只能哭。贺龙把自己的警卫叫来，让他给孩子弄些吃的。当警卫告诉说已经没有食物时，他说：“什么？我们没有吃的了？我还以为可以足够吃到明天呢！”

警卫员说：“当您看到生病的战士时，您说即便明天我们没的吃也没关系，所以我们就把粮食分给他们了。现在我们也没有了”。

“那就把先任的米袋拿来，她的米袋里总能找到一些吃的来喂捷生”。

警卫员说：“她的米袋也空了。当我过草地经过她身边的时候，看到她在烧开水煮野菜吃”。

贺龙让他将空米袋拿过来。

警卫员非常吃惊地问：“拿个空袋子过来有什么用？”

贺龙把空袋子翻过来，来回地摇晃。他告诉警卫员拿个茶缸来，把摇晃出来的谷壳放到茶缸里。警卫员就把这点儿谷壳煮了来喂给孩子吃。

孩子还没吃完，贺龙就说："再留点给她明天吃。我们要到明天中午才能到达补给粮食的地方。"

我们并不是经常断粮。有人说他们吃皮鞋、皮带和皮帽，但是我没有。我看到有些人吃皮鞋。但不是你们穿的那种皮鞋。他们的皮鞋是生牦牛皮做的。实际上只是一种用来护脚的套子，是用几张皮缝制起来保护脚的。当他们找不到野菜吃时，就把这种皮套子放到一个盆里，煮开来炖汤喝，也有人吃皮子的。

后来部队到达了哈达铺，这是一个位于甘肃省的回民小镇。他们在那里找到了很多熟悉的食物和饮用水。他们在小镇上休整了十天左右，继续向将台堡、洪县进发，于 1936 年 10 月与第一方面军会师。"当我们和第一方面军会师的时候，我们知道终于完成了任务。我们的长征终于到达目的地了，"蹇先任说。

然而对蹇先佛来说，长征还没有结束。萧克将军被任命为红四方面军主力部队 31 军的军长。因为她已经和原来的部队分离，除了和丈夫一起走没有其他的选择。当他们还在哈达铺的时候，当地一些富有同情心的妇女愿意收养女战士们的孩子，但是她从来没有想过要将她的孩子送给别人抚养。他们离苏区根据地已经不远了，她觉得到了那里一切都会好起来的。

作为 31 军的军长，萧克始终战斗在最前线，而蹇先佛则与后勤部队一起跟在后面。孩子出生前她在政治部工作时，萧克总是把敌人的情况和二方面军的计划告诉她。现在，她没有办法预料什么时候会有战斗，或者提前知道处境究竟有多危险。此外，四方面军的战士也不知道她是谁，在战斗中对她这样一个带着孩子的女战士既不很照顾也不同情。

蹇先佛：我记得一天晚上当我们行军时，天气非常寒冷，我们也没有足够的衣服保暖。在我们前面是四方面军的连队。有一些人在屋里休息，我也就跟着进去了。那个屋子很大。当我进去的时候，孩子突然哭了起来，一个人就说："你这个人怎么这么没觉悟！你是谁？出去！"

我说："你能在屋子里休息，我也能！你是红军，我也是！我不出去。天气太冷，我需要在这里休息"。

他的样子非常可怕地说道："把她赶出去！"他也许是个警卫员。

我站起来说："你敢！我告诉你，你不讲道理。红军队伍里没有人会驱赶自己的战友，尤其是条件如此艰苦的时候。党中央号召建立抗日统一战线。如果你连自己的同志都容纳不下，你还讲什么统一战线？"

接着他说："如果你不走，我走！"

我说："如果你想走，你就走。我自己……"

最后他也没有走。

部队一面躲避敌人的飞机，一面和马步青、马步芳的部队作战。马氏兄弟是来自新疆的回族军阀，与国民党勾结在一起。50多年后蹇先佛才知道更多当时的情形，她说道：

四方面军的三个军渡过黄河向西进发。我们的部队失败了。我们的整个军都被敌人消灭了。四方面军的第9、第5和第30军都过了河。一些掉队的战士和伤病员也西渡黄河来到宁夏。我非常焦急，跟着这群人走，根本不知道当时国民党的军队已经集结准备消灭我们。

当萧克找到我时，他说："先佛同志，跟着我们，我们将一起过河。我们要赶在敌人飞机来之前迅速过河！"

我说："你在前面走，我跟着你"，但是我再也走不动了。他们过了黄河后，部队被彻底击溃。几乎所有的人都牺牲了。

我调头往回走，深夜里走到一个十字路口，当时我们三个人，包括孩子在内，一共四个人。道路崎岖不平，坑坑洼洼的，有时都觉得前面没有路了，自己像悬浮在空中似的。天很黑，我可怎么继续走啊？

我停下来说："等等，先观察一下周围的情况。"

我们等了等，听了听，就听到有脚步声。声音越来越近，我听到了萧克的声音。这是我一生中听到的最令人愉快的声音！

我们又走了一两天，在天水铺战斗了一场。第31军和第

4 军在山区对敌人进行了阻击，他们实施的碉堡战充分发挥了自己的优势。战斗打得很成功。红军不仅击落了敌人的飞机，还歼灭杀伤大量敌军，敌人嚣张的气焰为之一挫。我们真的挫败了敌人的士气！敌军再也不敢拼死追赶红军了。

那是 1936 年西安事变前的事情。[①] 也许是 1936 年 11 月。

战役结束后，蹇先佛认为没有什么理由继续和战斗部队一起行军，决定直接到中央红军司令部所在地保安。萧克勉强同意让她走。她拿到了 31 军政治部的书面证明后，就和两个勤务兵带着孩子萧保生走了。

第一天，他们就碰到了从保安来的红一方面军的战士，他们从保安赶过来补充到萧克的部队。尽管他们没有地图，他们还是告诉她敌人的位置和应该走的路线。

蹇先佛：我就按他们指的方向走。我没有钱，也没有战时口粮，但是无论我们走到哪里，普通的百姓对我们都很好。他们都是些散住在根据地的穷苦农民。

我们不知道究竟要走多远。我们在山沟里走来走去，找不到可以喝的水，因为那里的水都有盐碱味。

我们带着孩子、背着三支枪，拄着一个棍子。虽然没有碰到敌兵和地主武装，但是那里有许多狼出没。无论我们走到哪里，当地的百姓受红军的影响对我们都很好。他们把孩子抱在怀里，给我们烧水喝。晚上还让我们就在家里过夜。而我没有一点钱给他们。

他们每天走七八十里，一直走了八天。当他们到达保安时，蹇先佛向政治部报告。在查看了她的证明文件，听取了她的汇报后，政治部让她填写了一张党员登记表，并告诉她，她已经被证明是一个坚强的红军战士。他们还鼓励她参加学习班。在刚开始的几堂课上，她对一场讲演印象非常深刻，她了解到讲演的人就是毛泽东。尽管以前她也听说过

① 1936 年 12 月，北方军阀之一张学良的部队在西安附近俘获了蒋介石，一直到他同意建立抗日民族统一战线的主张后方才释放。见范力沛（Van Slyke，Lyman）：《敌人和朋友：中国共产党的统一战线的历史》（The United Front in Chinese Communist History），斯坦福大学出版社 1967 年版，第五章，“西安事变及以后”。

他，却从来没有见过。

蹇先佛：那天是在晚上，我们都带着小凳子。他不坐凳子，站在那儿讲。

“哦，那就是毛主席吗?”我心里想，我一定要去看看他。那时候还没有严格的职级划分。现在可不一样了。我就问人毛主席住在哪里，有人随意地指着一个山坡对我说：“就在那个窑洞”。

我就走到那里，他的警卫员问我找谁，我是谁。

毛主席正在屋里，当他听说我是二方面军的，就走出来请我进屋。

他热情地欢迎我，并询问了前方的情况。我把知道的事情都详细地告诉了他。

“我听说你还带着个孩子”。他说。还把他的妻子贺子珍叫出来，让子珍将他们刚出生的孩子抱出来让我看看。

“你们俩都不容易”，他热情地说。他给我留下的印象非常深刻。

中央红军将总司令部迁至延安后，蹇先佛被派到西安开展地下工作。后来，她听说湖南老家又平静了，就决定把孩子送回去让父母抚养。孩子长到六七岁时夭折了。她认为孩子是死于日军的细菌战①。蹇先佛很不愿意和我们谈这个话题，因为回忆过草地生孩子的情景和孩子未成年便夭折的往事时，她的内心非常痛苦。她的丈夫和姐姐最后劝她讲讲过去的痛苦经历对她有好处，但是她几乎快要崩溃了，哭着向我们讲述到：

我费了那么大的力气带着孩子走出草地……我真不知道为什么会发生这种事情……那么多人都死了……

如果他和我待在西安，也许什么事都没有。你知道，女人

---

① 参见克里斯多夫（Kristoff，Nicholas）：《半个世纪后，日军所犯下的战争罪行》（After half a century，Japan is confronting a wartime atrocity）。文章描述了日军在中国进行细菌战实验的情况，包括蹇先佛父母当时居住的湖南常德地区。“飞机投下感染鼠疫的跳蚤……洒向常德……后来报告鼠疫在那里爆发”。

自尊心很强，不愿意听别人议论说：“你们女人就是落后，带着个孩子”。……我很不愿意……我想干更多的工作。我不想将孩子带在身边，这样就可以投入更多的精力到工作中。所以，孩子就这样死了。后来，我就再也不愿提起他。

蹇先任和蹇先佛 30 年代（上图）或许是在延安；80 年代中期在北京（下图）

在保生出生几年后，蹇先佛和萧克又生了一个儿子。他们的二儿子和妻子，还有另外两个儿子和他们一起住在北京的西郊，1988 年我们在那里采访了她。她在党内担任越来越重要的职务，退休时是国家水电工业部副部长。

1982 年 9 月，她和蹇先任一起当选为中共中央纪律检查委员会委员，她还是全国政治协商会议的常务委员。中国人民政治协商会议是一个由中共党员和其他党派成员共同组成的一个政治咨询机构。政协为中国政府提供政策咨询与建议。大多数政协委员都已过了退休年龄，他们定期开会，非常认真地履行自己的职责。

* * *

在蹇先任到达陕北和中央红军总司令部转移到延安后，为了孩子的安全，她带着一岁的女儿贺捷生回到了湖南，贺龙的老家。1997 年 6 月，我还采访了当时帮蹇先任照看孩子的那位妇女。她住在一间石头砌成的屋子里，墙还没有刷好，地上很脏，灶台周围分别摆放着她的床、棺材和一些农具。由于年岁大了，生活条件太艰苦了，她对蹇先任和贺捷生的印象都很模糊了。

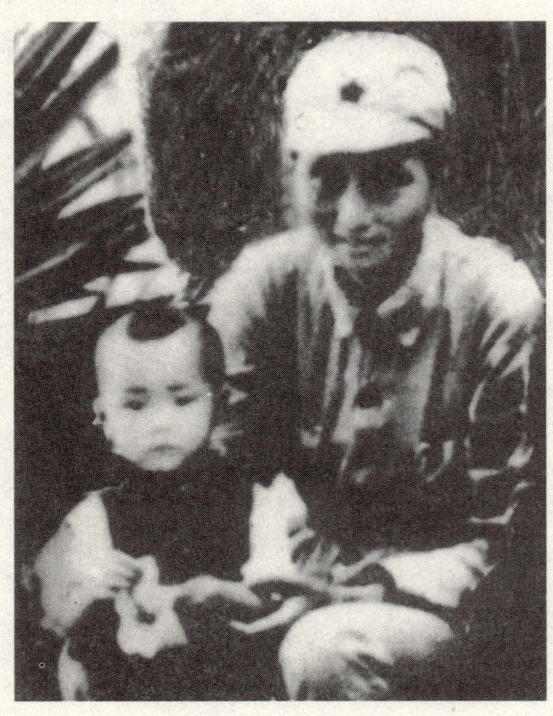

蹇先任和她的孩子贺捷生 1937 年长征结束后在延安

贺龙，像当时许多红军领导人一样，要求与蹇先任离婚，并很快再婚。尽管 20 世纪 80 年代的中国离婚已经越来越普遍，并开始为人们所接受，但是蹇先任这个年纪的女性仍然不习惯谈论自己离婚的经历。当我问到这个事情的时候，她要求关掉录音机。

蹇先任继续为党工作，在陕北的抗日军政大学学习，后来留校做了政治教员。她后来到苏联继续深造，抗战期间回国，在东北担任领导职务。打败日本后，她工作的地方被国民党部队包围了，她率领将士们杀出一条血路，成功突围。中华人民共和国成立后，她在武汉市担任领导职务。1978 年被选举为第五届全国政协常委，并当选为中央纪律检查委员会委员。

1985 年蹇先任离职休养，当时她已经 76 岁。1988 年，她来到我的公寓接受采访时，说起长征中的“小伴”，她的女儿贺捷生现在北京，是一名编辑。

第二章

革命者，母亲

陈琮英和我并肩而立，她的脚小得出奇，尽管踮起了脚尖，可是头还不及我的肩膀高。虽然我对中国农村人的乐观精神有一定了解，但仍难相信眼前这位 80 多岁的弱不禁风的女士，在中国内战和抗战的 25 年战争岁月中，正值生育年龄的她既做过中共地下工作者，也当过红军战士。在长征途中，她在翻越过云南境内皑皑雪山之前的几个星期刚刚生下第七个孩子。她在 40 岁前，就已经生了九个孩子。她在不到 50 岁时，便失去丈夫的关怀与爱，悲痛欲绝。

陈琮英和她幸存的两个孩子一同来到我在北京外国语大学的外籍教师公寓。许多参加过长征的女战士都选择在我的公寓接受访谈，可能在 80 年代与许多中国人的居住条件相比，这里显得非常宽敞，甚至有些奢侈。我们六个人围着一张特大的桌子坐下，中间放着录音机，桌上放着暖水瓶、记录纸、地图，每个人面前还放着一个加盖的茶杯。在座的有：王卫华，曾是我的学生，现在是我的合作采访人；我的丈夫杨孟东，他精通好几种中国的方言；陈琮英，她的孩子任远远、任远志，还有我。

陈琮英的女儿任远志自 1972 年出狱后就疾病缠身，无法正常工作。采访时，她正在一所部队学校为退休干部开办的艺术进修班学习。“文化大革命”中她在监狱中的苦难岁月，几乎就是她童年悲惨生活的再版。1931 年，她曾和妈妈在国民党的狱中度过了出生后的第一年。

陈琮英的儿子任远远 1940 年出生在延安，他的相貌和他父亲任弼时当年的样子惊人的相像。任弼时自20世纪20年代早期直到50年代过早去世，一直都是中共的高级领导。研究和撰写父亲的生平传记成了他儿子的终身工作。他还在一部文献电影中扮演过他父亲的形象。

陈琮英的女儿和儿子都参加了访谈，他们讲述母亲当年的经历，好像他们也一同参加了长征。孩子们增加了一些细节，做了一些解释，在母亲记忆模糊时提醒她一下，当她有些累时，他们就接着讲述母亲的故事。当他们帮助解释对方的心情或将对方的话补充完整时，他们相互间的尊重和亲切无疑表明，他们是亲密无间、相亲相爱的一家人，在任何社会中都堪称楷模。在中国的环境中，任家显得与众不同。一般中国人都不愿意在家庭以外表露家人之间的亲密关系。按照西方人的标准来看，中国人的家庭关系显得含蓄，甚至有些冷漠。

陈琮英和她的孩子任远远、任远志。1987年6月
摄于作者居住的北京外国语大学住所前（作者拍摄）

任远远、任远志帮助他们的母亲一起回忆童年的经历，为党做地下工作的岁月和长征中的经历。他们一起所作的精心准备，令陈琮英的故事非常连贯，有条理，与现有研究得很充分、能够完全证实的历史叙述完全一致。尽管他们有时会相互纠错，但从不争论基本事实。比如，陈琮英认为她树立革命信念的时间，要比她女儿认为的要更早。然而，大多数时候，真的很难弄清楚，不知陈琮英所讲的是自己个人的想法呢，还是她和孩子们经常在家里讨论后，孩子们的话也影响了母亲。陈琮英和她的子女们所讲述的内容都是真实的，其中有些来自历史的事实，有些来自他们的家庭与社会的共同历史记忆。

一、陈琮英和任弼时的爱情故事

14 岁的陈琮英从自己微薄的收入中出钱帮助任弼时交学费。“我对他有某种感情”。尽管他们在同一个城市，却各自忙着自己的学习和工作，很少见面。

陈琮英出生于湖南，是位于华南的内陆省份。湖南因为它独特的战略位置，通过水路北连古老的首都、南连广州，在中国政治和军事历史上起到非常关键的作用。湖南自近代以来声名远扬，它是毛泽东的故乡和中国人民解放军的诞生地。湖南的省会长沙以其重视教育而闻名全国，在 20 世纪初期，长沙成了年轻的社会主义者和共产主义者诞生的摇篮。中国人说湖南人的脾气和他们爱吃的辣椒一样热烈，意志坚定得有些顽固，同时他们思想开明，愿意接受外来的思想。正因如此，为何许多早期中共的领导人，包括陈琮英的丈夫都来自湖南，也就不足为奇了。

在 1903 年 1 月 5 日，也就是毛泽东出生十年之后，陈琮英出生在湖南新桥一个贫苦的家庭里①。在她还不到一岁时，妈妈就去世了。她的父亲远在 800 英里外的北京当私塾老师。尽管她父亲的家庭也很穷，但显然她的祖父还是有充足的财力，可以不用靠她父亲的收入来养活她们母女。

陈琮英的家庭想让她从小就缠足，有一双“三寸金莲”。中国女人之所以缠足，因为又小又弯的脚被认为是性感的，而且因缠足而摇摇晃晃的走

① 陈琮英告诉我她出生于 1903 年，但相关中文著作关于她的出生日期说法不一，有的说成 1902 年，有的说成 1904 年。

路姿势也被认为是很诱人的。但是近代学者发现了缠足这一在中国流传数世纪之久的古老习俗更为实际的作用。缠过足的女儿意味着受人尊重，能嫁到有钱的好人家。同时也让她们的丈夫相信自己的妻子不会走远。大概在陈琮英六岁的时候，家里的女人把她的脚趾掰到脚底，并用布紧紧地缠起来。可她为了走路舒服，在脚还没有太弯时，就自己剪断了缠脚布。80年后她告诉我们："但是，我的脚已经有些变形弯曲了。"剪掉缠脚布后，陈琮英就成了新式的现代主义者了——是"脚的解放者"，她笑着说到。[①]

湖南素以盛产读书人而闻名，而在20世纪最初的十年，"读书人"通常是指"受过教育的男子"。和当时中国其他地方的女孩一样，陈琮英没上过学。"我的兄弟们都上了高中，他们能读书，我却不能。我待在家里擦地、洗衣服、看小孩。"

母亲去世后，父亲又常年不在家，琮英和当时许多失去父母的孩子一样，从一家搬到另一家。她一直由婶婶照顾到八九岁，后来又由她的嫂子照看，她说自己常受虐待。尽管她不愿详细讲，我们仍能推测出她成了家里的替罪羊：遭打骂、挨饥受饿，没日没夜地干活。她在另外的地方讲到，后来嫂子离开了陈家，回到了自己父母那里。一个女人回到娘家生活在当时的社会是遭人耻笑的、很少见的事情。

当陈琮英12岁时，又被送到了姓任的家里。她还是婴儿时便许给任家了。当时在中国的许多地方，家里因为养活不了所有的孩子，就经

① 缠足妇女的小脚，又被一些女性称为"三寸金莲"，其形成过程大致如此：通常将小姑娘的脚趾头弯至脚底，然后用布裹上，一直要裹到骨头折断，脚彻底变形后为止。关于如何缠足的过程描述，见艾达·普鲁伊特（Pruitt，Ida），《汉人的女儿：一位中国劳动妇女的自传》（A Daughter of Han：the autobiography of a Chinese Working Woman），斯坦福大学出版社1975年版，第22页。中国女性缠足虽有几百年的历史，但对其理解却说法不一。长期以来，人们认为这一习俗之所以延续，是因为小脚女子蹒跚的走路姿态能让她嫁到好的人家，而且小脚女性一般待在家里，轻易不出门。然而，最近一些学者，如高彦颐（Dorothy Ko）和苏珊曼（Susan Mann）的研究表明，缠足的传统之所以延续，因为它是一种受到尊敬的象征，是当时妇女自身认同的不可或缺的部分。葛希芝（Hill Gates）则从经济的角度研究如何理解女性的缠足，认为当时的女性一般多在家里纺纱织布，因此没有必要外出。而且缠过足的小脚可以让年轻的姑娘和媳妇们与手纺车和织布机的关系更为密切。见葛希芝：《关于缠足问题的新解：缠足与现代性的来临》（On a New Footing：Footbinding and the Coming of Modernity），《近代中国妇女史研究》（Research on Women in Modern Chinese History），第5期，1997年8月，第115—135页；高彦颐：《重新思考性、妇女的代理人和缠足》，《近代中国妇女研究》，第7期，1999年8月，第79—105页；高彦颐：《闺门之师》（Teachers of the Inner Chambers），斯坦福大学出版社1994年版，第147—151页；苏珊曼：《珍贵的记录：十八世纪的中国妇女》（Precious Records：Women in China's long eighteenth Century），斯坦福大学出版社1997年版，第26—28页。

常把女孩卖掉或送到别人家当童养媳。有时女孩子还是婴儿时便被送人，有时要等长大些后再送。最糟糕的是，这些小姑娘实际上是别人家的奴仆。最幸运的也不过是家里地位最低的一个成员。陈琮英的父亲和任家的主人商定，把她许配给任家的一个儿子。她到任家和到亲戚家差不多，因为原先的姻亲关系使两家关系非常密切，真诚相待。所以，据她说，任家并不叫她童养媳。

当琮英还住在嫂子家时，任弼时就常来串门。任弼时比她小一两岁，他有时藏到房顶，希望在她出门晾衣服时看到她，或者陪她聊聊天。两人从这时起培养起来的相互同情的、亲密无间的关系一直相伴终身。陈琮英当时并不知道任弼时就是她要嫁的任家的儿子。父母不需要向孩子解释他们所包办的婚姻，他们只希望子女服从。因为子女的婚姻是整个家庭的事情，关系到整个家庭的福祉。

任家是读书人家，世代以教书为职业，满清被推翻后因连年的军阀混战，给任家造成了严重的经济问题。除了政治原因外，中国家庭的财产会由于以下几个因素会在几代人的时间里发生急剧的变化。自然灾害、经济形势的变化，加上由于家中子孙众多，又没有长子继承制的传统，这些因素都会削弱整个家庭的财富。传统上所有的儿子都和父母住在一起，并分享土地和财产。除非每个孩子都能增加他所占的份额，否则不断扩展的家庭就会在一两代人的时间内，轻而易举地变得贫穷。

陈琮英在任家住了大概一年,直到她父亲去世。这时她已经知道任家实在太穷了,她不愿加重他们的经济负担,觉得自己必须离开。她不能再回自己的娘家了,因为嫂子已经不在了。她决定到长沙去打工。她形容自己当时非常强烈的独立愿望时称:“我只是想给自己找碗饭吃”。她特意强调称,当时没有别人影响她的决定,完全是她自己做主的,那时她才14岁。

在长沙，她和一家做袜子的老板处得不错，她说服那家人让她留下来打工，并答应将薪水的一部分代付学徒的费用。她在这家规模很小的制袜厂缝制袜子前面的脚趾。

这个时候，任弼时正在长沙第一师范的附属高小学习，也是毛泽东曾经就读的学校。当时任弼时就是因为听了毛泽东的讲演，开始关注政治，参加革命的。也许是她住在任家的时候，已经对与任弼时订婚的事情有所了解，她从自己微薄的收入中出钱帮助任弼时交学费。她对这件事解释说：“我对他有某种感情。”尽管他们在同一个城市，却各自忙着自己的学习和工作，很少见面。偶尔，他们会到陈琮英一个堂弟开的纸

陈琮英和任弼时在1926年上海照的结婚照

铺见个面，后来他们成为地下党后，这里成了他们的一个重要的地点。

当任弼时到上海外国语学院学俄语的时候，琮英还继续资助她未婚夫。1921年中国共产党成立后，任弼时被派往苏联莫斯科的东方大学学习时，琮英还给他寄钱。

“任弼时从来不和我谈论革命，即便是他到苏联给我写信时也这样。”陈琮英说，“我现在还留着一些当时的信件。”

陈琮英21岁时，离开了那家制袜厂去学习。“我不能读书、写字很不好”，她解释说。她报名上了一所长沙的私人职业学校，这所学校也是五六年前在五四运动影响下、在新思潮的冲击下全国如雨后春笋般涌现的进步学校中的一所。

琮英和她的同学早晨学习，下午就在一家服装厂勤工俭学养活自己。她们挤在上下铺的宿舍，自己做衣服，在工厂干活儿挣些零用钱。她说，生活对她来说并不是非常艰难，她为自己能自食其力而感到高兴。

1924年，任弼时在莫斯科完成学业后又回到了上海，在上海大学当俄语教师。他刚从苏联回来就成为中国共产党下属的组织——共产主义青年团的领导人，和在中央的高层领导人，如周恩来等并肩工作。在1926年，当时陈琮英23岁，任弼时比她小一两岁，任弼时准备和她结婚，把她接到上海。但是，就在她准备离开长沙时，任弼时突然接到通知要到北京开一个特殊的会议。

任弼时已经让一位朋友把琮英带到上海。结婚的计划突然被上级通知要去另一个城市开会的命令所打断，这似乎预示着这对革命伴侣以后的生活方式。这对年轻夫妇听从革命工作的安排，没有举行复杂的婚礼仪式。就在前一年，当周恩来和邓颖超在广州结婚时，他们就在朋友和同志中树立了婚礼从简的榜样，没有按照传统的婚礼举行繁琐的仪式和宴请。邓颖超是这样描述她的婚礼的：“我们根本就没有婚礼仪式，只是邀请了我们的朋友前来庆祝。我们承诺互爱、互敬、互助，彼此鼓励、互相安慰、体谅对方，相互信任和理解”。①

当陈琮英和任弼时结婚时，“我们只是举起酒杯，相互祝福而已。”琮英说。因为任弼时在大学里有一份固定的薪水，他们邀请了一些同志来聚餐，还照了一张结婚照。

---

① 迪姆芙娜·库萨克（Cusack，Dymphna），《中国女性演说》（Chinese Women Speak）悉尼，1958年，第188页。

他们虽然举行了革命的婚礼，但在感情方面很传统：任弼时不像其他早年就参加共产党的年轻革命者，他很高兴与父母为他包办的妻子结婚。他们自幼青梅竹马所养成的互爱互敬的感情基础非常牢固，终身未变。任弼时没有像别人那样把她送回家，与其家人一起生活，而是将她留在身边，带着她一起从事革命工作。

虽然陈琮英用自己在制袜厂微薄的收入资助任弼时读书，但是她当时并没有倾向革命，直到在职业学校上学以后，她才开始接受革命思想。她说："我只知道听从他的领导，因为我觉得无论他干什么都是正确的"。她在职业学校学习时才明白："革命就意味着反对封建主义和官僚主义"。自从她开始为党做地下工作后，她的理解就更加深刻了。她说在上海对她的思想影响最大的不是任弼时，而是和她一起工作的受过教育的女同事。

陈琮英和任弼时结婚一年后，革命形势急转直下，国共两党不稳定合作的大革命终于走到了尽头，所有的年轻党员都遭受了一场血雨腥风的洗礼[①]。在国民党领导下的北伐军挥师北上，要从政治和军事上统一全国。当军队到达上海时，城里的共产党已经发动工人武装起义，帮助国民党夺取了政权。国民党军队进入了上海后，却开始镇压昔日的盟友，屠杀和逮捕共产党员和工人。这一事件标志着大革命的结束和白色恐怖的开始，共产党成了非法组织，开始转入地下活动。陈琮英成为一名情报交通员，负责把秘密文件和消息传给党员同志们。尽管她在职业学校时没有学会写字，但她还是能看明白地址，确保准确送到。她不断地变换装束和公开的身份，以避免引起国民党及其情报人员的怀疑。在一些场合她穿着西式服装，而在另外一些场合她要穿传统的高领旗袍。她有时手上挎着一个小提包，看上去像个家庭妇女；有时拿着放杂物的竹篮，好像是个佣人。

二、血雨腥风中的孩子

"头三个都死了"。任远志出生三个月后，陈琮英和孩子被关进了国民党的监狱。

任弼时的工作要经常往来于上海和武汉之间。任弼时无论是开会还

① 安德烈·马尔罗(Malraux Andre)写了一本扣人心弦的小说《男人的命运》(Man's Fate)，是关于1927年4月上海国民党如何清除共产党的。

是工作到武汉时，陈琮英都陪同丈夫前往，因为这样可以避免引起别人的怀疑。当时国民党的宣传将共产党描绘成借提倡“自由恋爱”之名，真实意图是破坏别人的家庭。房东们不敢把房子出租给单身的男子，害怕会招来包庇共党的罪名。他们编造出来的说法是：“不是夫妻就不能住宿”，在他们看来，共产党人不会带着老婆和家人一起外出的。

在那危险丛生的岁月里，陈琮英相继生了三个孩子，但全都夭折了。她没有提起过前两个孩子，但她说起了第三个孩子任苏民。

尽管他们小心谨慎地把自己打扮成普通的夫妇，但是因为任弼时的相貌比较独特，很容易被人认出来，他被捕入狱了。他是在安徽省被捕的，说自己是一个长沙纸铺的学徒，而纸铺的老板是陈琮英。那个铺子就是当年他读书时和在制袜厂打工的陈琮英有时候碰头的地方。“那个铺子是我的堂弟经营的，所以非常可靠”，她解释说，“如果敌人前去调查的话，是不会有危险的”。但不出事的前提是，她必须要在敌人调查之前赶到那里。

情况非常紧急，陈琮英只好带着小女儿即刻赶往长沙，假装称是纸铺的老板，来证明任弼时是店里的学徒。她把第三个孩子包裹得严严实实的，赶往上海车站搭乘火车。

> 火车乘务员不想让我上车，我就告诉他们家里有急事，父亲在老家病重了，等着我回去。我对他们撒了个谎，还告他们说我买不到火车票。这样，我用一只手抓住爬上了一节装煤的车厢，一只手抱着孩子，肩上还背着一小捆行李。

1928 年 1 月间，她和孩子在露天的运煤车上奔波了一路。她成功地扮演了纸铺老板的角色，保护了丈夫安全出狱。然而，孩子在煤车上感染了肺炎，在任弼时出狱后不久就死了。

过了 58 年之后，陈琮英做了一个手势，那是一个女人在处理丧失子女的悲痛时的一种表达方式。“头三个都死了”。她又用手指着活下来的大女儿任远志说：“我不记得她前面出生的那些了。”

* * *

当国民党在上海疯狂地破坏共产党组织的时候，中共中央在江西的苏维埃根据地设立了政治局。1931 年，任弼时被任命为政治局委员之一。他独自一人穿过层层封锁前往苏区，没有带着妻子一同前往，因为当时陈琮英即将分娩，不到一个星期，任远志就出生了。回想起来，当时出于安全方面的考虑将她们母女留在上海的决定是非常荒唐的。三个月后，陈琮英和孩子就被关进了国民党的监狱。

陈琮英被捕之前，和一对有叛徒嫌疑的夫妻住在同一个院子。她当时对他们的怀疑不断加深，“因为他们两口子玩麻将，喝酒，经常出去一直到很晚才回来。”党组织让她继续观察他们。这对受到怀疑的夫妇被捕入狱后，很快就出卖了同志。因为陈琮英和他们住在一起，因此也受到牵连。她也被逮捕了，刚出生不久的婴儿任远志也和她一起被关进了龙华监狱。

在一般情况下，孩子出生100天的时候，根据中国的传统习俗，家人要举行一个“红鸡蛋加生姜”的聚会，邀请亲戚朋友们第一次来看孩子。而任远志百天的时候，是陪着妈妈在监狱里度过的。

陈琮英说，当她被捕时就知道等待她的是什么，对那些刑罚也没有害怕。她见过丈夫身上在狱中被拷打留下的伤疤。因为知道即将发生的事情，她感觉无论发生什么自己都能够承受。她说：“这就是为什么党相信我能坦然面对审问的原因。”

她被审讯了，但却没有像她丈夫那样遭受鞭打或电刑的折磨。审讯她的人强迫她坐在捆绑犯人的刑凳旁边。当被问到是不是共产党员时，她假装不明白“党”的意思，所答非所问，好像对方在问：“你去过‘当’铺吗”？回答了几个问题后，她就偷偷摸摸地掐孩子，好让孩子号啕大哭。审讯的人很快就把她和号啕大哭的孩子送回了监牢。

即便是健康的犯人，在骇人听闻的监狱里要生存下来也不是一件容易的事情。共产党员们在狱中组织起来自救，他们选出了一个领导负责救济其他的人。陈琮英虽然加入了共青团，但还不是共产党员。狱中党组织的领导对她非常照顾，在非常不容易找到新鲜的食物的情况下，尽力保证陈琮英能有足够的东西吃。作为一个正在给孩子喂奶的母亲，陈琮英对于监狱中每天的生活情形已经没有什么印象了，这也许证明了她吃苦耐劳、坚韧不屈的毅力品质。①

① 关于当时龙华监狱的具体实情所知不多，王凡西大约与陈琮英同一时间被关在龙华监狱，据他回忆称：“当时淞沪——上海卫戍司令部的监狱分为三个单元，每个单元有20间牢房。一个监牢通常关押500至600名犯人。在每一个单元内的牢房通常在早上打开，晚上锁上。白天的时候每一个单元牢房的大门是上锁的。因此，犯人有一定的行动自由，监狱里形成一种自己特有的社会生活。”见王凡西：《中国革命回忆录：1919—1949》（Chinese Revolution：Memoirs，1919—1949），剑桥大学出版社1980年版，第163页。

她还记得当时的龙华监狱里男、女犯人被关押在不同的地方。党组织想方设法将大家联系起来，交换彼此的姓名和各自的情况，以及关于监狱外的零零碎碎的消息。女犯人们洗好的衣服通常晾在关押男犯人的监牢的篱笆上。她们利用晾衣服的时间，趁着看守进去吃饭时，在男监牢的窗户下来回走动，趁机捡起男犯人们扔出来的纸条。然后她们又把自己的消息用线捆上，从窗户里扔出去。

他们通过狱卒得到外界的消息，知道周恩来已经成为国民党的头号目标，敌人正在设法逮捕他。那个女看守告诉琮英和她同屋的人，当国民党发现周恩来的住处后，突然闯进房间逮捕他，周恩来不在房间，但他的被子还是热的。

有些人在没有受到犯罪指控的情况下被捕或关进监狱。亲戚和朋友通过花一大笔钱来保释他们出狱。党组织也尽可能地给狱中的同志提供食品，获取他们最新的消息，同时积极营救陈琮英和其他同志早日出狱。那时周恩来还在上海，他和其他同志一起通过密使贿赂监狱里看守。他们尽力说服国民党人相信陈琮英只是一个一无所知的家庭主妇。在狱中被关押了将近一年后，陈琮英和她的女儿终于获释了，同时出狱的还有另一位党的高级领导人的妻子。

出狱两天后，陈琮英重新和党组织取得了联系。她得知周恩来已经安全地到达江西苏区，她的丈夫也在那里。周恩来还打电报指示陈琮英立刻离开上海前往苏区。可是，她却决定要先将孩子送回湖南任弼时的老家。

她说："我当时不可能带着孩子去苏区"，"所以我们去了湖南。我不得不自己买车票——没有组织上的帮助"，因为这是她自己做的决定。

陈琮英的女儿任远志直到长征结束，才见到自己的母亲，15 岁时才第一次见到自己的父亲。她非常详尽地解释了妈妈之所以决定让爷爷、奶奶来抚养她的原因，称："当妈妈接到电报准备去苏区的时候，她决定送我回湖南。她最好一个人前往苏区，这样她能够更好地为革命工作。因此，妈妈把我送回了奶奶家后就离开了，当时她只有二十几岁。"

陈琮英回到上海后，就开始踏上了通往苏区的红色交通线。她和一小组同志们一起沿着这条秘密的铁路交通线前往苏区，她是当中唯一的女性。其中有位男同志记得在狱中见过她，她在监狱里趁着晾衣服时给他送过信。他们乘船离开了上海，直奔香港。又从香港乘船到了位于广东省东北沿海的汕头，接着乘火车驶往内地，再换船、步行穿过了福建省。

陈琮英和她的小组沿着红色交通线，从一个联络站到另一个联络站。每一个联络站都有共产党员或同情共产党的人，经常是党员的亲戚，负责安全地把小组成员送到下一个联络站。联络员们会给他们买票，帮助他们找地方过夜，并提醒他们哪里会有国民党的关卡。由于当时河上很少有桥，过河一般要靠船。当他们走到河边时，都会和“一个自己人”的船夫碰头，把他们摆渡过河。当他们到达苏区附近的时候，要经过一片无人区，国民党封锁了所有的交通要道，如码头、十字路口和通往集镇的道路。这些封锁地点通常由国民党的便衣来把守，而不是穿制服的军警人员，但检查得很紧。陈琮英解释称：“我们知道这些便衣是国民党特务，因为那里有我们的地下党”。她和其他小组成员悄悄地穿过了几道敌人的封锁线。

> 我们通常夜间出发，一晚最多要走两三次。我们是在二月到三月间穿过封锁区的，天气不是很冷，因为我们是在南方。我们在泥泞的小路穿行，在夜里穿过村庄和稻田。夜晚非常安静，四周没有一个人。我们悄悄地跟着向导，原则上不许说话，也不许照亮。但因为我是女的，红色交通线的联络员特意为我准备了手电筒，但由向导拿着。其他的男同志们都没有。
>
> 我们不知道走了多久才通过封锁线，我们只是尽可能地快走。有时我们一气走几个小时。有时敌人会让我们停下接受检查，查看我们的包裹里是否有枪支。如果他们怀疑我们，我们就会被扣留。我只随身带了很少的个人物品。我们不许私自带任何秘密的东西。我是一名共产党，当然会十分小心。

陈琮英认为整个行程并不是特别艰苦。因为她是在农村长大的，习惯上山打柴。可能因为她觉得这段经历没有什么非同寻常之处，50多年后她回忆这段往事时，当时的许多细节她都忘得一干二净了。

1932年3月，陈琮英结束了她的红色交通线之旅，到达福建省定州市。当时任弼时正在那里参加一个会议。由于人们当时通常都不谈及个人间亲密的感情，陈琮英也没有谈到他们夫妇在分别一年后重逢时令人激动的团聚时刻。他们一起到了瑞金，当时是江西苏维埃根据地的首府。

根据地是政治和军事的联合体，通常是在远离政府控制的几省之间交界的山区。瑞金城就坐落在靠近福建省边界的河谷地带。共产党在那里创建根据地，他们没收了有钱人的土地重新分配给穷人，在当地建立起了共产党政权。在瑞金，共产党的干部就住在普通老百姓的家里，并在老百姓家中办公。他们从公共食堂打来饭菜，带回自己的房间吃。他们和老百姓在一起工作、睡觉和吃饭。

三、挺着大肚子爬雪山

翻越雪山时，陈琮英已怀孕九个月了。“我根本不注意自己的身体情况，唯一所想的事就是要跟上队伍。”……朱德元帅听说我生了个女儿后，他就抓来几条鱼送给我。他说吃鱼能帮助我下奶。

陈琮英继续在情报部门工作，她有生之年一直从事这方面的工作。她说：“因为我可靠，所以党才让我做这项工作”，“我被捕以后，没有屈服。此外，我的丈夫是领导”。因为她和丈夫都住在苏区根据地，琮英就没有必要再隐瞒自己秘密情报人员的身份。分配给她的新任务是破译电报密码。由于手写体的汉字是一种象形文字，在发报时必须将每个汉字的四个角用一个数字加以标明。陈琮英将收到的电文中每个汉字的四个角的号码译成汉字。由于她识字不多，她仅能认识其中一些汉字，但她没有必要明白这些字的意思。据她说，她那时会写的字不多，也写得不太好。

到 1933 年 1 月，共产党人在上海的活动已经非常的危险，领导人决定将中央政治局转移到瑞金。在 5 月，任弼时被任命为红六军团所在地的湘赣苏区的省委书记，也是当地最高的党的领导①。他和陈琮英来到位于湘赣边界的红六军团的驻地。“我还一直穿着普通老百姓的衣服”，陈琮英说。“那时我们就穿个灰色外套。直到 1949 年解放后我才穿上正式的军装”。

陈琮英在司令部继续翻译电报。她解释称：“每天我关上门，不让任何人进来。我和其他人很少交往。”只有与她的工作直接相关或者她

---

① 参见杨炳章：《从革命到政治：长征中的中国共产党》，该书第 89 至 93 页介绍了当时红六军团的军事历史细节。

的上级领导可以进入她的房间。她的女儿补充说："我妈妈因为从事情报工作，所以非常孤独，对外界的事情知道得很少。她没有什么兴趣爱好，几乎不能到院子外面去散步"。

苏区被国民党军队包围后，战斗不断。如果国民党方面抓到了译报员，安全就会成问题，因为当时中央的文件都是通过电报发送。译报员的生活受到严格的限制，为了进一步确保安全，译报员一般都是文盲，或者像陈琮英一样识字不多的人。

陈琮英在苏区做译报员时与世隔绝的日子里，又生了两个儿子，还怀着一个。随着军事形势的逐渐恶化，红六军团奉命离开了根据地。陈琮英和任弼时经历了一次痛苦的煎熬，在部队长征前，他们把唯一活着的儿子交给了当地的人家抚养。在根据地被围困时，很多已婚的同志都将孩子托付给老乡照看，他们不能带着孩子随军打战。他们相信老乡能够照顾好自己的孩子。他们希望孩子能存活，能和自己的父母重新团圆。当时，这些父母们不知道要过多久才能见到自己的孩子，也不知要和自己的孩子相隔多远。

在 1934 年 8 月，陈琮英和她的小组成为第一批开始长征的队伍。她们比红一方面军和中央政府早了几个月从瑞金出发开始长征。

> 红六军团开拔时，毫无准备，我们接到命令就出发了。我只是把墙上的地图拿了下来。我当时根本不知道要走多久。我的丈夫一点都没告诉我。我是他的下级，而他是我的首长。无论他走到哪里，我都会跟着。我是他的老婆。
>
> 我当时不知道有多少女战士和我们一起参加了长征，只有几个吧。这些女战士大多是工作人员，我是唯一的家属，但是我也在工作。我们不得不徒步前进。飞机不停地轰炸，条件非常艰苦。有时我们不得不持续行军到一个目的地才能休息。我们不得不每天向前行进 40 到 48 公里，有时一晚都不睡觉。

在军长萧克和政委任弼时的带领下，红六军团先向西经过湖南，接着又进入广西和贵州。在接下来的三个月里，他们和湖南、广西及贵州的军队展开了激烈的战斗。部队由从江西湖南交界的苏区出发时的 95000 多人缩减到 4000 人。10 月底，他们与贺龙领导的第二方面军会师，贺龙的部队主要活跃在贵州、四川和湖南边界。两支部队共同创建了湘鄂川黔红色根据地。[①]

他们在根据地休整了差不多一年，在此期间他们扩大了根据地的范围，补充了很多新战士。1935年11月间，此时陈琮英刚怀上第七个孩子，刚两个月，就又开始了长途跋涉。在他们到达四川，长征快要结束时，红二、六军团改编成为第二方面军。他们比其他参加长征的红军部队走的路要远，时间要长。

1935年他们离开湘鄂川黔根据地的时候，陈琮英说：

红二军团的女战士非常少。李贞，后来成为唯一的女将军，是第六方面军的。马忆湘是后来加入长征的。

蹇氏姐妹和我们在一起。蹇先任嫁给了贺龙将军。她和妹妹在一起。蹇先佛在长征途中嫁给了萧克将军。长征途中人们结婚时没有任何仪式，他们向党组织汇报说结婚了，然后就住在一起。那时候的结婚就是这样。

我们有一支宣传队来鼓舞大家的士气，但是我从来没做过宣传工作。我仍然从事情报工作。其他人抬着发报机。我负责保管我自己的密码本。有好多本中央的密码本。如果你丢失了你的密码本，领导就会当众斥责你。我宁可自己丢了，也不能丢了密码本！

1936年的冬春之交，我们的队伍转战贵州、云南。

敌人在我们后面尾追，但是我们并不在意，因为我们是先头部分，后卫队伍负责消灭敌人。我们从来没有和敌人面对面遭遇过。

当敌机飞来时，我们或者分散开来，或者藏在树林里。当敌机轰炸时，我们就待在一个地方不动，直到轰炸结束。如果四周没有树木，我们就趴下。如果地面不平，我们就找一个河沟或水渠，跳进去平躺下。

我并不害怕，也不是非常担心。没有人哭，也没有人叫。

---

① 参见杨炳章：《从革命到政治》，该书第89至93页中提供了此时红六军团相关战术运用的背景。杨认为红六军团之所以向西进入这些省份，是为了牵制国民党军队对中央苏区红军的围剿，防止这些省份的地方军与国民党的中央军联合起来进剿江西的红军主力。

我们已经习惯了。我们甚至觉得很有趣。有人说："又来了一架！快躲起来。你这个混蛋怎么回事？你想死吗？赶快点！趴下！"敌人的飞机经常四五架一起飞来，偶尔也会有十来架飞机一起轰炸的时候。

我们情报部门的几个同事共用一匹马。我们把行李和其他的东西放在马背上。我老伴儿有自己的马。我直到肚子变大了才开始骑马。

他们到达长江上游的地区，或者到达金沙江时，当地的海拔已经超过 1800 米。过了金沙江以后，红军长征的性质发生了巨大的变化。他们不再同装备精良的正规军队进行战斗了。在离开四川到达甘肃之前，红军进入藏族居住区，几乎很少看到汉族人。他们虽然不时受到藏族部落的袭击，但红军的头号敌人是恶劣的地形。他们首要的考验就是翻越连绵起伏的雪山。雪山是对云南西部和四川交界地区几座终年积雪覆盖的山脉的总称。二、六军团翻越的第一座雪山位于云南境内，最高峰大约有 5000 多米高。翻越云南北部的雪山时，陈琮英已怀孕九个月了。

尽管爬雪山时我挺着个大肚子，我也不得不爬，否则的话我就会掉队。我的丈夫和我在同一个队，但是他和司令部的人在一起，我和情报员们在一起。同志们尽量帮助我。我们有时抓住马尾巴，这样马就可以把我们拉上去。我根本顾不上自己舒服不舒服，但还是比别人要慢。当我们开始下山时，我找到一个不是很危险的地方，坐着滑下来。我这样滑了好几次，根本不注意自己的身体情况。我唯一所想的事就是要跟上队伍。有一次我觉得自己快要分娩了，但是什么也没发生，睡了一晚上后就好了。

1936 年 5 月，他们到达了云南北部，也就是现在位于四川西部的西康省。陈琮英已经习惯了长征途中的种种艰辛，穿越了各种复杂的地形，经过了很多少数民族居住的贫困山区的村落。但是她对藏区的经历依然记忆犹新。陈琮英说道："孩子出生前，我们进入少数民族居住区。藏族人和牲畜们住在一起，他们就住在猪圈的上面。为了进屋，你必须爬上去。一次我正向上爬时，掉进一堆猪食里。”[①]

一个月以后，红二方面军和红四方面军在甘孜会师后，继续向东北方向的高原地区进发，进入到阿坝地区的沼泽草地。

我的女儿于1936年6月出生在阿坝的帐篷中。那帐篷就是用两根棍子歪歪斜斜地搭起来的，上面盖着一块大布。帐篷里面非常潮湿。还有一位女同志在里面照顾我。党组织派了一名医生来帮助我，尽管他不是一位产科大夫。他是一个天主教徒，曾经是一家医院的院长。他对红军非常同情，把整个医院都捐出来后，就跟着红军走了。后来他成了卫生部长。

大夫和任弼时在帐篷外等着。分娩进行得很快。我躺在草地上，头下枕着用一小捆衣服做成的枕头。那位女同志帮我给孩子清洗。我们还从少数民族的棚屋里找了一些旧布用来包裹孩子。我们从河里打来水，用火把水烧开。这一切都是在大夫的指导下进行的。我是个正常的产妇，分娩很顺利。

孩子出生后一两天，我们就继续行军。我们没有和孩子的父亲在一起，因为他和司令部的人一起行军。我不得不紧跟队伍。如果我不这样，就只能留下和少数民族在一起，变成野蛮人了。只要部队一停下来，我就抓紧时间休息——他们不能因为我而停下来。我不知道我们朝哪里走。我就是跟着走。

司令部派了一名男战士过来帮忙。当我们行军时，他把孩子背在背上，当我们停下来时，他就把孩子交给我喂奶。晚上孩子和我在一起。我的奶水不够，女儿所能吃的就是一点点稀粥。我真不知道她是如何活下来的。当朱德元帅听说我生了个女儿后，他就抓来几条鱼送给我。他说吃鱼能帮助我下奶。现在人们都炖鸡汤、吃猪蹄子来下奶，但那时我们唯一能吃到的就是鱼了。

朱德元帅是红一方面军的总指挥。当1935年一方面军和四方面军

① 藏族是中国的55个少数民族之一。1997年，我参观了位于云南西北部藏族居住区的中甸和其他的村庄。我爬着梯子进入下面是饲养家畜的围栏的藏族人的家。在西藏以外，最大的喇嘛庙位于中甸。当年红二、六军团渡过金沙江后，在中甸重新编整。贺龙和萧克两位将军会见了中甸的喇嘛头领，交涉让红军部队安全通过该地区，继续向北进发。

在这里会师后，毛泽东和红四方面的军政领导张国焘之间意见出现了分歧。张国焘想让朱德留在四方面军，而毛泽东主张带领一方面军向陕北进发。在那种困难时期，朱德能忙里偷闲亲自捕鱼送给她，这对陈琮英来讲是终身难忘的。她和她的孩子们多次提到这件事。她继续说道：

有时我们在行军时，能找到一些牛奶。我们不用买——直接从当地的地主家拿。那些牛奶还是用罐子装的。

当我们到达了陕北时，我的孩子"远征"只有几个月。她名字的意思就是"长征"。

陈琮英总结自己参加长征的亲身经历称：

我们走了一条漫长，却从未间断的路线。我们非常高兴，一路上聊天、讲故事，互相鼓励。当我们睡觉的时候，还有人喊："来，唱支歌！"我们所有人都会唱红军歌曲。队伍后面的人跟着前面的人一起唱。我们的队伍始终团结在一起，连同炊事员和所有后勤人员都一路紧跟着我们的部队。

我们有什么就吃什么——豆子、青稞，甚至野草。我们和司令部在一起，没有跟随作战部队。我们可以经常停下来，吃上一顿热饭菜，然后再出发。有时饭吃到一半的时候，我们接到通知要立刻出发，我们只好就边走边吃。躲避敌人比吃饭和休息更重要——如果我们被抓住那可怎么办！

我们带了一台发报机，但是不归我负责。我从来没有碰过那些设备，我只是负责翻译电码。在长征中，我们译码组一共有五六个人，我是其中唯一的女性。每天我们都得和其他部队进行联系，尤其是和一方面军。告诉他们我们在哪里，走了多少路，他们指令我们往哪里走。我们也要和自己的先头部队保持联系。

当我们在一个地方停下来休息时，其他人忙着找吃的，生火做饭。我不用做这些事情，因为要忙着翻译电报。只要一停下来，我们就把电台架起来发报，一直工作到夜里。我们在行军时无法工作。

那时，我并不觉得我们所经历的是一场严峻的考验，但是我现在回想起来，觉得当时的确非常困难。但是当时我们很年轻，精力充沛，更主要是因为我们有理想。

陈琮英和其他女领导们在延安（从左到右：陈琮英、蔡畅、夏明、刘英）

当红二方面军到达陕北根据地时，长征已经成了中国共产主义战士新生的象征。陈琮英继续留在情报部门工作。当时，她在草地上出生的女儿任远征将近一岁了。陈琮英把她带回湖南老家，她的姐姐远志一直和爷爷、奶奶一起生活。“我把孩子交给她奶奶后，就立刻返回延安”，延安当时是共产党的总部所在地，陈琮英说道。

四、远征、远方、远远

“尽管我没上过什么学，也没有什么文化，但我给孩子们取的名字，他们的父亲都赞成。”

接下来的抗日战争时期，陈琮英又生下了最后的两个孩子。在

1938 年，她和任弼时一同去了苏联。当时，任弼时被任命为中国共产党驻共产国际代表团团长。她的第八个孩子任远方出生在莫斯科。

陈琮英、任弼时和出生在莫斯科的孩子任远方

1940 年初，他们突然接到命令要回国参加抗战。他们再一次为如何决定孩子的去留而痛苦，是把她留在莫斯科还是带她回国参加战斗？他们觉得还是将孩子留在苏联比较安全，因为当时苏联还没有打仗。于是他们把孩子寄养在莫斯科的国际幼儿园，随后回国。一年之后，他们最后的儿子任远远出生在延安。

他们幸存下来的孩子出生在不同的地方，名字中都有个“远”字，意思为“遥远的”或“远离家乡”。“远志”的意思是高远的志向；“远征”的意思是“很远或长征”；“远方”出生在莫斯科，很遥远的地方；“远远”的意思很简单，就是“很远，很远”。陈琮英解释说：“尽管我没上过什么学，也没什么文化，但我给孩子们取的名字，他们的父亲都赞成。”

1946年，抗战结束后，国共之间的内战又爆发了。陈琮英和任弼时开始重新聚集他们的家庭成员。陈琮英到湖南把她的两个大女儿远志和远征带回了延安。时光荏苒，自陈琮英带着远志从狱中获释后将她送回湖南老家，15年的时光已悄然逝去。当远志1946年来到延安时，十来岁的她才第一次见到自己的父亲。

20世纪50年代全家在北京团聚时的合影
（从左到右任远志、陈琮英、任远方、任弼时、任远远、任远征）

1949年中华人民共和国在北京成立。他们全家在国共内战的后期，就搬到了北京。1950年任弼时到莫斯科治病时，曾专门到国际孤儿院去寻找在苏联出生的女儿远方。他被带到一个屋子，里面有几个中国的孩子在玩，任弼时立刻就认出了任远方，因为她长得和父亲及其他的姊妹非常相像。任弼时看着眼前这个12岁的孩子，回想起当年离开莫斯科时她还是怀中的婴儿，舍不得将她留下，心中不禁感慨万千。

任弼时于 1950 年 10 月，突然中风去世，年仅 46 岁。为了减轻内心的痛苦，陈琮英开始寻找当年她留在湘赣边根据地农民家里的儿子。几经周折，她终于在江西找到了收养孩子的那家人，但不幸的是他们告诉她孩子早就夭折了。

陈琮英说："他们哭了，把儿子小时候穿过的毛衣给我。但是我不知道他们说的话是不是真的。也许他们把孩子又送给了别人。"

陈琮英不相信孩子真的死了是有现实原因的。在 20 世纪 30 年代，当他们把孩子留在根据地的时候，对于那些敢于收养共产党高级领导人孩子的家庭是非常危险的。红军转移后，国民党军队占领了根据地，那些收养了共产党人孩子的家庭会被当作共产党处以极刑的。在这种情况下，这家人很可能会将孩子送人，或者孩子也有可能死于抵抗日本侵略的战乱年代。

陈琮英、任远志和任远远以现在的语气谈到那五个夭折或没有下落的孩子时，任远志称他们为"我的姐姐和哥哥们"，就和称呼活着的远征、远方和远远一样。

任弼时去世后，陈琮英继续工作，后来成为中国人民政治协商会议和全国妇联的委员。2001 年，陈琮英和她的女儿们依然健在，生活在北京。她的儿子任远远，长得和他的父亲任弼时惊人地相像，大约在 50 岁左右时就病逝了。

第三章

红小鬼

马忆湘记忆中的童年宛如寒冬，没有歌声、没有童话，也没有温情，有的只是贫穷、饥饿、痛苦和永远做不完的苦工。父亲为了躲避债主和家庭责任，整天四处游荡。母亲一直不喜欢她，把其他几个孩子的夭亡都归罪于她，还经常打骂她。然而，这样的境遇并没有使马忆湘悲观绝望，相反的，她总是尽力想办法解决自己遇到的问题。有时候，她会学着父亲那样逃出去，有时候她要顽强忍耐，努力说服家里人改变他们的想法和态度。

一、童年印象

我伏在妈妈的膝前，轻声地问："妈妈，那些虫子和青蛙一直叫个不停，他们是不是饿了?"妈妈抚摸着我的头，温柔地说："丫头，等爸爸回来，我们就有东西吃了"。

1923年，马忆湘出生在湖南西北部一个群山环绕的小村子。那里距离蹇先任的老家大概有100里。马忆湘的家族不是汉族，而是土家族。但她当时并没有意识到这一点。土家族是中国的55个少数民族之一，汉族的人口最多。在有限的记忆里，祖父母留给她的印象只有一个：勤劳善良。祖父是地主的长工，经年累月辛苦劳作，耕种从地主那里租来的还未开垦的贫瘠荒地。家里的房子坐落在大山脚下，蜿蜒的小河从门前经过。马忆湘说："我们家周围的空地少得可怜，一不小心就会掉到河里。”

按照当地的传统风俗，成年的儿子要随父亲一起生活。所以，等到儿子结婚的时候，祖父就会为小两口单独盖一间房子，全家人都住在一起。马忆湘的父亲在5个兄弟中排行第四，他和妻子、孩子们就住在一间小屋里，屋里唯一的家具是一张床。做饭、吃饭都在这间屋子里，睡觉时全家人挤在一张床上。马忆湘是第4个孩子，她出生时家里还有两个孩子。当时婴儿死亡率很高，尤其是女婴。父母的第一个孩子是个女孩儿，她可能是自然死亡，也可能不是，因为当时家里实在是太穷了。马忆湘的父亲是一个自学手艺的木匠，社会地位和经济收入在当时都属于最底层。母亲经常要上山打柴或者捡猪食去卖，以贴补家用。马忆湘回忆：

> 我父亲每天能挣三四个铜板，这些钱只够买一斤米。养活一个5口之家，太困难了。
>
> 我母亲卖柴火和猪食的时候，总是求着别人买。家里天天都是米粥或者玉米糊。常常吃了上顿没有下顿。

1斤糙米可以磨出8杯大米。家里根本买不起肉，所有的营养都来自粮食。一天一磅大米或者玉米对于一个5口人家来说根本维持不了多久。

当时，家家户户都用柴火做饭。女人和孩子常常聚集到周围的山丘或大山里去拾柴火，或者从像马忆湘的母亲这样贫苦的农妇手中买柴火。母亲卖的猪食是大米壳、树藤和草混在一起用水煮过的菜糊。那些能养得起猪的地主家里，每天都要买好多猪食喂猪。而马忆湘家除了交租、买米，还得用钱买盐、买油、买衣服和针线。

1923年马忆湘出生时，中国经济正处在急剧向商品化的农业社会转型时期[①]。由于军阀混战和盗匪的横行，城市的动荡不安像瘟疫一样蔓延到整个乡村。军阀与盗匪的抢掠，加之经济形势的动荡，令湘西山区许多农民的生活异常艰辛。马忆湘的父亲实在没有能力凑足地租，为了躲避地主不得不背井离乡，一走就是一两年。地主为了补偿损失，逼

① 陈志让：《挑战者》，该书的第一章概述了处于变化中的经济。该书提供了马忆湘童年时期的时间与空间方面的极好的细节资料。

迫马忆湘的母亲把大一点的孩子送到地主家里做工，替家里还债。孩子们帮地主家养狗、喂鸡、扫地，还要去山上砍柴。

马忆湘的哥哥大概 8 岁时生病了，家里根本没钱给他买药，地主还逼他继续干活。“他是从山上掉下来摔死的。”马忆湘后来听母亲讲。哥哥死的时候，她大概两岁。不久，姐姐也掉进河里淹死了。家里只剩下马忆湘一个孩子。母亲很迷信，认为两个大孩子的死是因为马忆湘出生时所带来的“某种晦气”。马忆湘轻描淡写地回忆称：“她一点儿都不喜欢我。”在自传体小说《朝阳花》中，她将这件事情描写成标志着那种玫瑰色亲密无间的温馨母女关系的结束[①]。她在小说的开篇仔细描写了当时的饥荒，那是童年经历中很重要的一个部分。

> 湘西已经有两个月没有下过一滴雨了。空气中弥漫着灼热和沉闷。大地被炙烤着，人们每走一步，都要扬起一片尘土。刚刚开始抽穗的稻子旱得打蔫儿，叶子都卷曲枯黄着，仿佛只要你一脱掉帽子就要被烤焦一样。肥沃的土地变得像乌龟壳一样，到处裂开了两指宽的缝隙。
>
> 夜幕降临了，暗蓝色的夜空明月高悬，漫天繁星向我眨着眼睛。
>
> 我们的小茅草屋里点起桐油灯，豆大的灯光忽明忽暗。
>
> 远处传来夜虫的鸣叫，青蛙的叫声令人心烦意乱。
>
> 我伏在妈妈的膝前，抬起头，轻声地问：“妈妈，那些虫子和青蛙一直叫个不停，他们是不是饿了？”
>
> 妈妈弯下身来问我：“小兰，你饿了吧？”
>
> “嗯！”我点点头，“妈妈，你听，我的肚子也在叫呢！”
>
> 妈妈抚摸着我的头，温柔地说：“丫头，等爸爸回来，我们就有东西吃了。”

在哥哥姐姐死了几年以后，父亲因为赌博输掉了家里的房子和仅有的一块薄田。马忆湘认为父亲“玩牌时被骗了”，“地主夺走了原本属于我们的所有东西，我们变得无家可归，一无所有。”

---

① 马忆湘：《朝阳花》。我不是很严格地将题目翻译成《向日葵》，来表达一个优秀的革命者就像向日葵总是向着太阳一样，从来不会对党不忠诚。

他们在村里的别人家借住了一段时间，后来由于当地发生了饥荒，全家就开始在湘西的大山里辗转逃荒。他们只能指望亲戚救济了，他们向一位姑姥姥求助，那位姑姥姥的儿子和马忆湘的父亲是儿时的伙伴，情同手足。姑姥姥安顿他们住在一个远房亲戚的家里。亲戚和马忆湘的母亲同姓，可能和马忆湘的父母都有亲戚关系。房子中间是一大间，旁边是一小间。再容纳一家人进来实在是太挤了。不久，马忆湘的父亲就在姑姥姥家的房子旁边用稻秆和树枝垒墙，上面搭了些草席，盖了一间斜屋顶的草房。那时候家里有 4 口人，母亲又生了一个女儿。

迫于生计，马忆湘的父母决定把她卖到别人家去。这样，不仅家里能得一些钱，更重要的是，姑姥姥认为，在一个经济条件比较稳定的家庭里，至少马忆湘可以吃饱肚子。那个时候，马忆湘的家里常常是吃了上顿没下顿。而母亲又不喜欢她，分给她吃的东西最少。

等到马忆湘七八岁的时候，她被送到婆家做了童养媳。婆家离她家的窝棚大约有 2 英里远。她在书中是这样描写婆家人的：

> 他们非常凶恶，家里虽然不是很有钱，但是他们有足够的食物。我猜想他们想变得更富有，经常只给我吃剩饭。每次吃饭时，我要先侍候全家进餐，等他们都吃完后，如果还有剩饭才会给我吃。如果没有剩饭，我就得饿着。他们天天打我、骂我。我吃剩饭的时候，他们就看着我，还要指责我说："你这个讨厌鬼，除了吃，什么都不会。"

婆婆家里有祖父母，婆婆公公，一个儿子和一个女儿。两个孩子都比马忆湘小。除了照看两个孩子，她还要给小男孩喂饭，还要帮着做饭，打扫家，兼做其他杂务。婆家人对她的打骂，加上繁重的体力劳动，让马忆湘的处境更加困难。她遭受半年多的虐待后，实在忍无可忍，只好逃回到自己的家。母亲打了她一顿，又把她送了回去。

> 有时候我实在忍受不了了，但是又不敢反抗。我唯一能做的事情就是逃跑。我经常跑回家去，母亲又总是把我送回来。家里没有吃的东西，父亲总是回来又走了。我的小妹妹也饿死了。后来母亲又生了一个小弟弟，比我小大概 10 岁。他现在还活着。父亲躲得越来越远，这样地主就找不到他了。

婆婆家离母亲那里大概有10里远。起先，我逃回去总是走大路，很容易被他们抓住。后来，我就上山找小路走。那个地方有一大片长满芦苇的沼泽地，芦苇有一人多高，我可以藏在里面，等天黑了再逃回家去。有时候，他们会在路上把我抓回去，但是即使我逃回家了，母亲也一定要把我送回去。等母亲一走，他们就要打我一顿，骂我说："你这个可恶的孽种！你跑了也还是得回来。你家里人根本不会管你。"

他们不让我哭。

再后来，在一个秋收的季节，大约在湖南的七八月间，他们把我打得鼻青脸肿，我又逃了出来。这一次，我跪在母亲面前，恳求她把我留下。母亲非常伤心，没有把我送回去。在家里，我一直努力地干活，捡柴火、打猪草，希望用这样的方式打动母亲，不要再把我送回去。

二、红军来了

忆湘的母亲劝她回到婆家去。"如果你想参加红军，你就得从他们家逃走，这是你自寻生路的好机会，这样你就不会被他们活活打死了。"那时候，她11岁。

马忆湘回忆说："等到1934年9月，油菜籽成熟的季节"，"红军来了"。贺龙将军率领的红二军团在和国民党及地方军阀打战。山区的老百姓中流传着这样的说法，说贺龙白天是人，晚上就会变成龙。如果房间里没有灯，贺龙一进门屋子就会亮起来，因为他的军队杀富济贫，是为我们穷人而战斗的。"因为我们的村子比较偏僻，第一次听说红军的时候，红军还没有来过。我们看见过白军，他们自称是来抓土匪的，可他们什么都抢。"

白军在村子里抓壮丁、抢粮食、抢衣服，搜刮民脂民膏，声名狼藉。红军进村的时候，她家里的男丁，她的父亲、叔叔们都躲了起来，因为他们不知道这些士兵是来抢劫的，还是来帮助他们的。当红军士兵经过时，全家人都躲在屋里，从门缝和窗户向外张望。

我们从来没有见过这样的队伍，我父母说这支队伍很奇怪，没有统一的军服。国民党军队穿的都是统一的灰制军服。而红军的军服有蓝色的、黑色的，也有褐色的。有的衣服扣子开在右侧，有的开在前面，有的制服是学生装。他们戴的帽子帽檐很长，上面都有一枚红星。战士们的衣领上都有红色的领章。

那时候我个子太小够不到窗户，我只好站在凳子上看红军战士们举着火把行军走过。他们把我们用来晾衣服的竹子折断做成了火把。那天天在下雨，地面潮湿泥泞，有些士兵脚下打滑摔倒在地了。他们没有进老百姓家里，而是在打谷场驻扎下来，点起篝火取暖。因为我们以前从来没有见过红军，所以不敢相信他们是不是真的红军。我们只是听说红军经过时从来不抢劫，所以我们认为红军是好队伍。

马忆湘的父亲和叔叔被篝火边传来的歌声所吸引，悄悄溜到打谷场。当他们得知这些战士真的是红军时，就邀请他们去家里。战士们借用家里的火灶，并坚持要付柴火钱，马忆湘说：

他们说，如果用了百姓的东西不付钱，会遭批评的。他们必须遵守“三大纪律八项注意”。如果部队需要蔬菜，他们不能自己去菜地里摘，而是请老乡们把菜摘下来，称好重量，战士们再付钱来买。

战士们需要七八斤大米，一个负责伙食的军官就来问我母亲，能不能卖一些米给他们。他很有礼貌地叫我母亲“大嫂”。母亲把家里所有的米都给了他。但是他身上没钱了，他的钱已经买了布。他告诉母亲，如果十天之内不回来付钱，母亲就用这块布做了衣服吧。两个星期过去了，他没有来，母亲没有动那块布。一个月过去了，他还没有来，母亲就用那块布做了衣服。我到现在都记得，那是一块深蓝色的布。我们再也没有见过那个红军军官。

红军战士劝马忆湘的父母把孩子们送走，因为国民党的军队马上要到了。马忆湘和年幼的弟弟被送到在山里的叔叔家。她的叔叔在深山老林里开垦荒地，几乎与外界没有联系。她回忆说，“红军和国民党军队在我家附近打起来了。红军在我家厨房建造了防御工事。”所谓的工事就是在屋里挖了一道沟，再堆上木头，掩护战士们射击。她和弟弟躲在叔叔家里，能够听到枪声和爆炸声。

第二天红军不见了，就像传说中的天兵天将下凡一样。马忆湘爬到树上，看见很多国民党军队，还听到了枪声。她能听到红军战士们劝国民党军队投降。

> 我不明白他们话的意思。那时候，我只有11岁。婶婶让我、弟弟和表兄藏到了床下面。我们一动也不敢动。一些当兵的走过来，他们让叔叔带路进山。我们都害怕他们不会让叔叔回来了，没想到一两个小时的工夫，他就回来了。叔叔说，那些当兵的是红军战士，他们一找到路就让叔叔回来了，怕家里人担心。

弟弟、我和表兄就从床下面爬了出来，我们远远地看红军在大山里搜捕国民党的军队。敌军基本都被消灭了，只有几个逃跑了。

几天以后，马忆湘的父亲来接孩子。从父亲那里，他们知道了战斗的情形：

> 我们的镇子正好坐落在两山之间，红军隐蔽在芦苇丛生的沼泽地里。当时秋收刚完，地里的稻草堆也可以掩护一两个战士。其他人都埋伏在山里。敌人一来，战斗打响了，红军大获全胜。敌人想突围逃跑，当地的老百姓纷纷从家里冲出来，用桌子、椅子和稻草秆拦住敌人的去路。老百姓恨透了国民党军队，因为他们经常将镇子骚扰得鸡犬不宁。
>
> 敌人被消灭后，红军就在镇子上搭起了营帐。那是1934年阴历九月，阳历是10月。红军让大家不要害怕，因为他们是为穷人打天下的。他们发传单、招新兵，动员百姓到山上去捡子弹、枪，交给红军。我叔叔和父亲都参加了这次行动。
>
> 红军在我们的小镇上驻扎后，很快建立了地方政府。我的一位姓彭的婶婶成了妇女联合会的负责人。她让我去参加她们的会议。因为我是童养媳，她们都很同情我，而且我又很听话，她们都很喜欢我。红军女战士还和男战士们一起上街发传

单。很多年轻人都参加了红军，因为红军是为穷人打天下的。当时是1934年冬天。

我也想当红军，我把自己的想法告诉了母亲。

“我如果回婆婆家，他们迟早会把我打死。您愿意我那样吗?”

母亲说她当然不愿意让我被打死。可是，她觉得我年龄太小了。婶婶支持我的想法。因为地方政府离我家只有两三里远，我去参加过两次会议。我并不明白他们的宣传，但我看见了有女红军。她们和男战士们穿着一样的衣服，和他们一样参加各种活动。而在国民党军队里的女人都是军官们的老婆，她们看起来像妖精一样。[①] 女红军战士们腰间都系着皮带，英姿飒爽。我很羡慕她们。

马忆湘如果从自己家里逃跑参军，婆家就会向她家索要当初买她的钱。而且，逃跑参军也会让家里蒙羞。随着农历春节的临近，出于道义和经济方面的考虑，马家非常担心婆家会找麻烦。马忆湘解释称：“我们家实在太穷了。穷人总是被人欺负，我们没办法替自己说话。”

于是，忆湘的母亲就劝她回到婆家去。这一次回马忆湘没有哭。因为母亲告诉她，“如果你想参加红军，你就得从他们家逃走，这是你自寻生路的好机会，这样你就不会被他们活活打死了。”

马忆湘一回去，婆婆就把她带到当地的政府官员那里去告状。当时在新政府里任职的很多人虽然同情共产党，但是不一定都有能力解决类似的民事纠纷。听说马忆湘情况的那个人，在红军没来之前原来是流动木偶剧团里唱歌的。他根本不知道共产党有保护童养媳不受虐待的政策，没有按照政策办事。他训斥马忆湘，说如果再逃跑，他会亲自抓她回来。马忆湘觉得他是在狗拿耗子多管闲事。

婆婆告状说，马忆湘上次逃走时偷了一条被子。具有讽刺意味的是，这床被子是马忆湘的母亲亲手为她缝制的。

全家人又开始打我。现在红军来了，我再也不怕他们。挨打的时候，我就喊人求救，邻居们跑过来，不让他们打我。他

① 此处指国民党军队里的女人都梳着时髦的卷发，化着浓妆。

们诬赖我偷了被子。我怎么会偷被子呢？他们既然动手打我，我只能两手空空地跑。

后来他们请了一尊佛像回来。他们非常迷信，非要我在佛像面前发誓我没有偷被子。他们还说，要宰掉一只猫，然后让我喝一碗猫血。如果我没有吐，就表明我没有偷被子。如果我吐了，那我肯定偷了被子。谁能喝下一碗猫血不恶心呕吐呢？即使我没有做愧对良心的事，但我要是喝了猫血的话一定会吐出来的。

晚上睡觉前，他们呵斥我要把猪食剁碎煮好。他们都睡觉后，我经常要干到半夜。如果第二天他们起床时我没干完活，他们就要打我。我的个子太矮了够不着灶台，只能站在凳子上煮猪食。那天，我像往常一样，把猪食切好煮熟，然后放进一只木桶。那天晚上我没有锁门，好让我逃跑时不弄出声音。在我离开父母家回到婆家之前，我的一位表舅——我母亲舅舅的儿子——告诉镇政府的人说他一定会来接我回去的。我们约好了在一个处决犯人的刑场见面。舅舅答应那天半夜来接我。

我蹑手蹑脚出了家门，当时心里非常害怕，但除此之外我没有别的路可走，我必须逃走。我手里拿了一把剪蜡烛的剪刀，带着一只从小养大的狗。我婆婆和她儿子睡在楼上，她经常让我抱着狗上去舔他儿子的屎。后来狗长大了，我抱不动了，就背着它上楼。那只狗对我很好，在我前面跑。

等到了约定的地方，我一个人也没有看见。我轻轻咳了几声，也没有人答应。我捡起一块石子敲了几下大石头，还是没人回应。我吓得直冒冷汗。这时候，附近村子里的狗都开始叫了，我吓得头发都竖了起来。表舅没有来，我只好转身往回走，狗跟在我的身后。我的心咚咚地都快跳到嗓子眼儿了，还好我又静悄悄地回到了家，躺在床上，毫无睡意，等着天亮。

因为我离开和回来都没发出一点儿声音，家里人没有发现我逃走的事情。没让他们发现我逃跑实在是太幸运了，否则，他们一定会更加认定我有罪了。

第二天，他们还是不停地骂我，说明天就要杀猫，逼我喝猫血。他们用尽一切办法来折磨我。第二天晚上我又有一大堆的活要干，只是不用再做猪食。我把门栓上洒了一些水，这样就不会发出吱吱声。我又试了一次，确实没有声音。然后我就躺在床上，等待着拂晓的到来。我知道拂晓前是天最黑的时候，过一段时间天就会亮起来。

我趁着天黑跑了出来，爬过一道篱笆墙，我跑到了山腰。我朝着离这儿十里地以外的姑姑家跑去，因为我婆家的人想不到我会走这条路，更不会到这儿来找我。我穿过一片沼泽地，终于到了姑姑家。

姑姑刚刚起床，姑父还在睡觉。我开始哭起来，姑姑让我进到屋子里。我告诉她我已经没有退路，求她带我去参加红军。她说让我先躲在她家，等吃完早饭以后，她再来想办法安排。

马忆湘的姑姑首先向当地共产党政府的工作人员说了此事。她告诉他们，马忆湘可能不够参军的年龄，但是非常能干。他们让姑姑把马忆湘带来看看。但是当他们看到一个营养不良、骨瘦如柴的小女孩时，告诉她还是过几年再来吧。

他们担心我跟不上部队，害怕在行军途中，要让人背着走。我告诉他们我可以干很多活儿：我能拾柴火，洗衣服。红军战士要经常行军。我说我经常爬山打猪草，所以能走很长的路。可他们对我说，红军战士行军时要走成百上千里的路，而且招募小孩子参军是违反纪律的。他们需要的是能打仗的年轻人，至少要在十七八岁。他们不想要我。我姑姑只好带我回家。但我怎么能等下去呢？

马忆湘的姑姑第二天又带她去了一所红军野战医院，希望她能被安置进洗衣组。她们在天亮前就从家里出来了，担心有人看见了会给马忆湘的婆婆报信儿。一路上，姑姑一直教她要努力干活儿，见了年纪大的人要喊“叔叔”或“姨姨”。尽量给人家留下好印象，这样他们就会收留她了。

到了医院以后，她俩找到洗衣组的一个女战士，向她讲述马忆湘当童养媳所遭受的虐待。但是，护士长拒绝了她们的请求，认为马忆湘太小了，太瘦弱了，根本不能参军。马忆湘和她的姑姑不肯走。

我对护士长说："阿姨，您不能让他们把我打死吧！"

我不停地恳求，姑姑也不停地替我说话。很多人都围了过来，同情地看着我。

"我们打仗是为了让穷人得解放，她是可怜的童养媳，我们应该解放她。"

最后，护士长对我说："那好吧，我们看看能为你做点儿什么。但是，打仗的时候，我们就得送你回家去。"

正在这时，她的婆婆到娘家去找她，要求她母亲立刻把人交出来。马忆湘的母亲确实不知道她的去向。因为她的姑姑在她加入红军之前，没有告诉任何人她的行踪。因为红军的到来，当地的社会和经济气候发生了改变，马忆湘的母亲不再害怕她的婆婆，她说："我女儿走的时候欢蹦乱跳的，现在她不见了，你要还我的女儿，我活要见人，死要见尸！"婆婆无可奈何地走了，她发誓一定要找到马忆湘。

马忆湘被安排在红二军团总医院，这是一所后方医院，下属9个连队。护士发给马忆湘一张表格，要求她填写名字、年龄和家庭成员。表格是别人帮着填的，因为她从来没有念过书，也不识字，甚至连自己的名字都不会写。护士们给她剪辫子的时候，她心疼得哭了。短发是对年轻革命战士的基本要求，也是最显著的标志。当听说如果不剪短发就要送她回家后，她立刻就不哭了。稍后他们又给马忆湘发了军帽和军装。

当护士长发给我一顶缝有红色五角星的帽子时，我高兴极了。我穿上了印花棉衣，到一口水井前向里照看看，看到自己头上的八角帽，我简直欣喜若狂。我现在是大人了！

通讯班的班长路过时看见了我，问道："小鬼，你在这儿干嘛呢？"

我不知道该怎么回答。我告诉他我看看井有多深。可是，说话的时候，我脸红了。我很害羞，其实我是想看看井里自己的影子。

马忆湘一直害怕被送回家去，所以她干得非常努力。战友们善意地笑话她，劝她注意休息。她的主要工作是生火、洗菜、淘米，帮助伤员们洗衣服。

照顾重伤员是马忆湘需要经历的又一个考验。她看见的第一个重伤员，子弹射进了嘴里，头上包着纱布，只露出眼睛和嘴巴，看起来像个魔鬼。她当时吓得赶紧跑开了。第二次看见那个伤员的时候，她又想跑。那个伤员叫住她问道："你连伤员都害怕，怎么能成为一名革命战士呢?"但马忆湘还是特别害怕。

一天，马忆湘在洗衣服的时候看见了自己的父亲，她高兴得哭了起来。当一位伤员带着父亲找到她时，父亲说其实早就知道她的下落，但一直不敢来，担心她的婆婆探听到消息。他鼓励女儿要听话，要有礼貌，多向护士们学习。他还要马忆湘好好干活，和比自己年长的人好好相处。他感谢医院里的人，因为忆湘的事给大家增添了不少麻烦，恳请他们像对小妹妹那样对待自己的女儿。

过了几天，马忆湘的母亲也来看她，警告说她的婆婆可能会来找她。母亲要她别害怕，必须驳斥婆婆的指责，不然她就要被送回去。母亲要她把自己遭受的虐待全说出来，医院的人一定会帮助她的。如果被送回婆婆家，她必死无疑。即使被送回自己的家，她也不会受欢迎，因为离家出走是一件很丢人的事。为了撇清和女儿出走的关系，母亲说婆婆来的时候，她就不在场了。要不然的话，她们会被指责合谋陷害婆家。

就在这一天，马忆湘的婆婆也来医院找她了。

> 我特别害怕，我藏在了护理部主任的床底下。主任告诉我应该出来为自己辩护。可是我不敢。他就拿着梭镖把我从床下赶了出来。
>
> "别害怕，"他对我说，"这儿有这么多人，他们不敢打你。你要是不出来，我就把你送回去。"我特别害怕被送回家去，就赶紧从床底下爬了出来。
>
> 我请了4个人来为我作证：政治指导员，医院院长，护士长和护理部主任。我让婆婆先说。我让她告诉大家我在家里做了哪些错事。她说我不孝顺，顶嘴。但她不能证明自己的话。然后该我说了。我说我一开始并没有顶嘴，可后来我再也受不了了。我把自己受的苦统统倒了出来。医院的战友们鼓励我，

叫我不要怕，把受的委屈都说出来。我讲了婆婆一家怎么打我，让我天天吃剩饭，盯着我吃饭，还骂我是个“讨厌鬼”，只知道吃饭。他们家的人都可以随意地打我。他们之所以讨厌我，是因为我家很穷。既然他们不喜欢我，为什么不去找一个有钱人家的女儿当童养媳呢？我婆婆不能让医院的人相信我是个不听话的人，大家都认为我被冤枉了，所以都保护我。我婆婆虽然不能证明自己说的话，她还是坚持要带我回去。我告诉她我宁肯死也不愿意回去，因为回去了，迟早有一天要被他们打死。我婆婆被医院的人教训一通后离开了，她再也没有来过。

三、被清除出红军队伍

尽管他们知道我是一个受虐待的童养媳，但我还是没有办法证明自己。当时，清除反革命分子是一场运动，很多人被冤枉和误杀。

1935 年 4 月，马忆湘参加红军两个月以后，红军准备攻打桑植县，那是红二军团司令贺龙的老家。马忆湘没有得到正式的通知说部队在打仗，但她知道伤员要被转移到老百姓家。因为知道医院的人都很喜欢她，马忆湘相信他们不会按照当初约定的那样，部队一打战就要送她回家。但是当伤员们被安置到当地的老百姓家里以后，马忆湘得到命令先回家，等到战斗结束以后才能归队。他们告诉她，部队不能带着小孩子打仗。马忆湘请求说，她不是孩子，是红军战士，如果被送回家去，她必死无疑。可是，她的请求没有得到批准。

她接到通知到当地政府去找那个原先发誓她如果再跑就要亲自抓她回来的人去报到。马忆湘下定决心不回婆婆家，等护送她的战士在半路走了以后，她就跑到了省委所在地，因为她知道省委也要和部队一起转移。

在那里，她遇到了蹇先任（贺龙的妻子），还有其他的女兵们。她们要求她拿出医院的介绍信来证明她的身份。她告诉他们，她的确是医院派来的，没有必要看介绍信。[1]

> 我告诉他们，我什么都能干。然后我就四处找活干。当时伤员都送到老百姓家里去了，所以不需要照料伤员了，我就烧火、找衣服来洗。我让战士们脱下衣服让我去洗。
>
> 后来我们开始行军。我看见一位女战士行军时背着她的孩子，我就想，既然她能背着孩子行军，那我也一定可以行军。

当马忆湘所在的省委赶上部队后，她又回到了总医院。护士们看到她非常吃惊，但是大家都太忙了，没有人顾得上过问她的事情。为了表现自己的勇敢，马忆湘也跟着到前线抢救伤员，后来她又因此挨了批评。她不知道如何救助伤员，她回忆说："我用力拉他们起来走路。"那些伤员出于可以理解的原因骂她是个"该死的孩子"。后来，战斗打完后，大家都称赞她的勇敢和果断，并同意她留下来继续工作。

> 我给伤员们送药、喂水，帮助他们洗脸。我整晚无法睡觉，可是我一点儿都不觉得疲劳，我忙于照顾伤员们。有一些是在战斗中受伤的轻伤员，我尽自己的所能照顾他们，为他们洗衣服，洗袜子，因为他们穿的都是草鞋。部队通常行军一两天就要停下来休整。我们的后面有部队保护，我们的外科手术小组被保护在中间，因为他们没有战斗能力。

当部队开始攻打龙山县城时，马忆湘和几个女战士接到命令让回家。护送她们的红军战士只走了一小段路就撤走了，让她们自己走。那些女战士没有一个回家的。马忆湘发现了一队伤兵，就留了下来，和战士们一起吃，一起生活。"但我不能一直这样下去，吃他们的东西。"马忆湘就在地方政府的总部找了一份工作，洗衣服、生火、做饭，尽量表现她的能干。

---

[1] 在游击战期间，能够证明一个人的身份的介绍信是能够生存下来最为关键的材料。但是出于自己幼稚的行为和决定，马忆湘显然通过欺骗的办法归队。

马忆湘尽量避开部队和医院的熟人，怕被他们看见。她想让他们以为她已经回家了，但是她家所在的镇子已经被国民党军队占领了。其实，医院的人都知道马忆湘在哪儿。等到他们缺人手了，就又把她招了回去。“我简直喜出望外，心想这一次他们肯定不会再让我回家了。”

马忆湘的愿望很快就破灭了。红二军团占领土地后，为了巩固苏维埃根据地，党组织发动政治运动，“清除”潜伏的反革命分子。地主和拥有个人资产或者雇用过长工的人成了被打击的主要对象。那些穷凶极恶的地主恶霸有的被杀，有的被驱逐。一些参加革命的地主、富农被清除出红军和当地的苏维埃政权。马忆湘这个不幸的孩子竟然也被卷进了政治运动当中。

我家在偏远的大山里，当地的老百姓收留了很多伤病员。一部分伤员因为伤势过重去世了，活下来的伤员又重新回到了部队。一个伤兵养好伤以后来医院看我。

“小鬼，”他说，“你家乡有很多地主、土匪。我们躲在那里养伤的时候，他们经常来抓捕我们。”

他开玩笑地跟我说：“你看起来不像穷人家的孩子，穷人家的孩子皮肤又黑又粗，你的皮肤那么好，看着就像地主家出来的。”

我当时是个小姑娘，皮肤本来就好，参加红军以后很少到外面，皮肤看起来就更好了。

我说，“我家穷得连一间房子都没有。我怎么可能是地主的孩子?”

他开玩笑地说，“你父母就是地主。他们害怕红军，想让别人看得起自己，所以就把自己的女儿送到红军队伍里来了。”

这些话都是玩笑，我根本没有往心里去。后来，他就去追自己的部队了，我也把这件事都忘了。

1935 年秋，刚刚开始秋收，马忆湘病倒了。她不知道自己是怎么病的。只记得当时病得很厉害，一直高烧不退，走路都要打晃。医院跟随部队转移后，马忆湘被编进了“收容队”，专门负责收容落伍的战士，并且在部队晚上休息之前送他们归队。收容队用骡子把她驮到了一个小村庄，在这里遇上了驻扎在村里的医院小分队。她成了一个病人，和伤兵们住在一起。她对自己的病已经记不清了，但她清楚地记得，自己曾经和一个死了的女人躺了一个晚上。

正当她病重的时候，那个伤兵曾经和她开的玩笑话却在队伍里流传开来。于是，她成了革命的目标，被当成地主子女清理出红军队伍。“他们犯了“左”倾极端主义的错误，认为我是地主阶级分子，所以要把我赶出苏区。”

她太虚弱了，连路都走不动，只能扶着沿街的墙一步步向前挪动。她躲到一个好心的大嫂家里，大嫂刚刚生完孩子，白天她躺在人家的床上，晚上就铺个草垫子躺在地下，与蚊子和老鼠为伍。

一个星期左右，马忆湘恢复了健康。她和村子里的人成了朋友，她常用的办法是让人家觉得自己有用。同情她的村民给了她一些大米，她就拿回去和收留自己的大嫂一起吃。

马忆湘离开部队后不久，遇上了自己的堂兄，他是红军的通信员。他让马忆湘躲到一个马姓的亲戚家去，他觉得那里对她更安全。

姓马的亲戚家很穷，几乎无法维持生计，他们让马忆湘到红军医院分院的一个行政部门去领点大米。因为那里刚刚打倒一个地主并没收了地主的粮仓。马忆湘因为每次都背不了太多米，只好一趟又一趟地跑。她很快就被一个伤兵认了出来。那个伤兵的丈夫是行政部门的领导。最后，他们允许马家留下马忆湘背回去的大米，但是，马忆湘必须离开，否则她就得被枪毙。亲戚只好许诺把她送走。于是，马忆湘白天就躲到村子外面去，等到天黑了再偷偷回来睡觉。

我以前很少讲这段经历。现在我要把全部的经过都讲出来。当时的阶级斗争非常复杂。我找不到能够证明自己出身的人。我能找到一个从家乡出来的战士替我证明，可是一个人不够。我必须找到几个同乡来证明我的情况。

尽管他们知道我是一个受虐待的童养媳，但我还是没有办法证明自己。当时清除反革命分子是一场运动，很多人被冤枉和误杀。即使十个人中有九个人能证明你的清白，但仍然无济于事。当时我的家乡已经被敌人占领，他们不能回去调查。他们相信了传闻的内容，认为我是地主家庭出身。不过，我还算幸运，这场清算运动很快便结束了，否则我可能活不到今天。

在马忆湘被清除出红军队伍期间，有一名姓王的女战士尽力证明马忆湘的身份。她说自己在参军前就认识马忆湘了，她是一个饱受折磨的童养媳。可是领导们不相信这位女战士的话，指责她保护地主子弟，把她也清除出了红军。从此以后，再也没人敢帮着马忆湘说话了。

马忆湘离开亲戚家后，跟上负责用船往桑植运送大米的后勤补给连队。因为船上装满了粮食，无法搭载乘客，马忆湘就跟着战士们一起沿着河岸走。他们不知道她已经被打成了反动的地主子女，也不知道她已经被清除出了红军队伍。等到吃饭的时候，他们让马忆湘过来一起吃。

在桑植，马忆湘遇见了曾经保护过自己的那个女战士老王，她躲在当地一个农民家里。当时，老王正准备到当地的红军学校去吃饭。老王和马忆湘一起吃了一顿饭，送给她一件落着补丁的衣服御寒，还帮她找了一份为学生洗衣服的工作。这样，马忆湘就能赚一点儿钱买米养活自己了。

桑植苏维埃政府的负责人知道马忆湘和老王在一起。等老王回她母亲家以后，他们就把马忆湘带到了办公室。屋子里还有大约 10 个女战士。有的带着孩子，有的身体很弱，有的瘸着脚，因为她们的脚缠过足后来又放了。她们在地上铺了些草席子，睡在办公室里。

1935 年 11 月，桑植的红军开始了长征[①]。红一方面军和苏维埃中央政府离开江西的苏维埃中央根据地后，经过一年的艰难跋涉到达陕北的根据地。贺龙将军率领的红二军团和萧克将军率领的红六军团决定离开以桑植为中心的根据地，向西转移。

部队给马忆湘和一群行动不便的妇女和儿童发放了路费，让她们回家。但很快他们接到了新的命令，第二天早上天亮之前省委的人要和红二军团一起转移。马忆湘和其他人接到命令，跟随部队一起转移，但不能离队伍太近，也不能掉队，因为敌人就在附近。红军给她所在的小队配发了一包新下来的大米。

---

① 参见杨炳章：《从革命到政治》，第 202 页中称："因为红军总司令部已经同意了战略转移的计划，或者更准确地说，因为国民党的军队正迅速逼近，1935 年 11 月初，红二、六军团召开了党和军的联合会议。他们决定从苏维埃根据地突围。刚开始，他们只想转移到湖南与贵州的交界，或者到贵州东部，……但是随着日益严重的形势迫使他们开始第二次长征。"

1935年12月，我们离开桑植开始长征，那时，我13岁。

村民们从自家的窗子里看着我们离开。大家肩并肩走在一起，当时我们都不知道要开始长征了。连首长身边的人也不知道。为了不掉队，我们跟在队伍后面，大概有半里地的间隔。

红二军团和红六军团大概有18000～20000名男战士，20～40名女战士。刚开始时，部队因遭受敌人的攻击前进缓慢。“国民党的飞机在我们头上飞，不断地投放炸弹。飞机飞得很低，机关枪都可以射中他们。”等到了离桑植以南大约30到35英里的大庸县时，离开桑植时发的米已经吃光了。当时已是11月了，天气很冷。马忆湘吃力地跟着部队行军，心里非常感激老王送给她的那件中式的加衬棉袄。

在大庸的第一个晚上，她和另一个“小鬼”在一片橘树林里找到了睡觉的好地方。那里通常是看橘子的人睡的，害怕橘子熟了以后有人来偷。两个女孩儿爬进了一个装着米壳的大桶，并排躺着睡得很沉，完全忘记了一触即发的战斗。大家以为她们睡在那儿是为了看着成熟的橘子不被偷走。等第二天早晨醒来，她俩突然发现战士们正在拆除连接她们和大部队之间的大桥。两个人箭一般飞跑过去，在桥就要倒塌的最后几秒钟内冲了过去。

为了减小敌人的打击目标，队伍开始分散行进，她们俩就跟在队伍的后面。“他们不知道我已经被打成了地主分子。即使知道的话，我也无论如何要跟着队伍。”马忆湘非常肯定地说道。

在大庸附近渡河不久，司令部的人就发现了马忆湘。后来成为新中国的第一位女将军的李贞，正在和有关部门商议如何处理这些一直跟随部队长征的妇女和儿童。李贞当时是野战医院的政治部主任。她认识马忆湘，很同情这个经常来找她玩耍、爱问问题的小姑娘。

马忆湘回忆说，部队征求李贞对这些妇女和孩子的安排意见时，李贞回答说：“我们已经在大庸渡河了，还能把他们送到哪儿去？他们是从不同地方来的，如果要派人护送他们回去，不可能把她们每个人都送回到各自的家中，那样的话，护送的士兵就回不来了。我们不能做无谓牺牲。既然大家留下了，就让他们跟在后面，和主力部队保持距离吧！”

多年以后李贞告诉我，如果不是她坚持，我们这些人可能已经被遣返回家了，而当时我们并不知道是李贞保护了我们。

四、小鬼，快跟上

在这个大家庭里，我感到非常温暖。李贞为人很热情，经常鼓励我说："赶紧！跟上！到前面我们就能休息了！"

马忆湘的部队跟着主力红军翻过武陵山，一直走到了大庸以南80里的溆浦镇。妇女和孩子们穿过河谷后，当地的老百姓劝说女孩子们留下来，表示愿意收留她们。"但我拒绝离开队伍。"马忆湘回忆说。

部队在溆浦休息了五六天，重新改编，筹集供给。马忆湘和其他4个女孩子躲进已逃跑的地主家，家中只留下一个看门的老人。红军学校的工作人员来发米，马忆湘躲了起来，其他四个人领了一些糙米。女孩子们把米脱了壳，打算再换些蔬菜、咸盐和油。

三天后，政治部的人发现了马忆湘，他们重新审理了马忆湘的案子。尽管并没有直接的证据，还是决定重新接收她。总务部部长说："这个孩子可能是地主家庭出身，但她很能吃苦。她自己没有剥削任何人，我们应该让她留下。"因为她已经被认定是地主的女儿，而当时的情况派人到家乡核实又不可能，所以她主动要求干最累的活儿。她的"艰巨任务"是给革命委员会的厨师们洗衣服。"如果我给他们洗衣服的话，他们就给我编草鞋。雨天行军时草鞋坏得很快，一两天就要换一双。那个时候，我不知道该怎么感谢他们，甚至连'谢谢'都不会说。厨师们比我年长，他们都很照顾我。当然，我对他们心存感激。如果不是他们为我编草鞋，我就得光脚走路。但即使如此，我的脚底还是长满了厚茧。"没过多久，马忆湘从革命委员会回到了卫生部门工作。

重新回到部队后不久，一天马忆湘在河边洗衣服的时候，战斗又重新打响了。她惊奇地发现，周围的人都在收拾行装，准备撤离。她并不知道战略大转移开始了，红二军团和红六军团此后开始了长达一年时间的长途跋涉。

白天要行军打仗，等到宿营的时候，我们就给伤员包扎伤口，换洗纱布。当时物资供给特别紧缺，我们不能把旧纱布扔掉，纱布洗干净以后，再用篝火烤干。

每天晚上我们都给伤员重新包扎伤口，特别是那些重伤员，每晚换一次还不够。第二天黎明前，我们用火把来照亮，再给他们换一次。我们的药品奇缺，只有一些红药水和少量绿色的西药。有时候不得不采一些草药给重伤员用。

马忆湘对于长征经历的描述很难给人留下深刻的印象。她和她的同伴白天要冒着敌人的炮火行军，晚上还要照顾伤员，有时候一天强行军要走50多里。医院里的一些轻伤员能自己走动，重伤员则须由马驮着或者用担架抬着走。对于那些行动起来非常危险的重伤员，比如粉碎性骨折的，就只能寄留在当地的贫苦老乡家里，放下一点儿钱请老乡来帮忙照顾。

马忆湘的队伍夹在大部队的中间，所以相对安全。准备休息的时候，他们就尽量找一两天前前面部队休息过的地方，因为那里通常已铺好了稻草。经过一天50里的急行军后，马忆湘通常将自己的被子垫在下面，身上盖着另一个女孩的被子，她们几个女孩子就这样疲惫不堪地挤在一起睡。

有时实在太累了，太苦了，马忆湘在行军途中时常会哭泣。有时候，她会拉着驮着伤员的马或者骡子的尾巴走，但她还是常常要掉队。如果她在晚上掉队的话，专门负责集合掉队士兵的小组就会帮她一把，鼓励她继续坚持，并将她送回野战医院。

有时候，我累得实在走不动了，战士们就会拖着我走，通常都是由那些身强力壮的战士拉着我走。他们行军时一边扛着枪，还要背着米袋，而我们这些孩子通常是空着手走。战士们一边拉着我们，一边说：“小鬼，快跟上，我们很快就能休息了。”

在这个大家庭里，我感到非常温暖，没有人打我，也没有人骂我，我们是平等的。尽管部队有好几次要送我回家，赶我走，但我没有觉得委屈。我没有期望他们一直关照我，我自己非常努力地工作。只要他们不赶我走，只要他们不杀我，我就要跟着部队走下去。

马忆湘每天都能见到陈琮英，因为她们所在的部队都属于红六军团司令部。马忆湘所在的卫生部战地医院直属于司令部领导，陈琮英当时在司令部的通信班。陈琮英对她说："你一定要紧跟着大部队，不然就会被跟在我们后面的土匪抓住或杀害。"陈还经常鼓励她："快走吧，到前面我们就休息了！"马忆湘觉得陈琮英非常温柔，非常安静。当时陈琮英 20 多岁，和马忆湘个子差不多高。马忆湘接着说：

我现在很矮，但那时我更矮。我小时候吃了很多苦，所以个子没有长起来。我经常挨饿，我不知道自己出生时是不是正常，但我知道自己发育不良。

我不知道怎样称呼像陈琮英这样比我年长的人。我也不记得当时是怎么称呼她的。我当时不能叫她"姐姐"，也不经常称呼她为"阿姨"。她就叫我"小鬼"。

我叫李贞李部长，她知道我的名字，叫我"小马"。李贞为人很热情，经常鼓励我说："赶紧！跟上！到前面我们就能休息了！"

有时候有人会说："我们马上就要到一个富裕的镇子了。前面的部队把地主家的财产没收了，还弄了些猪肉。没准儿已经做好饭等着我们呢。赶紧走吧，吃好东西去。"听了这些话，我就走得更快了。我总是尽量走得快一些。

几位部队的女领导像母亲一样关心爱护这几个小姑娘。温新梅就像母亲一样照顾她，让马忆湘觉得非常亲切。

我们一直互相帮助。有时候我们背着背包、脚上沾满泥，躺在稻草上就睡着了。要是睡觉前洗脚的话，第二天就会觉得舒服很多。有时候，我甚至不知道自己睡着的时候是谁帮我洗了脚。大多数时候都是温新梅帮我洗的。有时候我困得连饭都不想吃，也是温新梅拉我起来，其实她自己也困得直打盹。我们实在是太累了。她是和妈妈一起参加红军的。一路上，我得到很多人的照顾，特别是温新梅，可是后来，她受了伤。

有时候米饭做好后，我们就装进自己的搪瓷杯子，一边行军一边吃。当时我们几乎吃光了所有能找到的东西。在到贵州之前，我们一直有足够的大米。后来，就只有玉米粒了，有时候他们会炒些玉米。

在敌人飞机每天的轰炸下，部队转移到了贵州东部，进入一年前红六军团和红二军团会师的地方。由于敌人的进攻，红军不能再建根据地了，只好向黔西转移。“过了春节后部队抵达贵州。那时我们几乎每天都吃粗玉米粒，除此之外没有其他的东西可吃。天气一直是阴雨连绵的。”

当部队行军到毕节，位于贵州西北部的云南与四川交界的山区时，天开始下雪了。部队在那里休整了两周。这段时间，马忆湘和其他的孩子们就跟着护士长到镇子里去招募新兵和民夫。①

我们雇的民夫一般不能超过3天，要不然他们就回不了家了。我们在民众中散发传单，动员人们参军。我虽然年纪小，但是我知道“国民党”这个词。我告诉当地的老乡，他们之所以挨饿受穷，是因为受到了国民党反动派的压迫和地主的剥削。动员他们积极参加红军，因为红军为我们穷人打天下，给我们穷人分田地。

他们问我：“你难道不想自己的亲娘吗?”

我说：“不想，要想就不能革命了。”当时我已经离家参军一年，所以，我对革命的意义有了一些自己的认识。

我知道红军准备北上抗日。日本是正在侵略中国的帝国主义国家。但是，日本是什么样的，当时的局势如何，我并不清楚。帝国主义是什么，我也不知道。我们在贵州还俘虏了一些英国传教士。我觉得他们就是帝国主义。我认为高鼻梁、绿眼睛的人都是帝国主义，而打倒帝国主义就是要打倒他们。事实上，我对帝国主义的含义根本就不理解。我很单纯，也很天真，我认为“帝国主义”是一个人。

① 红军在长征途中时常要招募新兵。见杨炳章：《从革命到政治》第204页中写道：“经过三个月的长途跋涉，红二、六军团依然保持长征之初的18000名士兵。长征途中的损失被他们所招募的新兵所弥补。”

马忆湘参加宣传队的工作后，队伍休整的时候，她就请政委教她识字写字。她学写的第一个词是“好好学习”。她用一根草棍在地上反复写了好多遍。队伍总是在行军，她学习的时间很有限。但在行军途中，她经常向周围有文化的同志请教沿途的标语，就这样她认识的字越来越多。其中有一条“抗日反蒋”的标语，她记得特别清楚。

1931 年日本人占领了东北，到 1936 年，开始逐步威胁华东、华南。国民党力图通过不抵抗政策来避免与日本的全面战争。但是一味的退让激起了民众的普遍不满。1935 年 12 月，红一方面军结束长征后，共产党开始积极倡导联合国民党一起抵抗日本入侵的统一战线。一致抗日是当时整个社会的共同呼声，也是共产党在长征途中所极力宣扬的主张。

当时红二军团和红六军团已经转移到贵州和云南交界的盘江流域的河谷地带，并在云南宣威设立了司令部。领导们考虑要在这里建立红色政权根据地。因为这里地处偏僻、肥沃的河谷地带，远离大城市，也没有敌人驻守重兵。但是中央却命令部队继续北上，与红四方面军汇合。为此，大部队在穿渡长江上游金沙江进入西康前，不得不取道穿越云南。

云南是位于中国西南端的省份，它的名字取意于“云之南”。常年覆盖在云南天空的云彩向北笼罩整个四川省。云南有很多为外界所称道的地方。省会昆明气候宜人，和美国的加利福尼亚气候相似，被人们誉为“四季如春”的春城。云南的火腿也很有名气。

在宣威，一天晚上出发前，我们藏在一个资本家开的火腿店里，墙上成排地挂满了火腿，资本家都逃走了。

很快我们被敌人包围了，大家紧急撤退。当时，我看见温新梅给伤员拿了一块火腿，于是，我也拿了一块。我拿的那块是猪腿前面的一部分，还没来得及熏烤，很新鲜。敌人在后面追击我们，头上又有飞机不停地轰炸，因此我必须跑步前进。一条火腿重六七斤，我尽力将它扛在肩上，可实在太沉，不得不扔掉了。

那时候天气很热，正是油菜花盛开的季节。

我们撤退的时候天快黑了。离开宣威后，我们走了大约七十里才到达一座小镇。敌机投下的炸弹几乎将小镇夷为平地。我们恰好隐藏在山坡上，一面是茂密的松树林，另一面是陡峭的悬崖绝壁。卫生部和后勤部的人都爬到了山坡上，我们成了敌人飞机攻击的目标。我们的医药箱上面镶有金属片，容易反光。后勤部门也有许多金属制成的物品。敌人的飞机直接飞过来投弹，几乎不用盘旋和寻找目标。我趴在地上，看着头顶的飞机，心里并不害怕，只是想看清炸弹落到了什么地方。我以前经历过飞机的轰炸，知道飞机扔炸弹之前先会俯冲，不是直接投弹。炸弹即将落下，我趴在一名伤员和温新梅之间。我紧紧抱着伤员一起滚到一条沟里。一枚炸弹就在我们身边爆炸了。我们被炸弹掀起的泥土所掩埋。伤员被炸死了，我非常幸运，没有受伤，温新梅受了伤。她躺在高一点儿的地方，胳膊断了，腿上裂了一道口子，也断了！还有一些流弹片留在身上。我开始哭起来，不停地哭。

天越来越黑，负责管理伤员的士兵开始清点伤亡人数。我们一边掩埋牺牲的战友，一边痛哭。有一个哑巴战友，他的头受了重伤，护士为他包扎好，穿好衣服。他还有呼吸。等他被抬下山的时候，天已经完全黑了。他想说话，“咿咿呀呀”地叫着。子弹击中了他耳朵附近的头部，还留在里面，他不得不被转移送走。

一头骡子被炸断了腿，不能驮药箱了。战士们把药箱卸下来，放在路边。骡子想站起来，试了几次都不行，它的两条前腿都被打断了。我真可怜它。当时，骡子是我们的主要运输工具，既能扛物资也能驮伤员。如果能骑一会儿，我们更是开心得不得了。

温新梅也被送到山下，她的腿断了，根本没有办法走路。我一直哭，舍不得她走，一路上我们是最好的朋友。她走了，谁会像她那样细心地照顾我呢？温新梅没有哭，她一直安慰我。

“别哭了。这样可不好。做个好姑娘，跟着部队走。我也舍不得你，可我必须离开。不然还得找人抬我，我就成了部队的负担。”

她说：“我也想哭，可是我已经没有眼泪。我的腿伤太重了。”她比我大三四岁，非常强壮。

我特别想和温新梅一起留在当地省委，政委对我说：“你不能跟她走，我们每个人都是部队整体力量的一部分。如果你跟她走，对我们就意味着损失。她现在只是暂时离开我们，等我们转战回来，一定能找到她。”

“谁知道我们什么时候才能回来?”我反驳说。

温新梅说：“等我养好伤，我就追赶部队去。”随后，温新梅被担架抬走了。我哭了好几天。其他的同志一直拉着我走，因为我的情绪很低落。

当然马忆湘当时不知道，温新梅后来养好伤活了下来，我们采访的时候，她一直生活在自己的家乡。

五、战友啊，战友……

子弹在耳边呼啸。生死只能听天由命。我只是害怕受伤，害怕被送走。

为了赶在国民党军队封锁之前渡过长江上游地区，自 4 月 1 日起，红二军团和红六军团离开了盘江河谷地带，连续 3 周夜间急行军，翻过云南中北部的几座大山[①]。艰苦的行军，枪炮的轰炸，还有残酷的战斗，让马忆湘没有时间再为失去温新梅伤心了。

那个时候，马忆湘分分合合地跟着红军队伍已经有一年多。从她的描述和后来的回忆看，这一年多她并没有特别想家、想念亲人。无休止的饥饿，劳累和危险，占据了她当时的注意力。

我们没有足够的时间休息。有时候，我们是实在太困了，以至于掉进路边的干沟里都能立马睡着。收容队常常要用树枝捅路边的沟渠，看看里面是不是有睡着的战士。因为天太黑了，他们看不清楚。然后他们会责备我们。有时候，我们也在

① 杨炳章：《从革命到政治》，第 206 页。

行军途中停停走走，因为实在是太累了。一停下来就会打盹。如果遇到战斗，我们就必须跑步前进，能跑多快就跑多快。子弹在耳边呼啸，如果你被击中，就会应声倒下。如果没有被击中，就可以逃脱。有时候子弹就从裤脚飞过去，但是根本不容我多想。如果被射中，生死只能听天由命了。

每天我都看到有人被打死，所以我已经不害怕死亡。我只是害怕受伤，害怕被送走。如果我的腿受伤，不能走路，那我就只能留在当地的老百姓家里。我总在担心自己要是被送走该怎么办?

在云南，我们起初一白天行军 140 里，敌人的飞机就像苍蝇一样一直跟着我们。敌机想轰炸我们，我们趴在地上，一动不动，怕敌机发现我们。因为路很宽，红军分成几个纵队急行军。我们刚刚转移进入防御工事，太阳就升起来了，敌人的飞机也来了。

我负责看护一位生病的团长和一位断了腿的参谋长。我们藏身在一个地主的家里，他们都躺在担架上。我让他们躺着别动，因为我太瘦小没法帮他们起来。抬担架的同志还在熟睡。就在我出去给伤员找吃的东西时，敌人的飞机来了。我赶紧叫醒抬担架的同志，他们迅速抬起担架，我们一起破门而出，爬上了院子后面的土山，躲在树丛里面。

卫生部所有的人都逃出了敌人的火力封锁区，可是除了通信班的战士手里有武器，其余的人都赤手空拳。战斗打响了，炊事班为了掩护我们也冲了上去。我当时也很危险，袖子、裤管都被子弹射了很多洞，所幸自己没有受伤。

我们突出重围以后，第 16 军严政委的部队赶来支援我们。他说，以后我们夜间行军时，每天都会有战斗。他后来成为我的丈夫，而当时我年纪太小了，并不认识他。

又一个晚上，我们走了 140 里，太阳出来后，我们还在行军。敌人的飞机就一直跟着我们。我们在云南境内时离敌人的军用机场很近。他们扔光炸弹后，可以返回机场再装一批继续轰炸。我们进了大山，筋疲力尽，什么吃的都没有。我和另外一个人倒头就睡着了，我们的腿实在太乏了。阳光照在脸上暖洋洋的，我们的脸被太阳晒得红彤彤的，衣服都被汗湿透了。

后来收容队来了，他们把我俩喊醒，说敌人马上就要来了，你们会被俘虏的。我俩吓坏了，赶紧跳了起来。

我们已经有好几个钟头没有吃东西，等我们赶上部队的时候，大家都睡着了。我们找了些东西吃，又睡了一会儿。等到太阳落山的时候，部队再次出发了。

在马忆湘的记忆里，穿越云南的艰苦行军给她印象深刻的，是她在行军途中所经历的难忘的人与人之间的关系。

我最开心的日子是部队打了胜仗，获得战利品，还俘获了很多俘虏。云南和贵州的国民党士兵很多都抽鸦片。我们称他们是“双枪”部队，另一支枪就是烟枪。烟瘾一来，他们就眼泪横流，哈欠连天。我们觉得很奇怪，这样的军队怎么能打仗呢？他们只能当俘虏。我们很看不起他们，但是，他们既然已经缴械投降，就不再是我们的敌人了，我们没有打骂他们。

我们最高兴的事情就是能缴获药品和医疗器械。我们当时特别缺少像听诊器、镊子之类的器械。我们通常一天要走七十里路，我想不出还有什么事情能比让我找个角落好好睡上一觉或者有肉吃更令人高兴的事了。如果我听说前面的镇子比较富裕，到了可以有肉吃，我就会一路上有说有笑，连蹦带跳的。

实际上，我们在夜间急行军的时候，经常被鼓励用唱歌来驱散大家的睡意。有时候护士长会说：“我们唱歌吧。”有时候伤员也会对我们说：“小鬼，唱首歌吧！”我们就会唱一些民歌，比如《送我情郎去参军》和《三大纪律八项注意》。我们边走边唱，就不会犯困了，所以大人们就总是鼓励我们唱歌。他们也会跟着我们一起唱。我天生一副好嗓子，参加红军以后，非常高兴自己解放了，不再挨打受骂了，所以当我们停下来休整的时候，我经常给伤员唱歌。

我刚参军的时候，看到头上包着绷带的战士都非常害怕，要跑得远远的。现在，有时战友会在我的身旁死去。我必须每天都要为伤员包扎，掩埋那些牺牲的战友，我已不再害怕死亡了。

我们每天都在行军，敌人尾随在我们身后。天上有飞机炸弹，前面有阻截，左右有包围，如果能够逃脱那实在是有运气，否则就会被打死。我终于明白我们为什么天天行军。因为在前方有一个好地方，但这个好地方究竟在哪里，我不知道。我只知道跟着红军走，思想非常简单。我们是革命者，革命者就是要去寻找一个好地方。

我们最艰难的经历就是过雪山走草地。但是我来没有想过我们会失败，我一点都不害怕。我知道红军是要北上抗日。

长征的幸存者们详细讲述了他们在长征后半段中最为激动人心的经历，就是强渡长江上游的金沙江。当时红二、六军团到达金沙江时，发现岸边连一艘小船都没有。原来，国民党军队为阻挠红军渡江，把船只全部搜走了。在过去的六个月，红军曾渡过了无数的大江大河。因为敌军越来越近，红军迅速用木头和竹子做成筏子，重新修好了一些被丢弃的旧船，以最快的速度沿着从石鼓到巨甸的30里河岸抢渡金沙江。

马忆湘所在的卫生部队是从巨甸渡河的。那里的河面大约有半里宽。他们找到一艘勉强可用的旧船。她解释称，因为马会游泳，所以被拴在船的一侧。别人划船的时候，乘船的人要将船里的水舀出来，好让船不会沉没。她所在部队的人太多了，仅靠一艘船一次无法运送所有的人过江。“我们用了整整一个晚上才全部渡江，”马忆湘说到，“我们部队一过江，敌人就不再追击了。”

马忆湘所说的敌人是指国民党的中央军和各省部队所组成的联合军队。他们自从红军离开湖南的根据地以后，就一路围追堵截。

在抢渡金沙江的前一天，我们就看见了雪山。连绵的雪山高耸入云，白雪皑皑。我们都觉得雪山顶上一定特别凉快，都盼望着早点爬上去，好凉快一些。当时是10月份，云南非常炎热。

过了金沙江，我们一边走一边有说有笑。有人说，雪山是一座白糖山，有人说是咸盐山，还有的说是棉花山。

渡江前夜，我脱下了满身是泥的脏衣服，准备和两个大姐一起睡觉。其中一位大姐帮我洗了衣服，并给了我一件从地主家搜来的毛衣。早晨起来，大姐让我扔掉那件王大姐为我做的、已经打满补丁的棉衣。

我说："不行，它还挺好呢。"

她说："扔了吧，穿上这件毛衣。"那件毛衣有好几种颜色，红的，绿的，还有扣子和两个口袋。可样式是男式的，我穿着很大，只好把两只袖子给剪了。

她说："你穿这件好看些。"

其实，我并不喜欢，我还是喜欢我的棉衣。那件棉衣是王大姐给我做的，我穿了很长时间了。我考虑了一会儿，还是换上了毛衣。

渡江以后，我们走了大约二三十里路，就到了一座雪山脚下，部队停下来休整。就在那时我的毛衣丢了。当时天很热，我把毛衣脱下来，又去给伤员换衣服，等回来毛衣就不见了。一个脚夫拿走我的毛衣，我认出来了，可是我又不敢问他要。

因为我扔了打满补丁的棉衣，又丢了毛衣，所以，过雪山的时候，我只穿着一件没有底子的外套。我把自己所有的旧衣服都裹在身上。当时如果能有两套衣服，那简直太棒了。我们经常换穿衣服。比如我洗的衣服干了，也许别人会穿穿。等我的衣服脏了，我也会穿她的。我只有一个小书包，里面的衣服很少。爬雪山的时候，几乎是两手空空。我能做的就是不要掉队，紧紧跟在别人的后面。

部队总是尽可能地轻装行进。战士们把米和铺盖卷、还有药箱都绑在牲口的后背上。脚夫背着一些医疗设备，并帮助运送那些躺在担架上的重伤员。马身兼二职，受轻伤的战士们骑在马背上，小孩子们则拉着马尾巴走，让马将他们拉上山。

"我们从山脚下往上爬，"马忆湘说，"雪山海拔大约是 6500 英尺。自进入贵州后，部队就一直在大山里行军。"

第一座雪山非常高。山脚下是枝繁叶茂的原始森林，山顶上却是皑皑白雪。我们能听到流水的声音，但是根本看不到流水。因为，它们是在积雪下面流淌。山沟里的水都是黄色的，我们根本不敢喝，喝了以后会肚胀。再往上，就是冰冻，寸草不生。除了积雪，一无所有。我们越往上爬，感觉越累。我们感觉恶心，头晕眼花。四周黑漆漆一片，我们感觉自己好像要摔倒。

我们一直不停地爬山，因为不能坐下来休息。大人们告诉我们："小鬼，千万不能坐，一坐下就没命了，就再也不能跟部队走了，再也找不到我们了。"如果看见我坐下，他们会立即拉我起来，连半分钟都不让坐。

最困难的时候是我们爬了大约二三里的时候。一个从云南参军的厨师背着一口大锅，他摔倒了，躺在那里，睁着眼睛，口吐白沫。大家没有办法拉他起来，他就死在那里。周围到处都是雪，根本找不到地方掩埋他。在雪山上，很多成人的战士坐下了就再也没有起来，小孩子们却一个都没有死。因为大人们一边吓唬我们，一边又耐心地哄着我们，拉我们走。

我累的时候，就拉着马尾巴走，这样能省些力气。我和马相处得很好，我一直对马有特殊的感情，因为马给了我很多帮助。我看电影的时候，特别喜欢有马的场面，一直想写点儿关于马的文章，可惜没有写出来。

马忆湘对马的感情是可以理解的，因为她姓"马"。

过雪山时，我仍然跟着卫生部。一名怀孕七八个月的孕妇和我们在一起。她小时候裹过脚，后来又放了。她必须得拉着马尾巴走。还得让那些强壮的人拉她一把。有一次，她掉进了一个雪洞，好几个人才把她拉出来。她很胖。

下山的路走了二三里以后，大家就越走越轻松了。我们碰上光滑的石子，还能踢着走。过了半山腰，我们就像喝多酒似的，非常兴奋，再也不困了。

第一座雪山实在太高了，很多战友牺牲在那里。①

山的另一面是中甸镇。我们见到很多藏族同胞，他们扎着辫子，穿着裙裤连体的长袍。

六、红军不相信眼泪

> 等我第二天早上一觉醒来，他们已经走了。我的米袋子也不见了。我没有跟别人讲，也没有哭，只能一个人伤心地呆坐着。

中甸是坐落在石灰岩高原上的小镇。部队在中甸休整一下，准备翻

① 红二、六军团在翻越第一座雪山时所死亡的战士与民工的人数尚无确切的统计数字。

越另一座雪山。战士们补充了一些谷物和红辣椒。据当地人说，吃了红辣椒可以抵御雪山的风寒。中甸的主要农作物是青稞。在翻越第二座雪山前，战士们把分到的大麦去皮、烤熟，磨成粉，按照战时口粮分配。战士们将分到的青稞面粉装进了“粮袋”。

青稞对于马忆湘来说，很难消化。她说道：“我没有带太多青稞粉，只装了三四袋。我以前吃青稞面粉，拉过肚子。”腹泻可不是小事，能让那些精疲力竭的战士更加虚弱，若不及时治疗的话，可能会丧命的。

离开中甸，红二、六兵团兵分两路，继续向北进发。红二方面军选择了最西面的路线，要经过藏区。部队休整时，马忆湘从卫生部被调到了司令部，分配到政治做宣传工作。

马忆湘坚持认为，相对于极度的饥饿与失去同志的严峻考验，翻越雪山本身没有什么值得可说的。“翻越的山越多，我们的队伍人就越少。”她解释说：“我们的身体从很差变成很虚弱。什么吃的东西都没有了。青稞吃完了，我们就开始吃草。起先，我们挑认识的草吃，后来我们不得不什么草都吃。我们吃茴香，吃油菜，我们就是这样过雪山的。没有什么特别的，我们是在和自然斗争。”

他们很少遇到藏族村民。沿路的村庄几乎空无一人。藏民们通常将粮食埋了起来，或者带进了山里，还截断了村子里的水源。

过了雪山，我们就进了藏族人的居住区。通常藏族人都已经逃走。地里的大麦正是成熟的时候，我们终于可以有东西吃了。我们在火上把大麦烤熟，用手搓掉皮，这样就可以吃了。我们从没有结果实的豌豆藤上掐一些豌豆苗吃。我们会在地头留一些钱，或者在空空的房子里留一张字条和一些银子。那些人可能根本不识字，但是，买吃的要付钱是我们的纪律。

另一个头疼的问题是当地土匪和地主的袭击。我们把国民党军队甩在了金沙江的对岸，他们不敢跟踪我们进藏区。我们渡河以后，主要是和藏区的土匪打仗。他们是精准的射手，善于骑马射击。我们在大路上行军，他们藏在森林里，我们在明处，他们在暗处。

红二军团翻越雪山后继续向北，进入一片被马忆湘形容为“火焰山”的干旱地区。位于新疆境内的火焰山，因神话人物孙悟空翻越火焰山的故事而在中国几乎家喻户晓[1]。在红军经过的四川藏族居住区，大部分村庄都用竹子做成高架引水管，把水引到村子里。

越往山上爬，树木越稀少。因为出汗和没有水喝，我们都脱水了。我们实在太渴了，几乎无法站立。当我们到达一个村子时，当地野蛮的村民已经把引水管破坏了。他们切断了引水管，我们根本没有水喝。土匪藏在山里面，他们对我们的行踪一目了然。很多红军战士在试图重新接通水管时被他们打死了。

在大雪山行军途中，我们每天的生活就是同饥饿和不断骚扰我们的土匪作斗争。过了雪山，我们在甘孜和红四方面军会合，后来又与红六军团会合。

红二军团和六方面军合并为红二方面军，继续向东、向北，朝着陕西省的方向进发。

离开甘孜，我们必须要穿过大草地。红四方面军出发前为我们准备了牛皮做的鞋子。他们做的皮鞋就是在一块牛皮上打几个洞，再穿上线。这种皮鞋一湿水，鞋底就会翻到脚面上。我在草地里实在没东西吃的时候，就把我那双皮鞋煮着吃了。

我们红二军团政治部的几个人和一个班的战士，被调整到了红四方面军。我们和他们一起穿过了第一片草地。我们与红四方面军的战士相处得不是很融洽，因为他们身上有张国焘的军阀习气。他们打人，还骂人。当他们取笑我们时，我们有些不明白什么意思。他们看见我们女兵穿长裤，就取笑我们是

① 火焰山故事的英文版，见：杨宪益和戴乃迭（Gladys Yang）：《中国三大经典名著精选》（*Excerpts from three classical Chinese Novels*），北京：中国国际书店 1981 年版，第 133—199 页。

“小姐”兵或者“学生”兵。他们一般都穿短裤，身上背了很多东西，而我们就只随身带一个小包裹。他们很妒忌我们，因为我们有马，可以帮着驮东西。

队里弄到一些青稞面粉。他们分了一些给我们，但是我们只能用这点面粉来煮很稀的粥喝。而他们自己则用炒熟的青稞粉做了藏人常吃的糌粑。

当我们过了第一片草地时，秦金梅生下了她的孩子。或许是我们还没有过草地的时候，或者将要过草地时，我记不清了，周围都是山和原始森林。

秦金梅的第一个孩子在她丈夫牺牲后，就送给了当地的老乡。她的丈夫是修理枪械的行家。他的第二个丈夫是在孩子出生前两周牺牲的。

后勤部分给她配了一匹马，在她即将分娩时把她送到了卫生部。和我们在一起的一位大姐 30 多岁了，比我们这些孩子兵要有经验得多。我们只知道她怀孕了，因为她挺着大肚子。秦金梅下马之前，肚子疼了很久。她不顾疼痛，咬紧牙关，坚持跟着队伍前进。等她疼到难以忍受的时候，我们几个人才扶着她在路边躺下来。部队还在前进。孩子生出来的时候，她疼得直喊。她把孩子放在路边浓密的草丛中。在当时艰苦的条件下，大人能活下来都很难，就更不要说孩子了，她根本不可能带着孩子一起走。

在我的小说里，陈贞梅（实际的原型就是秦金梅）是带着孩子一起走的，不然显得这个人物太残酷了。她的第一个丈夫牺牲了，第一个孩子送人了。她的第二个丈夫也牺牲了，如果她再遗弃第二个孩子，读者的感情会觉得不舒服。

实际上，秦金梅当时别无选择。她坚持不带孩子走，把孩子遗弃在草丛里的时候，孩子还活着。她之所以不得不遗弃自己的孩子，是因为部队要过草地，沿路根本没有居民，甚至连藏族人也全都逃走了。生完孩子后，我们帮她找了一个住处。我们捡了一些干草，铺在地上，让她躺下来。任弼时的夫人陈琮英、蹇先任一起来看望她，还带了一点儿牛油和青稞面粉来，因为我们已经没有粮食了。我们陪着她休整了几天，随后就过了第一片草地。

我们用了20多天的时间走过了第一片草地，到达了阿坝。部队在一个小村子里驻扎，想筹集一些粮食。每天我们都出去找粮食。我们甚至会到脱了粒的麦穗中去翻拣，到田里去捡割剩下的麦穗，一根一根地捡拾。我们也吃野草和田里的野油菜。

在阿坝，萧克军长来看望红四方面军的粮食部门的负责人。萧克也是湖南人，我们是老乡。听说萧克来了，我们几个小鬼就找他去诉苦。我们一直想回二方面军，因为在四方面军总受气。我们告诉萧克，四方面军的战士经常打骂我们。一次，一个女孩儿得了痢疾，他们就踢打她，我们只能抱在一起哭。

我们向萧克诉苦时，根本没有考虑到在场的粮食部门负责人是四方面军的人。我们也不明白这一点。他对我们说："红四方面军的女兵可能态度粗暴了些，让你们这些小鬼跟着受苦了。"见我们一直在哭，萧克说："好吧，别哭了！我带你们回去。"听了这些话，我们就破涕为笑了。

跟着萧克回来后，我们到处借粮食，为第二次过草地做准备。这次要过的是一片沼泽地。几个人轮流抬着秦金梅走。当时大家都很虚弱，可是她还不能骑马。后来，她好了起来，就去帮蹇先任带孩子，当时贺捷生还不到一岁。

在阿坝，我们先回了宣传队，因为二方面军司令部的人马还没有来。等大部队来了，我们又回了政治部。回到政治部以后，我们继续找粮食，但是可以找到的粮食少得可怜。藏人把他们的粮食带进了山里或者是藏了起来。我们到处找也没有找到多少。我们从佛像的肚子里倒些大米和茶叶。我只要看见战士有多余的粮食，就会问他们要一点儿。有一天，我看见他们找到一堆小麦，我就坐在麦堆上，把手插进去不肯起来。

我说："我一直在找粮食，这是我唯一找到的，你们就分给我一些吧。"

"那你去问我们上级领导，如果他同意，我们就给你一些。"

我只好对他们的上级领导说："你的部下找到了一堆粮

食”，“他们说经您同意才能分我一些。”

“自己去拿吧，小鬼不用经过我同意。别害怕，像调皮捣蛋的坏孩子一样大胆些，他们会给你的。”

我们回去，对战士们说：“我们不需要批准，给我们一些吧！”

“那好吧，我们也没办法，其实我们也没多少了，给你们一些吧！”

就像是从他们每个人的嘴里抠了一口粮食一样，我们一共分到4碗的麦子，每人一碗。但那已经非常多了，因为我们找了好几天都只找到一点点。加上原先找到的，我的粮食大概有五六斤。我把粮食烤熟，等别人磨完了，自己再去磨成面粉。当时只有两个磨石可以磨面。我将面粉装进米袋后，睡觉时放到枕头下面，这样就不会被别人偷走了。

当时，四方面军的一些战士的家属也和我们一起过了草地。他们铺着大毯子，晚上睡在我旁边。但是等我第二天早上一觉醒来，他们已经走了。我的米袋子也不见了。我没有跟别人讲，也没有哭，只能一个人伤心地呆坐着。

在我的小说里，我的米袋子不是被偷走的，是被河水冲走了。写作的时候，我非常谨慎。我不能有损红军的形象。

马忆湘报告丢粮食的时候，才了解到粮食所剩无几了，早就分光了。剩下的粮食连10磅都不到。“大家都很饿，剩下的粮食只够吃两顿的，可是必须得坚持十到二十天。”她继续回忆说：

我没有哭。我想自己命中注定要死在草地里。我跟着红军走了这么久，没有在雪山上饿死或者冻死，可是我活不过走完这第二片草地了。我不想死，因为我还没有充分体验生的滋味。

那天晚上，别人都吃饭的时候，我煮了一些白天捡来的野菜，放在火上烤干。我烤了一晚上，但等烤干后才发现只剩下一点点。我在火堆旁烤野菜的时候，宣传队的队长拿着自己的米袋子走过来。他的米袋子又长又宽。他给了我两碗炒面，告诉我千万别让人看见。有了这两碗面，我要是每顿吃一小点儿的话，还能维持三四天。第二天，我把自己烤干的野菜也倒进了袋子里。

我们有一口小锅，大家轮流背。现在我不用背了，因为我不用煮东西了。

开始穿越沼泽湿地的时候，马忆湘情绪低落，开始掉队了。秦金梅带着蹇先任的孩子骑在马上，她发现了马忆湘。她给了马忆湘两三大碗的粮食。“我吃了一点儿以后，就开始掰着手指头算这些粮食能维持几天。”

算来算去，她还是很难活着走出草地。她走得越来越慢。有些战士看到了她的米袋空了，就会给她一点粮食。一位首长让自己的士兵每人给她一口粮食，直到把她的军帽装满。

马忆湘就这样一直坚持着活了下来，吃光了别人分给她的粮食后，她开始吃野草。因为不知道什么野草能吃，她饱受胃痛的折磨，疼得直喊。大家都太虚弱了，没有力气背着她走，只能拉着她走。为了让她坚持，他们吓唬她如果倒下的话就会被鬼抓走。幸运的是，一个医生还给了她一点药，据说，对误食野草中毒特别管用。后来，她一直怀疑大夫给她的药是鸦片。

经过三个星期的跋涉，马忆湘和一群衣衫褴褛的红军一起走出了沼泽。他们快要走出草地时，在一个地方找到了新鲜的稻谷、肉，还有蔬菜。领导喂她吃了些羊肉，她又开始恢复了体力。这也是为何马忆湘以后几天的记忆都与食物有关的原因。她回忆道：

小麦熟了，豌豆也可以吃了，蚕豆也差不多成熟了。我们看见豌豆，就跑进地里不肯出来。我们一边吃嫩豆子，一边把老豆子装进口袋。整整一晚上，大家都没有回驻地，我们都在豌豆地里捡豆子。天黑了，我们就点起一个大火堆。有一个从司令部过来的负责部队伙食的军官也没有回去，他拿着一柄长勺给大家分汤。我们坐在火堆旁边烤豌豆。我们吃了一夜，还是觉得饿。但是我们高兴极了，脸都被熏黑了。

天亮以后，我们开始找自己的部队。部队驻扎在离我们前方不远的地方。我们归队后，休息了好几天。同时，我们又开始准备小麦、去壳，用两只手来回搓碾，然后再将他们烤熟。

我们每个人分配到的粮食还是不够，因为我们还要好几天才能走出草原，部队人又那么多。每个人只分到一小份，大约三四斤。我很快就把粮食都吃完了。

在到达汉族人居住区之前，我们翻越了另外一座大山。在山上，我们看到当地老百姓戴着草帽，正在收割小麦。他们不像是藏族人，穿着长裤，衣服上还有扣子。我们经过藏区的时候，根本看不到人，也找不到粮食，因为他们都逃走了，粮食也藏了起来。如果我们进山找粮食，他们就要朝我们射击。

到了汉人区宿营的时候，天色尚早。我又累又饿，就走进了一个当地居民家，在屋檐下铺了一些稻草，躺下来休息。屋子里有一头猪。但我身上没有钱。另外两个人有一些银币。他们对我说："你不用付钱了，如果你能找到柴草，我们就帮你杀了那头猪，再把它清洗干净。"

当地的人找柴火都很困难，我们找起来就更难。可是我特别想吃肉！我听到猪的哼哼声，就禁不住起身去看看那头猪。我实在太想吃猪肉了！那天晚上，我们吃的是小麦粥，里面连一根野菜都没有。野菜已经很好吃了，可是我更想吃猪肉。我太饿了，除了粥我还想吃别的。那头猪不守规矩，一晚上不停地哼哼，我就不停地起来，看看它，再回去躺下。

第二天一大早，我们又出发了。那是 1936 年 9 月，霜冻季节即将来临。我一直光着脚走路，因为我没有鞋。我的脚磨破了，一直出血。我们队长用一块大洋买来半个煮好的猪头和四个猪蹄。我们这些女兵兴奋得不得了。一个人咬完一口后，再传给下一个人。我们啃着那几个猪蹄子一直走到了哈达铺。我们七八个人啃着那 4 个猪蹄走了四十里路！

走进哈达铺的街道时，我们看到了很多好吃的东西，小贩们正在卖刚蒸好的馒头，香味儿一阵阵地扑鼻而来。我们找好住处后，队长买了一两斤猪肉，在当地人的家里煮好。我们吃光所有的猪肉，还有半个猪头。那天晚上我们还吃了饺子。我们已经很久没有吃过真正的饭了，所以，我们吃得特别慢，也吃得特别轻。那天晚上我吃得太饱了，都快站不起来，可是，我的嘴还是想吃东西。

哈达铺在甘肃境内。进入甘肃后，我们就可以吃到面条和馒头了。但多数时候我们是吃饺子，因为我们不知道该怎么发面。有时候我们也吃小米，我一顿能吃两碗，除了加点盐以外，没有其他的菜。过草地前，李贞给过我们一些盐，那是她从云南带来的。我们每个人都分了一点儿，但就是那么一点盐，却让我们每个人吃了后觉得强壮了很多。

我们在哈达铺休整了好几天，并在当地招募新兵。他们带我一起去了，李金香和侯业英也去了。那段时间，我们的主要任务就是招募新兵。后来，我回到了政治部。我们也演出一些节目，比如《送我情哥哥去参军》。我们带新兵走的时候，那些女人们哭得很厉害。我们就劝她们："嫂子，别哭了，参军不是坏事儿，你看，我们离开父母的时候年纪都特别小。"我们得说服她们，可是，我不知道该怎么说服。我只会说那几句毫无意义的话。

部队之所以招募新兵很显然不是为了即将结束的长征，而是为了下一步所面临的新任务。红二方面军与一方面军在甘肃会宁会师后，1936年12月，当部队到达甘肃东部的庆阳时，我们获知了西安事变的消息。张学良在西安逮捕了蒋介石，直到蒋同意国民党的军队和共产党成立统一战线，一致抵抗日本的侵略后，才将他释放。

即使在那个时候，马忆湘也没有意识到包括她自己在内的红军所完成的从湖南开始的历时一年的长征的伟大意义。直到抵达苏维埃政权所在地延安后，她才第一次听到"二万五千里长征"这个词。

当许多战士开赴抗日前线的时候，马忆湘和其他的女孩子们被送到了后方。她记得在离开甘肃之前，组织上对她们讲："我们送你们到延安去读书。大部队要上前线了，因为长征已经结束了，我们当前的任务是去打日本鬼子。"马忆湘知道最艰难的时期已经过去了，但是直到安全抵达陕西的革命根据地延安后，她才真正感觉到自己的新生活开始了。

马忆湘于第二年加入了中国共产党，或许她加入的是中国共青团，因为她当时只有14岁。她进了党校学习文化，然后又到当地政府工作。因为自己少年时吃了很多苦，所以她一直非常努力，在战时的大生产运动中，她被授予了“劳动模范”的称号。

马忆湘 1988 年在广州接受作者采访

1989 年 1 月，我们在广州一家宾馆采访马忆湘的时候，她谈到了一年前拍摄的一部关于红二军团长征的电视片。她说：“那个电视片把我带回到了 30 年代。”她接着又回忆起长征途中和她关系密切的战友：

> 李贞和陈琮英现住在北京。陈琮英有八十五六岁了。她当时 30 多岁，比我大 22 岁。李贞当时大概二十七八的样子。长征途中有很多人都非常照顾我……有好几位都已经过世了。还有一些是湖南、江西的高级干部，现在都离休了。蹇先任在北京，她的妹妹蹇先佛是萧克的夫人，也在北京。还有一些人在北京。我的入党介绍人已经去世了。还有张金莲和范青芳母女，女儿比我小一岁，已经去世了。母亲还健在，有九十多岁了，也是高级干部，现在在乡下休养。秦金梅（把刚出生的孩子丢在了草地）参加第四方面军以后，就和我失去了联系。
>
> 我现在在广州，除了我以外，没有其他红二方面军的人在广州。我认识两个原来是四方面军的战友，一位思路不清，另一位记忆力不好。我们最近一次谈起长征时，她们什么都想不起来了。

马忆湘继续说：“我写书的时候还比较年轻，可以一边写作一边停下来想。可是我谈话的时候，就没有时间思考了，所以，我的话可能并不全面。”她补充说，“现在我老了，‘文化大革命’期间我经受了冲击，也影响了我的记忆力。”

马忆湘的著作
《朝阳花》的封面

马忆湘的小说《朝阳花》于1962年第一次出版，栩栩如生地讲述了长征途中医护人员的生活。然而，在“文化大革命”期间，她因为塑造了贺龙的英雄形象而遭批评，当时贺龙已被打倒。她现在是中国作家协会广东分会的负责人。我们在广州的宾馆里采访她时，她还是军人身份，是退休的红军老战士。

第四章

从士兵到医生

长征中的中国共产党的军队就像一座移动的小城市。一个女兵团实际上就是一个服装加工厂；还有印刷厂，当然也有医院。也许其中最不寻常的部门是卫生学校。在长征途中卫生学校一面授课，一面培养学员。何曼秋就是从这所学校毕业的两个女学生之一，而且是中国第一批女军医之一。

一、出走的大家闺秀

“好铁不打钉，好男不当兵”，奶奶不同意让家里的男子当兵，更不用说一个年轻的女孩子了。

和许多十多岁跑出来参加红军的女战士一样，何曼秋骨子里也是一个不愿意接受既定模式的束缚，具有反叛精神的人。但是与当时多数出生于贫困的农民家庭的红四方面军的女战士不同，她解释说：

> 我出生在一个旧社会的知识分子家庭。在当地，我们家相对还算富裕，不用为温饱发愁。我的父亲、祖父和曾祖父都是文人，到我这代也是如此。在中国这样的家庭被称为“书香门第”，但是因家道衰落了，她家被沦落为破落的地主家庭。我的祖父在清朝通过了乡试，但是未能实现

自己的抱负，一辈子待在家中。我的父亲和叔叔们也上了学堂，但是我父亲并没有完成学业。他认为读书没用，不能保证你在社会上得到一个好的位置。1911年辛亥革命以前，通过科举考试还可以在官场谋求一个固定的职位，而后来则不可能了。我的父亲于是成为一名商人。

何家只有两个孩子：何曼秋和她的哥哥。相比而言，她和奶奶、爸爸比和妈妈更亲近。“因为她不喜欢我，认为我很丑。我一出生，她就想把我送走。”虽然奶奶的思想很传统，但她的父亲那时却非常开明。

尽管父亲反对女孩子自由恋爱，但却赞同女孩子剪短发和放足。当时女子都还裹着小脚，但是我家从曾祖母开始就都是“大脚”。但是，我的奶奶曾想让我缠足。她告诉我大脚不漂亮。我也这样认为，因此尽管很疼，我还是把自己的脚裹了起来。缠足时，要用布条把脚紧紧地缠好几层，至少还得穿两双布鞋。现在的女孩子没有见过这种事情。我当时又哭又叫，但是当他们想给我松绑的时候，我又不愿意。我觉得小脚走起路来一摇一摆的，非常好看。

传统的审美标准不是看女人的脸，而是看女人的脚、肩和腰。一个美女应该是圆圆的溜肩，而我的肩膀则又宽又方。这就是人们觉得我丑的原因。当时美女的标准是腰应该纤细而柔软，脚只有三寸长。

我父亲反对这些观念，认为女人缠足非常残忍，所以他参加了国民党宣传的、根据孙中山先生三民主义而进行的“新生活运动”。我和父亲一起参加了新生活运动的活动，我因此获得了解放，不用再缠足了。①

她的父亲思想非常开明，让女儿离家到成都一所教会学校上学，甚至还聘请家庭教师帮她通过了入学考试。

① 新生活运动正式发起是在1934年，这对何曼秋不缠足来讲太晚了。她和她父亲参加的也许是新生活运动前的集会。

我上的成都华英高级中学是一所由英国修女开办的天主教学校。学校的校长是中国人，一位没有结婚的老处女。由于当地局势不稳定，我在学校待了不到两年就离开了。我所上的课程大部分是传统的中国科目，但是也接受一些宗教方面的知识，并且要做弥撒。我讨厌做那种事情，但是我的家人都信奉天主教。

在学校里，我们住在一个有月亮门的老式建筑里，一个宿舍里住几个同学。实际上，那时候学生的条件比现在还好。几个学生凑钱可以吃一顿大餐，或者到街上的小摊买点小吃。四川街头的小吃非常丰富：各种各样的黏米糕和各色的热汤面。

1932年，何曼秋因为害怕当地军阀之间的混战和红军要进入四川的消息，不得不中断高中学业回到老家。她的老家位于中坝的一个小镇[①]。他的奶奶想让她接受三从四德的传统儒家礼教：未嫁从父、既嫁从夫、夫死从子，要有“妇德、妇言、妇容、妇功”。然而她是个假小子，不符合传统的审美标准，和她奶奶一样传统的人认为她很不守规矩。她奶奶想让她成为坚守贞操的、顺从的儒家女性的典范。

我想参加革命，从事解放妇女的活动已经有很长时间了。成都的许多同学都组织起来剪掉了辫子、松了脚，宣传五四运动的精神，反对封建礼教。我当时虽然非常年轻，但接受了妇女应该被解放的思想。当红军到达我家乡的时候，我正待在家里，除了读小说之外，无所事事。我当时觉得非常无聊，生活得很苦闷。思想守旧、非常封建的祖父母认为他们该给我找个好婆家了。我知道如果这样的话，我就和奶奶、妈妈一样成为一个“贤妻良母”，这和我的性格完全是格格不入的。

这时机遇来临了，我走上了革命的道路。1932年中国共产党领导下的红四方面军，从位于湖北、河南和安徽的苏区来到了四川北部。红军不断扩展根据地，对当地相互之间混战的军阀造成极大威胁。军阀们于是联合起来对付共产党。从1933、1934年起，红军开始逐步从占领的根据地撤退。到

① 现在的名字叫江油，位于四川省北部。

1934 年末，国民党又对红色根据地进行“围剿”，红军开始准备长征。

1935 年 3 月，红军经过我们家所在的镇子。我记不清楚确切的时间，但是我记得那是罂粟花开的季节。当我们听到红军来了的消息后，富裕的家庭都逃走了，而我们家没有动。我父亲因为乐于助人，帮助不识字的人写诉状、打官司，深受乡亲们的爱戴。很多人都来劝父亲走。他们说，因为父亲在本地小有名气，共产党来了后会对他不客气的。他们还说，你女儿也容易受到伤害，最好还是逃走的好。

我父亲告诉邻居们说，他觉得没有什么理由要离开。他说共产党也是人，他们打仗时也不能耕地、做衣服，所以他们也和国民党一样不得不依靠当地百姓来做这些事情。不相信共产党会共产共妻。总之，他对人们说，他的女儿也是人家都不想要的。所以，我的家人留下了。我必须承认，当时我父亲也有一些担心，但是他又能怎样呢？我们没钱逃走。

红军来之前，国民党的军队先到了。他们是被红军击溃后，一股一股地逃窜过来的。他们军容不整，歪戴着帽子，衣衫褴褛，他们倒着拿枪，把枪当成了拐杖。他们都有两支枪，一支步枪，一支烟枪。我父亲说，我们最好躲开，因为国民党的士兵经常到处搜刮当地的百姓。所以我们就出去躲了几天。

当我们回到镇子上的时候，还没走进镇子就听到敲锣打鼓的声音和鞭炮声，好像比过年还热闹，这是我 15 岁以来所经历的最为激动人心的场面。我抓住爸爸的胳膊向镇里跑去。我们看到前面站着一堵人墙，大家都在聚精会神地听着。我父亲非常谨慎，不敢往里走。但是我却什么也不怕。我走过去钻到人群中，站在一个父亲朋友的旁边。我问他发生了什么事情。他说：“你什么意思，有啥事？你们这些天躲哪儿去了？看！这就是红军。”

我们的邻居，本身是个穷人，告诉我说：红军是穷人的队伍，是来解放我们穷人的，所以我们热烈欢迎他们。我跑回父亲站着的地方说：“爸爸，快来看看。红军在这里。大家都在欢迎他们。”

于是父亲和我就回到镇上。我们看呀看，走啊走。看到一队队士兵排列整齐，精神饱满。他们大多数都在20多岁，都很强壮，扛着枪，戴着八角帽，穿着灰色的军装，步伐整齐地向前进。在我们看来，他们是那样的强大有力。当地百姓给他们提供了许多食物和各种物资。

当我和父亲正站着看时，忽然在红军队伍中发现了我的叔叔，我们跑上去抱住他。我听说部队里有女战士后非常激动，因我在家待了很长时间，感到厌倦了。尽管我不能在大街上问叔叔这些事情，但从那时起我就开始想着要参军，参加革命了。

部队在我们村子里修整了几天，我叔叔有空到我家看望奶奶和家人。我记得叔叔回来时天已经黑了，罂粟花满地绽放。当时四川家家都种植罂粟，我们家也种。村子正好坐落在一片小平原上，家家都有一片种罂粟的地。他们把种的罂粟大部分都卖了，只留下一小部分自己用。我为了不让父亲吸食鸦片，曾把他的烟具捣坏过几次。我当时在家里是非常有主见的。

我的叔叔和在红四方面军第三十一军负责宣传工作的领导李同志一起来到家里。奶奶看到叔叔回家非常高兴。因为他已经离家多年，一直杳无音信。父亲知道叔叔是一个革命者，但是他告诉奶奶说叔叔是个学生。我急不可耐地要和他谈话。

叔叔把我这个性格叛逆的侄女介绍给了李同志，我直截了当地就问，部队里是不是真的有女兵，还说我想参加红军。叔叔忙向我嘘了一声，怕奶奶听见。

爸爸说："你还没问候客人，就问自己是否可以参军！这也太不礼貌了。"

但是李同志回答说："没关系，红军讲究男女平等、各阶层平等，我不在乎礼节。"

李同志的话给我留下了深刻的印象。当他告诉我红军队伍里确实有女兵时，我的心情一下子就放松了。此前，我觉得自己的前途一片黑暗，一点希望都没有，而现在我感觉前景一片光明。

我立刻就问他们："我能参军吗？我能参军吗？"

李同志回答说："这要看你叔叔的态度了，我同意接收你。"

叔叔说："如果你奶奶知道这些，你就走不成了。她不会同意让家里的男孩子去当兵的，更不用说一个年轻的女孩了。你知道中国有句俗话说：'好铁不打钉，好男不当兵'。"

说完他们就走了。

几天后，叔叔又回来了。实际上，他回家的目的就是要带我一起走。

叔叔对父亲说："既然慧香（我在家里的小名）不能继续念书，家里也没有人能教她，参军对她会更好些。"

父亲同意让我跟着他走，但是我们不能让奶奶知道。我悄悄地把自己的东西收拾好，一直等到天黑奶奶上床睡觉了，才离家参加红军去。家里人在我走后不久就知道了我的去向，后来我听说母亲和奶奶为此非常生气，不久都去世了。我是我们那里参加红军的唯一的女性。

何曼秋的母亲和奶奶是否由于她参军而被气死很不好说，但是毫无疑问，她们当时非常伤心。当时许多人都看不起当兵的。对那些跟当兵的在一起的女人就更看不起了。一个书香门第的女孩，虽然家里不算富裕，但跑出去当兵，这对家里来说简直是奇耻大辱。另一方面，在当时红军中的一些人看来，她的家庭出身是一个很严重的问题。因为她是在"清算"可疑分子的政治运动中入伍的。她的叔叔建议她：

"第一，永远不要告诉任何人你念过书。"实际上，我的叔叔也是个读书人。

"第二，不要和别人讲你家里有地或者有小买卖，尽量别提这些事情。"

"第三，别写任何东西，也别画画。"他知道我性格外向，不善保密。

我之所以不得不隐瞒自己的身世，是因为红军当时正在执行极"左"路线，正在发动政治运动清除队伍中的反革命分子或者投机分子。部队的首长亲自领导这场"肃反"运动，在1932年和1933年达到高潮。长征开始后，就没有时间顾及这项工作了，到1935年，这场运动差不多已接近尾声。

二、长征中的医护学校

当我们发现尸体后，大家都欣喜若狂，好像发现了珠宝一样。大家相互拥抱着、呼喊起来。这简直是个奇迹！

50年代何曼秋已成为医生后的照片

何曼秋被分配到宣传队，在第一次经历战火纷飞的实际战斗后不久，她就得了疟疾，被送到了医院。

我在医院看到了很多事情。我们既缺乏药品，也缺少大夫。大部分最好的医生都是从国民党部队里俘虏来的。他们被释放后留在了部队，有些人对患者态度不好，但是领导并不在意这些。因为四方面军中有许多女战士，所以医院也有很多女病人。她们有各种各样的妇科病，但是大多数医生都没有学过妇科，如果一个病人能完全康复，一定要有非常强壮的身体才行。

我看到这种情况后，就萌发了学医的念头。我觉得这些女病人有些是误诊的牺牲品，有些则是错过了最佳治疗时机。例如，不管是什么问题，医生只是说她们得了某种结核病，这些女病人的症状是月经不调、低烧和体虚。此外，妇女们还有些封建思想，她们羞于讲述自己的病情，不愿让男医生看病。结果许多女病人白白丢了性命。我看到许多这样的例子，觉得如果有一位女医生的话，就可以帮她们了。我要是一个医生该多好啊！

她当时很犹豫，不知道是应该返回原来部队参加战斗，还是继续留在医院学习当一名医生。然而，当她得知自己的好朋友在一家中医医院死于结核病时，她认为自己的朋友是因为误诊才死的，于是决心继续留在医院，学着当一名护士。

当时的护士学校实际上并不教护理，但是我们有本教材《医疗诊治问答》，内容包括解剖程序、生理学、药理学等。我们每天只有两三堂课，其他的时间就来照看受伤的士兵。我们给伤员清洗伤口，帮助医生给病人治病、消毒。我们学到的知识大部分不是来自课本，而是从实践中学来的。我们一边听医生讲，一边记在心里，或者写下医生教给我们的知识。我的同学大部分是文盲。我能认字读书，所以经常在考试中取得好成绩，人们很奇怪我怎么会取得这么好的成绩，因为他们认为我也是文盲。

她所在的医疗部门也和部队一同转移。当红军在四川西部的藏区会师时，他们驻扎下来休息整编。高层的领导正在争论军队的领导权和党的政策，而普通士兵则忙于训练、补给粮食和衣物，为下一阶段做准备。红军卫生学校创建于江西苏区，已经毕业了五期学员，第六期刚刚招收就接到命令，让这些学生和老师重新回到原来的部队开始长征。当部队到达川西休整时，医生学校的领导决定重新开办第六期培训班。“一天早晨，当我们正在做早操时，大队长对我们说：‘告诉你们一个好消息。中央红军的卫生学校来招新生了。愿意申请的人现在可以报名，明天参加考试’”。

何曼秋很难下决心。如果她通过了考试，就不能再假装是文盲了。尽管当时“肃反”运动已经接近尾声，她仍然很害怕让别人知道她在参军前上过学。另一方面，她知道在卫生学校学的知识比在当护士学的东西要丰富得多，而且将来能成为一名医生给病人看病了。

所以我鼓起勇气，问我最要好的朋友：“你怎么想的？你想报名吗？”

她立刻回答说：“好的，我们一起报名吧！”

我们年纪差不多，个性也非常相似。所以我们都举起了手，同时还有其他几个人也举手了。第二天，我们就去参加考试。考试是在一座空空的、非常破旧的喇嘛庙里举行的。僧侣们都跑光了，庙里只剩下几座冰冷、阴暗的佛像。庙里没有灯光，我们点着松油火把照亮。我们的桌椅是用树枝搭起来的粗糙的木板。这个考场后来就是我们的教室。

考试内容很简单，只考我们的语言和文字能力，要求我们解释一些词和句子，写上自己的名字。还要我们说一些药品的名称，说出人体器官的名称。关于政治方面，我们被问及为何要参加红军，共产党的三项任务是什么。考试全部是口试，因为我们根本就没有纸张和笔！只有算数考试需要用算盘做些计算。这些考试内容对我来说都不是问题。

第六期学员就这样招收进来了，8 月就开学了。学校的生活非常艰苦，根本就不是我们想象的那样。我们曾设想有安静的教室，各种各样的仪器设备和合格的师资，实际上我们 60 到 70 个学生，一共只有六个老师。每个老师要讲好几门课。我曾设想学校会像我曾经上过的高中那样，可是根本就不是那回事。没有明亮的教室，也没有漂亮的课桌椅，更没有各种各样的设备和教学材料。我们甚至连最基本的骨骼标本都没有。他们告诉我们说，从江西出发时，学校曾经有一个骨骼标本和一个显微镜，但是在路上为了减轻负担，不得不把这些东西都扔掉了。开始我有些失望，心想这里还不如护士学校呢，那里至少还有很多的老师，我们还可以有机会接触许多病人。那里的生活也不像这里艰苦。我努力和自己的怀疑畏难情绪做斗争，但是很快我就意识到，这里不管怎么说也是一个正式的医生学校，我从学校毕业后，就可以做更大的贡献了。

我们学习的重点是西医。许多老师都是被解放改造的国民党部队里的医生。他们中很多都是大学毕业生，受过很好的专业训练，拥有丰富的临床经验。他们都是专家，但是因为我们缺乏必要的设备，我们无法了解他们的医术有多么精良。学校也没有病人、医院和研究用的设备，甚至连最基本的设备都没有。他们给我们讲理论，但因为没有显微镜，他们无法教我们如何使用。如果我们连尸体都找不到，我们就无法学习如何解剖。老师的态度非常好，虽然他们的家庭背景不同，但都支持共产党杀富济贫的主张。他们也是红军战士，享有优先的待遇。老师们的月薪都很高，并且每个人都配备一匹马和一个勤务兵。

我说我们在学校的生活很艰苦。我们从来没有自己的休息时间，因为我们不得不爬到深山里寻找我们需要的东西。我们要从松树上搜集松脂，越老的松树，松脂越多。我们将松脂从树上剥下来，把它放到木棍上，晚上学习时用来照明。我们找来野草和打火石，刨草根当食物。

我们几个人住在喇嘛庙，其他人住在当地的老乡家里。因为庙里没有床，我们就睡在从山里打来的干草上。班里只有三名女同学，所以我们就睡在庙里的一个角落里。我们什么也没有：没有被子，也没有最基本的生活用品。我们把羊毛织纺成毛线，然后送给部队里的编织工，让他们帮我们织成毛衣。我们的主要食物就是青稞。每天我们只能吃二两到四两，但这远远不够，所以我们不得不自己找吃的。这就是我们要利用休息时间上山挖野菜根的原因。我们几乎没有盐吃。每天三顿饭吃的都是青稞粉和野菜根混在一起煮成的稀粥，每人喝三碗。我们的政委自愿给大家分发食物，确保每个人分到的饭量都是一样的。我觉得政委实在是了不起！她每天拿把凳子坐在灶台旁，将粥盛到每个人的碗里，然后监督大家盛饭时排队。当最后一个人盛完粥后，她就吹一声口哨，这样大家就同时开始吃饭。完了大家就排队盛第二碗，吃完后再盛第三碗。

我们的班级像什么？我们只记得什么事都是非常机械。我们基本上没有课本，但是老师有时候会在喇嘛留下的经卷上写一些资料。学生连一张纸也没有，更不用说笔了。我们问校长该怎么办。

“你们没有纸？那好办。我们可以把地面当成纸。那是取之不尽用之不竭的。我们可以拿树枝当笔。”

我们每个人都在地上找块平平的地面来写字。我们写了擦，擦了再写。通常我们愿意用一根好树枝，直到把它磨光为止。除了用树枝在地上写之外，我们还用烧黑的松树枝写到手掌、手背和胳膊上。这样，无论我们走到哪里，都可以背诵写的东西。我们就用这些办法克服困难，学会了我们需要记诵的拉丁字母。

我们通常在白天上新课，晚上复习或者自学。我们总是机械地背诵所学的知识。晚上，我们一般点松脂火把来照亮学习。在庙的中央有一个大火炉，我们经常围坐在炉火旁，大家互相帮助，互相学习。一个人问另一个人：“人体有多少块骨头？”另一个人就回答。老师就坐在旁边听我们。

我们在医生学校学习的东西都是建立在人体解剖学基础上的，但是我们没有防腐的方法，没有人体骨骼和尸体。我们可怎么办呢？有些老师派我们出去找尸体。我们天亮就出发，找遍了松岗附近的每一座山脉和河谷。我非常愿意出去找东西。我们走啊走，四处寻找尸体，但是我们甚至连一只死鸟都没找到。两手空空地回去实在是太令人灰心丧气了！

但是在回来的路上，我们碰巧在一个山洞里发现一副完整、尚未腐烂的尸体。我们确信死者不会有家人来为他料理后事，也不会有人来找寻死者，因为尸体既没有埋葬也没有任何葬礼的仪式。我们在藏族人居住的地区看到过几次葬礼。死者的家人总是认领尸体，用以下几种方式来处置尸体。第一种方法是天葬。第二种方法是火葬。第三种方法是将尸体放进河流或溪水中漂走。有时候人死后，尸体会被拴到树上，周围堆满石头，直到完全覆盖为止。这就是在当地不容易找到死尸的原因。我们当然不能用自己战友或者战俘的尸体来解剖。战友牺牲后，我们一般都要辨认尸体，然后掩埋好，因为共产党是很讲人性的。要不是我们在洞里发现了尸体的话，我们可能只有等待死刑犯的尸体了。

正因如此，当我们发现尸体后，大家都欣喜若狂，好像发现了珠宝一样。我们非常兴奋，大家互相拥抱着、呼喊起来。这简直是个奇迹！我们找了些草和树枝把尸体捆绑起来，抬回到学校。我们派人先回去通知擅长解剖的老师做好准备，这样我们一回来就可以马上进行解剖了。我们整个晚上都在观看解剖的过程，因为尸体不可能长时间保持新鲜。当时已经是夏天，因为没有任何防腐措施尸体会很快腐烂的。

我们迅速地清洗尸体后，将尸体打开，看见了里面的血管、肌肉和所有的器官。尸体解剖后，我们把分解的肢体放到一个大罐子里煮，因为我们需要将骨头组装成骨架。两个人看着罐子，我就是其中之一。我什么也不怕。我在小时候就不相信有鬼魂。即使现在我也不怕杀家禽，或取家禽的内脏。但是有些女生怕得要命，不敢动尸体。我们将尸体碎块放到喇嘛庙里用来给成百上千的香客们煮东西吃的大缸里，然后把大缸放到庙中央点火加热。一个女同学看到缸里冒出的热气，尖叫着跑开了，她以为那是鬼。我们把一些灰烬放到水里，因为灰里有苏打，有助于将骨头和肉分开，还可以将骨头漂白。

这就是我们制作骨骼标本的过程。这是我们第一次看到人体的各种器官：肝脏、心脏和其他的器官。我们观察了肌肉是怎样运动的，看到了动脉、静脉和神经，剥离了鲜肉，将骨头煮好洗干净后，我们就拼接起一个骨架。我们可以分辨出头盖骨的数量和人体其他的部分。人体内有许许多多形状各异的骨头，我们每天都学习识别它们。这是医学的基础知识。这就是我们如何克服初学时的种种困难的经过。

在入学的70个人中，只有40多人毕业了。三名女生中有两位完成了学业。那位看到煮尸体时冒出的蒸汽以为是鬼魂的女生，因为“害怕我们所学的东西”而退学了。

何曼秋在红四方面军到达陕北苏区后，在部队里继续学习。她在四川上的卫生学校后来成了一所医科大学。当她18岁时，又回到学校继续进修，先入团后入党。在抗日战争期间，她升任所在部队的卫生部门的领导。50年代她担任解放军卫生部妇幼卫生保健部门的负责人。她和同事们编写了好几本有关妇女和儿童卫生与保健的参考书。1958年，她退伍后担任新成立的中国科技大学生物物理系主任。在60年代，当时几乎所有的女兵都被调回到原来的部队，她又回到军队，担任了军事医学科学院科技情报部副部长和党委书记。

因为她姓“何”，贺龙元帅曾开玩笑地说要把她收为干女儿。在“文化大革命”期间，她还因此受到审讯和虐待，被迫从事重体力劳动。到70年代贺龙平反后，她又恢复了在军事医学科学院的职务。她于1984年退休，当我采访她时，她正在写自己的回忆录。

第五章

我们为什么要参军

一、"党就是我的家"

在贫困的家庭里，女孩子是家中养不起的奢侈品，她们一出生就要被家人溺死、卖掉，或者嫁人。

我采访过的女战士们讲述了她们各自在长征中的故事：有的把孩子留给了当地的农民；有的在妊娠的最后三个月翻越了大雪山；有的将刚出生的遗弃在路上；有的则带着刚出生一两天的孩子一起走。她们所讲述的自己的工作和男战士们一样，抬担架、做宣传、招募民工、征收新兵，为部队运输黄金。和她们的故事一样丰富多彩的是，当被问及"你为什么要入党和参军"时，她们的答案也同样精彩纷呈。她们的回答，在接受采访时她们对马克思主义意识形态理解的大框架下，包括了她们在童年时代的生活细节，家庭地位，她们如何预见自己的未来，她们什么时候、如何被政治化的，她们是如何理解自己参加革命的决心的。从这些女战士们的答案中，就可以发现激发她们成为革命者并走向战场的动机。

所有的女战士们，不论是参军之前先入党的，还是直接参军的，都不说参军，而是说"参加革命"。对这些女战士们而言，"成为革命者"一词的含义各不相同。对有些人而言，意味着从在家里受剥削和遭打骂的悲惨境遇中解脱出来，重获自由，意味着逃离了贫穷与混乱，来到一个丰衣足食的稳定安全的环境的一种希望。对那些未来不确定的人来说，参加革命是一条出路，可以避免嫁入陌生的家庭，或者成为一个没婚可结、没有收入的劳动力，永远处于家庭地位的最底层。对那些受过教育有文化的人来说，这是一条为社会公平和民族独立而奋斗的振奋人心的道路。对几乎所有人来说，参加革命就意味着重新找到一个安身之处。她们常常说起的一句话就是："党就是我的家"。然而，革命不像家庭，给她们提供了一个显露独立的、坚贞不屈的个性的机会。

当问及"你为什么参加?"时，她们都谈到在家庭里的社会和经济地位、家庭关系和受教育情况。她们描述了自己的家乡所在的地理位置，大都临近苏维埃根据地或在红军行军的路线上。她们强调之所以参加革命，有些是通过参加村里的革命组织，有些是从共产党地下工作者那里知道革命的，有些是听了学校进步教师的课，有些则是受到家中已经参加革命的兄弟姐妹们的影响。

从 1921 年中国共产党创立起，男党员就非常关心男女平等的问题，尽管他们是用自己传统的文化观念来解释男女平等的①。他们为自己的姐妹、妻子和母亲们创办了学校，为工厂的女工和农村妇女开办了扫盲学校，他们把男女平等写进党的文件中，提倡妇女解放、禁止各种各样的娃娃婚。他们提出要保护妇女，为女性提供介入社会经济和文化生活的种种途径②。

---

① 有许多很好的著作非常清楚地描述了中国女性在长期以来男性占统治地位的社会中的情形。参见吉尔马丁·克里斯蒂娜·凯利（Gilmartin，Christina Kelly）：《性别与政治文化：1924—1927 年国民革命时期的妇女动员》（*Gender，Political Culture，and Women's Mobilization in the Chinese Nationalist Revolution*，1924—1927），《从性别问题来看中国：女性，文化与国家》（*Engendering China：Women，Culture and the State*），哈佛大学出版社 1994 年版，第 195 至 225 页；约翰逊（Johnson，Kay Ann）：《女性、家庭与中国的农村革命》（*Women，the Family，and Peasant Revolution in China*），芝加哥大学出版社 1983 年版；斯坦斯·朱迪斯（*Stacey，Judith*）：《父权制与中国的社会主义革命》（*Patriarchy and Socialist Revolution in China*），加州大学出版社1983 年版；沃尔夫·马哲（*Wolf Margery*）：《延期的革命：当代中国的妇女》（*Revolution postponed：Women in Chinese Society*），斯坦福大学出版社 1985 年版，第一章。

② 在 1931 年 11 月中华苏维埃第一次全国代表大会制定的《中华苏维埃宪法大纲》中，写道：中华苏维埃保证彻底执行妇女解放，承认婚姻自由，实行各种保护妇女的办法，使妇女能够从事实上逐渐得到脱离家务束缚的物质基础，而参加社会经济的、政治的、文化的生活。（史华慈、费正清合编：《中国共产党历史文献汇编》（*Documentary History of Chinese Communism*），哈佛大学出版社 1952 年版，第 223 页）

这章中出现的女战士（第一排从左到右）陈琮英、邓六金、何曼秋、蹇先佛、蹇先任；（第二排）康克清、李桂英、李坚真、廖似光；（第三排）林月琴、刘坚、刘英、马忆湘、钱希均；（第四排）危秀英、谢小梅、张文、钟月林

中国共产党在父权社会中提倡自上而下地解放妇女的政策①。

在20世纪的头30年中，中国对妇女和女童很少有制度方面的保障。在贫困的家庭里，女孩子是家中养不起的奢侈品，她们一出生就要被家人溺死、卖掉，或者嫁人。和儿子不同，女儿在娘家的地位无足轻重，因为她们结婚后就成为婆家的人了。正如中国一句俗话所说："嫁出去的女儿，泼出去的水"，水一旦泼出去了，就再也不能回到罐子里了。同样的，女儿一旦出嫁就和生她的家庭没有了关系。在恶劣的经济条件下，穷人家活下来的女孩经常被当成童养媳卖掉。我采访的十二个人中，有四个人是在不到一岁的时候就被卖到别人家的。李坚真出生在广东的一个穷苦人家，刚出生八个月就以8吊铜钱的价钱，卖给了另一个穷人家。她用有节奏的歌谣说起当时的困境：

18岁姐嫁三岁郎，
朝朝夜夜抱上床，
等到郎大姐已老，
等到花开叶已黄。②

她继续说，

有两种不同的情况。一种是婴儿新娘，一种是小丈夫。在旧社会，有钱的人家买了女孩子后，实际上是当作仆人或女儿来养，而不是娶来的媳妇。

我的妈妈有十二个孩子：死了四个，活了八个。我们三个女孩都卖了，留了五个。我的四个哥哥也卖到了东南亚。最后，只有一个小弟弟留下来。

在旧社会，我们称之为"卖猪仔"。你没法选择，只好生

① 即使今天，这些关于妇女解放方面的自上而下的政策声明与法规未能根本改变中国男性占优势地位的根本现状，特别是在农村地区。在80年代至90年代经济改革期间，许多具体措施导致针对妇女的暴力，以及男性对女性生活的控制，在中国20世纪初期存在的男女不平等的现象又重新出现了。

② 据陪同采访的一位战士称：她正在收集由李坚真创作的山歌，这些歌曲都是原创的。很有可能李坚真在她记忆的山歌中加进了一些自己的新唱法和韵律。小野和子（Ono Kazuko）在《革命世纪中的中国妇女》一书的第144页中从一本山歌集中引用了这首山歌，但未标明作者是谁。

一个，卖掉一个，然后再生一个。

刘坚出生于四川，她家因为实在太穷了，只好把刚出生三天的第一个女儿送给别人家，后来又接连生了两个女孩。刘坚说："我们当时没有别的办法，只有把她们放到尿桶里，再盖上盖子闷死。"[①] 她比其他的姐妹要幸运得多。她出生后被扔在稻田里，祖母把她抱了回来。一年后，当母亲生了一个儿子后，"他们说我的运气好，因为是我给妈妈带来了儿子"。养儿可以防老，而且儿子娶回媳妇后可以帮家里干活儿，继续男家的香火。总而言之，等父母年纪大了干不动活的时候，儿子和媳妇要照顾他们。

成为童养媳的女孩子长大后，境遇会更加悲惨。五位受访的女战士中有四个在六至八岁时被卖到别人家，受尽了虐待。这种经历在当时非常具有代表性[②]。虐待童养媳的现象非常普遍，对于这四位受访的女战士来说，不堪忍受虐待是她们决定逃走参加革命的决定性因素。其中有两个人相信她们肯定会被婆家人打死的，因此选择参军虽然生死未明，但总比要被收养的人家虐待致死好很多。另外三位童养媳为了防止她们逃跑参军，在青春期前就被送到婆家。

12 个童养媳没有一个在小时候受过教育。然而，有几个说曾在教室外旁听，她们把家里的男孩送到学校后就站在外面听老师讲课。其中有两位，她们被包办的"丈夫"是革命者，在十来岁的时候受过教育，一个上过共产党办的学校，另一个上过一所进步的半工半读的学校。

还有三个人来自穷苦的家庭，她们虽然没被卖为童养媳，但也没上过学。另外的七个人出生在条件稍好的家庭，受过一些教育。即便是在有钱人的家庭里，女孩也很少和她们的兄弟一样受教育，因为女孩不受重视。在女孩身上花钱上学被看作是一种浪费。来自安徽山区女战士的

---

① 帮助我们翻译的易海宁说，四川的农民用一种大木桶来装尿，好用来施肥。如果家里无法养活的话，女婴就会被放在尿桶中淹死。在 1988 年，在和四川长大的伊沙白·柯鲁克（Isabel Crook）的访谈中了解到，这种尿桶的直径大约有十英寸。她说人们在理论上不愿意溺死女婴。邻居会敲门大喊："救救孩子！救救孩子！"但是他们不愿意闯进别人家去阻止别人淹死自己的孩子。

② 阿瑟·渥尔夫（Wolf Arthur）和黄介山（Chieh－shan Huang）：《中国的婚姻和收养：1845—1945》（*Marriage and Adoption in China*，1845—1945）一书中给出一个台湾地区收养女孩的死亡率统计。尽管这个统计是台湾地区的，但是可以相信当时不同省份的趋势差别并不大。

林月琴解释说：

> 当时，整个国家被封建思想统治着，男人和女人之间没有平等可言。中国的妇女没有自由，没有受教育的权利。富裕家庭的男孩可以上学，但是富人家的女孩却不能。她们没有权利自由选择自己的婚姻。当你在你妈妈肚子里的时候（大笑着说），父母就已经给你安排好婚姻大事了。她们处在社会的最底层，在家里做些杂事，实际上是家里的劳工。
>
> 我父亲当时是我们所在的小镇上的商人，相对而言，还能接受孙中山在五四运动后所倡导的男女平等的思想。所以，尽管当时男女是不平等的，我还是受了一些教育。我开始在家里学习，后来就上小学读了三年。

刘英是一个来自湖南的知识女性。她的父亲是一个思想传统的人。她为了上学还和父亲斗争了一番，取得没有文化的母亲支持。刘英的家里“非常封建”，刘英说：

> 受重男轻女观念的影响，我爸爸只想让儿子上学，而不愿意让女儿上学。但是我也想上学，就和他不断地斗争。我一直自学，通过了长沙女子师范学校的入学考试。（当时，男生和女生不能同校读书）这是一所进步的女子学校，是由留学法国的早期共产主义者回国后创办的，学生可以免费就读。我们学校的许多男教师是毛泽东在长沙第一师范学校读书时的同学。在这些老师的影响下，我们参加了革命。

后来，刘英继续在莫斯科的大学深造，她是我采访的人中，唯一在长征前接受过高等教育的女性。

还有四个人也参加了进步学校，而且在进步教师的直接影响下成为政治上的活跃分子。她们没有墨守当时社会既定的生活方式，因为她们来自比刘英更开明的家庭。蹇先任也来自湖南，在乡下和弟弟一起上过学。但是，当她上中学的时候，因为祖母生病了，她就待在家里照顾老人，而她的弟弟则到省城继续读书。蹇先任的弟弟成为一名革命者后，带回一些进步的书籍，让姐姐阅读。祖母去世后，蹇先任跟着弟弟到了长沙，上了刘英所在的长沙女子师范学校的分校，成了一名政治积极分子。

何曼秋学过一些中国传统经典后，又念了几年教会学校。她或许是最直接表达了自己是为了避免包办婚姻而选择参加红四方面军的。何曼秋和其他接受采访的女战士们一样，能清楚地回忆起红军到来时的情景。当红军停下来休整时，即便是很短的时间，他们也要在当地建立共产主义政府和民众组织。他们重新分配土地，将地主的粮食分给穷人。他们创建的中华苏维埃根据地都在贫困偏僻的山区，通常位于几省的交界处。共产党的优势在于获得群众的支持，山区地形适合开展游击战，远离国民党统治的核心地区。在采访的22位女战士中，有16人的家靠近或位于苏区之中，那里是红军经常打仗或者是红军行军的必经之地。这些地方平常的年份都很贫困，遭受军阀和国民党军队的抢掠后就更加满目疮痍了。这些地方的百姓不仅要供养军队的吃和穿，还要被抓去当兵和劳工。

早在1928年，党代会通过了一项决定，强调要动员妇女参加革命，把妇女自身的利益和革命的活动联系起来①。来自四川和安徽的7名女战士中有3个居住在靠近红四方面军行军的地区，共产党所宣传妇女解放是她们参加革命的重要原因。②

许多住在红军根据地附近的人们说，红军的到来是她们村子里最激动人心的事情。冒险当然对所有的女性都有吸引力，尽管没有人直接把它作为参加革命的初衷。没有人会像李燕发直截了当地说："我为什么参军？就是为了有饭吃。在家里没得饭吃。"其他几位也提到饥饿的因

① 1928年7月到9月，中国共产党第六次全国代表大会在莫斯科举行。会议通过的决议指出"在农民革命运动求得胜利的斗争中，吸收农民妇女群众加入斗争有极大的意义。她们直接参加农村经济，在农民队伍中间占重要的部分，而且在农民的生活中有伟大的作用。因此她们必然参加到运动中来。过去许多区域中农民运动的经验告诉我们，农民妇女乃斗争着的农民中最勇敢的一部分，……党的最大任务是认定农民妇女乃最积极的革命的参加者，而尽量的吸收到一切农民的组织中来，尤其是农民协会及苏维埃"。

② 马克辛·莫利纽克斯（Molyneux，Maxine）提出一种观点认为，将女性自身利益与革命联系起来的政治策略必须能给女性带来实际的利益，来吸引女性。她指出：将实际利益政治化和将之转化为为女性所认同与支持的战略性的利益，构成女性参与政治实践的中心内容。（《没有解放的动员：尼加拉瓜的女性的利益、国家与革命》(*Mobilization without Emancipation: Women's interest, the State, and Revolution in Nicaragua*)，《妇女研究》(*Feminist Studies*)，第11期，1985年夏，第234页）男女平等的承诺的确对四川的女性具有特殊的吸引力，因为当地很多男性抽鸦片烟，女性多从事繁重的体力劳动，却不能拥有自己的财产或参与政治的决定。

素，但是她们也谈到男女平等和改变中国社会和经济结构的宣传的影响。改变作为一个穷人妻子的命运和一种更有吸引力的完全不同的生活道路，毫无疑问是许多女性选择参加革命时的重要考量。虽然李燕发参军的最根本原因是为了避免挨饿，但她也像其他人一样，说了好几种参加革命的其他原因。她觉得在四川和烟鬼父亲生活在一起实在无法忍受，而以后她嫁到婆家的日子会更加难熬。她说：

> 我第一次看到红军，是我到一个大村子去赶集。我的父亲非常懒，你知道他抽鸦片。我一个人去了。小孩子什么也不怕。这个集会是由一个妇女领导的。在第一场会上，我什么也不敢说。第三次的时候，我问是否可以参军。他们说可以，同时又问："你家里什么意见?"
>
> "我妈妈去世了。我的两个兄弟也不在家，我爸爸抽鸦片。"我把什么事情都说了。他们听了后说"可以"。

当她父亲发现李燕发想参军后，就告诉她说："如果你参军，我就抽了你的筋!"接着他执意要让她立刻嫁给在她出生前就订下婚事的那家人。

> "无论你说什么，我都行。"我知道自己无论如何都要参军，所以我就到了婆婆家。
>
> 那家给我的床只有一个架子，上面盖着破旧的遮雨布，连根稻草都没有。我早上起床后，要去放牛。五家人共有一头牛。我还得担着扁担给五家人挑水。给每家担完水后，我就一边砍柴、割草，一面放牛。你知道我回来以后吃什么吗?他们把西红柿叶子和粘在锅底的米饭和在一起，加点水来喂狗，等狗吃完后，我才能吃剩下的。

李燕发耐心地等待时机，直到有一天早晨当牛吃草的时候，她安全地逃到了红军总部。

> 我一口气跑了十里地，但是他们不让我进去。门口有两个站岗的士兵。

“你想干什么？一个小女孩在这里干什么？”当时，我才13岁。

我说：“队长说我可以当兵。”

“让你来当兵？”

我的衣服非常破旧，都快烂成一条条的。

“你也要参军？”他到里面去向队长打听情况。过了一会儿，他出来说：“进来吧。”我看见队长就跑了过去，在她的怀里哭泣。

我填好了几张纸后，洗了个热水澡。接着他们带我去吃饭。我吃了一碗肉和蔬菜，还有一碗米饭。

“吃饱了吗？”

“再来一碗”，我吃完了，他们又问我：“饱了吗？”

还是不够，所以我又吃一碗，我一口气吃了三碗肉和菜，还有三碗米饭。那有盐的菜可真好吃，甜甜的土豆，南瓜，豆腐，猪肉烩在一起，实在太香了。后来他们不让我再吃了，怕我撑坏了。

“我们每天都吃这些。今天别吃太多了。”

我把来时穿的破衣服烧了，他们给我一套新衣服，那是从恶霸家里没收来的，两套内衣和一套加衬的外衣。我们用红布做成了领章，帽子上的红五星。

这就是我参军的过程。我们村里只有我一个人参军。家里没有吃的。参军以后，你就有饭吃，有衣服穿了。

二、“我怎么能解放自己”

革命将她们带入激情澎湃的新生活，在社会上找到了更加安全、更有意义的地方，赋予她们一种归属感和爱国主义的远大目标。

在被卖到别人家当童养媳的女战士中，钟月林是唯一没有遭受过虐待的，她强调了生活中的偶然性，让她有机会接触到红军。她八岁的时候，被卖到江西的一个大村子里当童养媳，她当时的环境还很幸福。她说：

如果我待在我娘家的村子里，也许就不会走上革命道路了。我娘家的村子在一个山谷里。那里非常落后，与外界基本隔绝。当我到别人家当童养媳的时候，机会反而更多了，因为那是个大村子，思想也更开放，有机会受到共产党宣传的影响。

当时只有为数不多的人能读书写字。由于很多年轻人聚集在那里，他们正式组织起了地方政府和一些群众组织，例如儿童团、青年先锋队和妇女联合会等。我自己加入了青年先锋队，只是因为自己觉得这个组织很好。

那时，我们认为妇女已经被压迫好几千年了。有一次我被告知去参加一个妇女的集会。会上他们问我叫什么名字，我说："我没有名字。"

我在此之前从来没有过名字！

共产党的组织不仅教给每个妇女最基本的认识，而且给这些处于社会和家庭的最底层的女性，提供了社会的合法性。[①]

那些居住在中央政府所在地——位于江西省的苏维埃根据地附近的妇女中，只有危秀英是直接参军的，她此前没有参加当地的共产主义组织。在给部队战士捎过几封信后，她和村里的几个男青年一起参军了。她说，由于不堪忍受婆家人每天的辱骂，他们就鼓动我一起入伍。

邓六金按照当地妇女通常的模式，先参加党组织，后参加了红军。她说一个女同志来到她的村里，像朋友一样对待她，劝说她从事革命事业。

① 林达·克伯（Linda Kerber）指出，在美国女性通过参加军队和独立战争的结果是获得了原来无法企及的某种公民权。"有时女性认为她们自己是公民，有时国家认为她们与男性一样同为公民，但并不总是如此。公民权并不仅仅指执掌公共部门和选举的权力，而是存在某种形式公民权的替代形式，比如有权参与某种公共活动，这种观念意味着公民权的定义在扩展。"（《我们所有的公民都可能是战士，所有的战士都是公民吗？在新的民族国家形成过程中女性的公民权的模糊性》（*May all our citizens be soldiers and all our soldiers citizens: the ambiguities of female citizenship in the new nation*），《女性、军国主义与战争》（*Women, Militarism, and War*）Totowa，N. J.，1990年，第87页）

我当时还一直盼着能生一个男孩。我的养父母半收养了一个儿子，是从别人家借养过来的。我被当作他的未婚妻。但是我根本就不喜欢他。后来他得病死了。

我这样一直生活到1929年，直到毛泽东、朱德和陈毅带领的军队来到位于福建西部的我的老家。因为国民党的反面宣传，当红军来的时候，我们那里的大多数人都跑到山里藏起来了。我们那时非常天真，相信国民党说的话，都不相信红军。慢慢地开始明白是怎么回事后，我们就搬回了村里。

我现在才知道，在红军到来之前镇子里就有了地下组织。当时经常有一个妇女来问我是否愿意积极帮助穷人。我知道我的家人是不会干涉做这样的事的，所以我说：

"当然了，但是我能做什么呢？我什么也不会。"

"怎么不行？你也是穷人，你受了很多苦——你首先要解放自己。"

"我怎么能解放自己？"

她建议我们两人先把头发剪短，作个榜样。那时，我梳着长辫子。她是一个结了婚的妇女，头发梳了个发髻。在旧社会，没有人留短发，所以剪短发是很不正常的。如果你把头发剪了，大家都会笑话你的。她劝了我好几次，最后只好屈服了。我们把头发剪了。人们站在周围，看着我们，但我们想："管你怎么想，反正我们把头发剪了。"

剪完头发后，我开始接受她给讲的革命道理，她说："现在红军在这里，我们要推翻地主的统治。你是一个穷人。你愿意入党帮助穷人得解放吗？"这样，在1931年，红军到来3年后，在她的介绍下我入了党。入党前，我没有参加任何革命活动，我只是接受了进步思想。

剪掉标志着婚姻状况的头发，参加党组织，为红军办事都是当时生活靠近苏区根据地的江西、福建边界的女性参加革命的方式。有些情况下家里人会支持女孩子参加红军，尤其是支持像邓六金这样的在家无人可以结婚的童养媳。而李桂英则是参加扫盲班而参加革命的，她为此很主动地和自己的"家庭"一刀两断。"我七岁的时候就被卖掉了。收养我的那家也很穷，也没有能和我结婚的'丈夫'。他们家的儿子比我大很多，而且已经离开家了，所以家里只有老人和我。那个老太婆非常严厉、让人害怕。对我一点也不好。我什么家务活都得干，不管是男人的活还是女人的活。我挑起了家庭的重担。那时，我们的生活非常苦，没有一点希望。就在这个时候，毛主席和朱德总司令来到了我们县。我当时大概十八或十九岁。”

红军建立了很多民众组织，李桂英偷偷地参加了一个由共产党组织的扫盲班。

> 当老太婆不在家的时候，我就去上学。她在家时，我哪儿也不敢去。当她发现后，威胁着要用菜刀杀了我，还把我打得死去活来。我的眼圈都被她打青了。扫盲班的同志通知我回去上课，但是我说：“我不敢去了。你们在的时候还可以保护我，可一旦你们走了，那个老太婆会把我打死的！”
>
> 他们给老太婆戴上高帽子，绕着村子游街示众，一边还高喊：“不许虐待童养媳！”

李桂英参加红军后就开始了长征，她的丈夫在战斗中负了伤。他们被派去参加丈夫家乡附近的游击队。她在一次小规模的战斗中受了伤，她的丈夫牺牲了。当时她又怀着孩子，她遭受了身体上非常痛苦的折磨，尤其是她被捕关在监狱的时候。当李桂英谈起她参军前后的痛苦经历时，她说话的声音很正常，既没有戏剧性地夸大、也没有刻意地缩小自己所遭受的苦难。她的回忆没有让人感觉到，她似乎是在讽刺自己逃出了家庭的暴力却又饱受战争的摧残，让人感觉到暴力好像就是那个时代人们生活的一部分。包括她在内所有接受采访的女战士们都对自己当初选择参加革命没有表示丝毫的后悔之意。

蹇先佛对自己参加红军的原因做出更加复杂的解释。她的姐姐蹇先任在上长沙的女子师范学校前，就受到弟弟的政治影响，成了国民党通缉的学生积极分子。为了避免连累家人，先任离家参加了红军。先佛比她小 7 岁，之所以参加革命，是因为受到哥哥和姐姐的革命思想以及进步老师的爱国主义思想的影响，另外国民党对她家人的威胁也是一个因素。

> 我的姐姐和哥哥到长沙上学，但是在 1927 年蒋介石叛变

革命后，他们遭受国民党的通缉。他们逃回老家，但是通缉令传遍了各地，所以他们跑出去参加了红军。从此以后，我们家的生活就不再平静。我经常为此感到困扰。

当然，我是受了姐姐和哥哥的影响。他们告诉我苏联的十月革命，并且给我介绍苏联是如何建设社会主义的。我听了非常向往，尽管我当时还很年轻，但是还是能听懂一些。

家中的大孩子们都出去参加红军后，我的家人遭到国民党的迫害，父亲被抓了起来。家里人花钱把他解救出来后，他担心自己16岁的女儿受到伤害，就把她也送到长沙的女子师范学校。

当九一八事变爆发时，我正在学校。在我们的课堂上，老师告诉我们国家是如何遭受侵略的。我们听了觉得非常伤心——有时甚至哭泣。九一八事变后，蒋介石拒绝抵抗日本的侵略。国民党的政策是攘外必先安内。他们要首先消灭国内的红军。

在这种情况下，我不可能再继续念书了。暑假时我回老家就不打算再回学校了。我的父亲安慰我说："有机会就参加红军吧，去打日本鬼子。"我也有这样的想法。在1934年12月，第二方面军的游击队来到我们的镇上。游击队员们对我家很了解，他们欢迎我参加红军。

"我在部队能干什么呢？"

"你是个学生，受过教育。你可以做很多的事情，可以当老师，还可以做些宣传工作。"我非常高兴跟着游击队走了。我的弟弟也和我一起参军了。他当时年仅15岁，我18岁。我们走的时候当然知道国民党军队是不会放过我的家人的。

蹇家姐妹因为他们在政治上的激进主张，而使整个家庭遭遇不幸的故事让人心酸落泪。几乎所有参加革命的女战士在谈到往事时，都会说到家人受到牵累，被放逐、处决和监禁。几位来自革命家庭的女战士的叙述都有某种必然性，暗示她们当时除了参加革命外从来没有想过其他的出路。这或许是因为中国的家庭成员习惯于从事相同的工作，和家庭其他成员一样献身同样的事业，而在当局者的眼中，如果家里有一个人有罪，那么整个的家庭都要受到牵连。因为他们的革命活动已经连累了家里人，所以他们觉得除了参加革命别无选择。当她们谈到自己的早期生活时，或者像蹇氏姐妹那样详细地介绍了她们日益增长的知识分子的使命感，或者仅仅是讲述自己的早年经历，对自己后来献身的事业没作任何评价。

谢小梅的生活因为运气不好而历经坎坷。她有一个哥哥是共产党员。另一个哥哥不是共产党，却因遭受牵连而被处死。她自己也因此被短暂关押，随后她和母亲被从老家驱逐出来。但她继续为党工作，后来嫁给了一个革命战友。他们在共产党的游击队中并肩战斗。1934 年开始长征时，他们刚为新出生的孩子安置了一个家。虽然她和丈夫早被开除党籍（直到 20 世纪 80 年代才被重新接纳她们入党），但是她只是讲当时生活条件的艰苦，并没有后悔跟着哥哥参加了革命。

蹇先佛和马忆湘是受访者当中仅有的两位获得家中的女性支持而参加革命的。马忆湘是因为婆家威胁要杀死她，为了活命而参加红军。她跑去找婶婶，她的婶婶当时已经在为红军工作了。婶婶把她带到了红军的野战医院，尽管她当时只有十一二岁，但那里的医生和护士都很同情她，让她帮助伤员洗衣服。

通常情况下，女战士们都是家里的男性亲属，比如叔伯、兄弟、父亲、表兄弟带领参加革命工作的。但在下面的三个例子中，童养媳的“丈夫”们在帮助她们参加革命的过程中起到了重要的作用。

陈琮英在 12 岁的时候就到婆家当“童养媳”，只有她一个人嫁给了家里给包办的未婚夫。他们两家本来就是姻亲，两个年轻人青梅竹马，在不知道婚约之前就已经有很好的感情基础。她的丈夫是中国共产党早期的领导之一，她说：“我只是跟随着他，因为我知道他做的事情都是好的。”但是她也说起自己在政治上受到过一位曾和她一起工作过的女同志的影响。她们是在半工半读学校读书时认识的。

钱希均的“丈夫”也是一个早期的共产党员。他告诉钱希均要把她当成自己的姐姐，而不是妻子。他安排钱希均上了共产党为他们的家眷创办的学校。钱希均加入了共产党，在上海做地下工作，后来嫁给了毛泽东的弟弟，跟着丈夫一起转移到了苏区。

第三个由“丈夫”帮助参加革命的童养媳是钟月林。她在加入共产党前都没有自己的名字。她的“丈夫”也是一个革命者，帮助她从家里逃了出来。当时在大多数情况下，女性都从她们的婆家跑出来参加红军的。这一方面因为她们要是从自己娘家里跑出来参军的话，她的家人会被村里人看不起，而且童养媳是属于婆家的经济财产。

有 16 名女战士的亲戚参加了革命，其中有 6 个人表示她们参加革命时，亲戚起了非常关键的作用。其他 10 个人只是在说起她们参加当地的党组织时，顺便提到她们的亲属也参加了革命。

康克清说，她不知道自己的父亲参加了革命，直到游击队第二次来到村子里她才知道。14 岁时，她就参加了共产党的地下组织，并且下定决心要参加红军。3 年后部队又来到她的村里时，她就投奔了红军，成为红军队伍中最勇敢的战士之一。

在那些没有提到有亲属参加革命的人当中，张文的故事非常特别。当我们问她们为什么要参加革命时，只有她回答说有多种原因。当红军来到她的家乡时，她在一家制衣厂工作，红军的司令部就在工厂附近。“1933 年，许多男人和妇女参加了红军，他们不是当战士，而是给部队做衣服的工人。”她所在的整个工厂，无论是男监工是女工都被红军征募了。她接受政治教育后，非常擅长做宣传工作，她在长征中被征调到从事更有意思的宣传工作。

尽管这些女性并没有暗示年龄是影响她们参加革命的原因，但是接受采访的 22 名女战士中，有 21 个是在不到 21 岁时就参军或者加入党组织的，其中有 14 人是在 18 岁之前。她们没有生过孩子，有时间和机会为革命工作，而那些年纪稍大的女性，则因为婚姻和孩子而被束缚在夫家，或者被贫穷所困扰，没有机会参加革命。陈琮英加入了共青团时已经 24 岁了，她早在结婚前就对任弼时忠心耿耿。而且，她一直没有割断与丈夫家的关系：她的两个女儿都是由婆家抚养长大的。

男人参加革命的动机和女人不同，女人之所以参加革命性别方面的因素很重要。例如，和危秀英一同参加革命的男性，也和她一样在寻找一种安全的感觉，渴望有一种冒险的刺激。但是他们作为男性不会因被卖到别人家而饱受屈辱。陈琮英和钱希均的家人给包办“丈夫”是在学校里接受了政治的信仰而参加革命的，而他们的“妻子”则不允许上学。此外，无论男性还是女性都有在父亲、兄弟、姐妹和表亲的带领下参加革命的。男性加入了当地的党组织，成为共青团和党组织中的积极分子，他们在强大的党组织中找到了安全感和自己信仰的事业。他们大多在十几岁和 20 岁出头的时候，就准备离家寻求自己的理想了。

尽管无论是对男性还是对女性来说，参加革命所意味的一条崭新的生活道路无疑是吸引他们成为革命者的一个因素。但是，促使女性参加革命的最直接动力在于她们是女人。她们改变生活的期望比男人还要更大些。正如在参加革命之前没有姓名的钟月林所说，中国的女人没有地位，没有身份，在男家同男方的亲属完全格格不入。她们没有合法性和社会身份，借用林达·克伯解释美国革命的概念来说，就是中国的女性没有公民权。作为共产主义革命的一部分，她们不再是男人家里的财产，她们通过剪发去除了象征婚姻状况的标志，表明了她们的独立。部队成功地帮助她们从家里逃出来，保护她们不受家庭的虐待，给她们工作，让她们不再受家中各种规矩的限制，还教她们读书写字。对那些从小就被卖为童养媳、无法上学、身体上遭受虐待的女性来说，参加革命的吸引力是非常强大的。她们从此可以避免嫁给一个陌生的家庭，或者没有正式结婚前在自己未来的婆家过一种半佣人式的生活。由于参加革命意味着结束了当童养媳的命运和实现男女平等，所以革命对那些身体强壮、非常独立的女性特别具有吸引力，是她们参加革命的根本原因①。

参加红军的男战士有成千上万，但是我采访的红军女战士们都是她们村子里唯一参加革命的女性。为什么当时只有极个别的女性参军而其他大部分的女性都没有参加呢？她们中有些人是跟着参加了革命的“丈夫”或者男性亲属一起参加红军的，并不完全是她们自主做出的明确选择。对许多意志坚定的女性来说，共产党宣传的男女平等观念让她们相信，革命会让她们更加坚强有力，更加富有进取心②。即便是那些后来经历了耻辱、身体的创伤以及周围亲近的战友牺牲的人，也都毫不反悔她们当初参加革命的选择。相反，革命帮助她们远离了饥饿、肉体的折磨、卑微的地位、单调乏味的生活，以及婚姻的束缚；革命将她们带入激情澎湃的新生活，在社会上找到了更加安全、更有意义的地方，赋予她们一种归属感和爱国主义的远大目标。

---

① 马克辛·莫利纽克斯：《没有解放的动员：尼加拉瓜的女性的利益、国家与革命》。

② 然而，无论女性在婚前与婚后的经济状况如何，她都非常缺乏自信。这不是因为她不想自信，也不是她们的个性缺乏自信，而是因为在高度分工的社会结构中女性没有找到自己的位置。(凯瑟琳·Semergieff，《中华人民共和国时期女性角色的变化(1949—1967)》(*The changing roles of Women in the People's Republic of China*，1949—1967)，University Microfilms International，1985年，第8—9页)

第六章

女战士们的工作

一、谁说女子不如男

她们精疲力竭，衣衫褴褛，有的赤着脚，有的穿着由碎皮子缝制的临时鞋子一直不停地走。当长征结束时，她们几乎没有觉察到这场严峻的考验中所蕴含的英雄史诗般的意义，依然从事着与长征之前和长征途中一样的工作。

本章所讲述的女战士们长征中的工作的故事，是作者从1986年到1989年所做的一系列采访记录中翻译选编出来的。接受采访的23名女红军代表了相当一部分退伍的红军女战士们。她们开始长征时，年龄在12岁到32岁之间。其中有14人在加入党组织和红军时，刚满甚至还不到17岁。她们来自七个不同的省份，家庭背景各异。其中有11人在婴幼儿时期就被卖或过继给了别人。有12人在长征开始时是文盲，其他人则不同程度地受过教育，但只有一人上过中学。有三位受访者嫁给了将军，其他人分别嫁给了政委，或者级别更低一些的领导。也有一些没有结婚或者是离开丈夫参加革命的。有三人在长征途中生了孩子，有一位女战士带着襁褓中的女儿一起走完了长征。

这些接受采访的女战士，虽然能代表参加长征的女性，但并不能代表当时中国的普通女性。因为中国地域差别很大，各地对待女性的习俗不尽相同，而且不同的阶层和家庭对待妇女的态度也千差万别。所以除了说女性地位低下之外，很难概括出中国妇女地位的全貌。中国的家庭遵循儒家的礼教，即君为臣纲，父为子纲，夫为妻纲，都信奉重男轻女的观念，丈夫去世后长子的地位高于母亲。这也为下面的说法提供了经济基础，即女孩子是嫁给别人家的，要对夫家效忠，是丈夫家的劳力；而儿子则和父母住在一起，为他们养老。在 20 世纪早期，虽然政府努力根除陋习，但缠足依然在一些地方和社会的某些阶层很普遍。我采访的女战士中虽然有几位在消除这一恶习之前、在孩童时曾因裹脚受过轻微的损伤，但她们没有一个真正的缠足妇女。虽然有一个缠足的女人跟随她的丈夫和红一方面军一起参加了长征，但她当时是红军的家属而不是士兵，也没有正式的工作。

女战士们在长征中所从事的工作，反映了与她们一同行军的政治和军事领导的素养。大约有 30 名女战士与军纪严明的红一方面军一同长征，其中包括中国共产党的最高政治领袖在内。1934 年 10 月，红一方面军离开了江西中央苏区。红四方面军大约有 2000 名随军妇女，红四方面军不停地行军、打战，带着各种辅助服务部门一同行进，就像一座移动的小城市。1935 年 3 月，红四方面军离开了四川中北部的根据地。红二、六军团后来在长征中重组成为红二方面军，大约有 25 名女战士。1935 年 11 月，大约在红一方面军结束长征后一年，红二方面军才离开位于湘、鄂、川、黔四省交界处山区的根据地，开始长征。

当红一方面军离开江西苏区的时候，许多在党校学习的女学生组织成一支工作队。她们参加了体检，以确保没有得肺结核或者其他疾病，因为得了这些病就无法从事艰苦的长途跋涉了。她们还进行了色盲、夜盲和听觉和视觉清晰度的测试。参加体检的女战士并不都是高级干部的妻子，虽然她们中有人后来嫁给了重要的领导人。她们在此之前就在家乡的共青团或共产党的妇女部门工作过，显示出她们作为政工人员和干部应具备的领导素质。当时的苏区有民政和军事两套组织结构。苏区的党政组织有村、县、区、省和中央，或者国家等许多层级。许多参加长征的女性都曾在省级或中央级的部门工作。

除了参加工作队之外，还有许多女战士附属于红一方面军卫生部的一个特殊部门。她们中有些人是高级领导人的夫人，但不仅仅因为她们丈夫的原因，因为她们自身的级别本来就很高。还有几个人是因为生病。比如，周恩来的夫人邓颖超因结核病发作，长征路上大部分时间是用担架抬着走的。有些女红军长征开始时正怀着孩子；还有些人在长征途中怀上了孩子。

在部队离开江西苏区时，决定把所有的孩子都留下。那些已经做了母亲的女战士不得不找当地的老百姓来收养自己的孩子。而那些怀疑自己怀孕的女战士也明白，孩子一旦出生，她们也不可能抚养。

红一方面军中的女战士，由于和中央领导们一起参加长征，受到了战斗部队很好的保护。她们在长征途中所担任的工作，因人、因时、因地而异。工作队中的那些没有受过教育的农村女性习惯在地里干重活儿，她们在长征途中帮着背医药箱，抬担架，有时也帮着招募新兵和补充给养。那些有文化的知识女性则从事思想政治工作，改变农民们对共产党、军队、国民党政府和地主的看法和态度。她们创造了海报、戏剧等宣传方式，还教士兵们在经过村镇时喊口号、唱歌，并为村民们演戏和演讲。她们走进农民家中，和农村妇女们聊天，劝她们把粮食卖给或捐给红军。她们还给农村妇女做思想工作，让她们积极支持自己的丈夫或儿子参军或帮助部队运输物资。

钟月林是红一方面军中最年轻的女性，长征出发的地方离她江西的老家不远，当时她还是个没有文化的十多岁的女孩。她八岁时，父亲得了黄疸病，康复的希望非常渺茫。中国的农村家庭失去土地是无法生存的。因疾病或者意外死亡而丧失成年劳动力，对一般农村家庭的打击是毁灭性的，大多数家庭几乎无法维持下去。钟月林的母亲害怕自己无法养活所有的孩子，就只留下儿子，把女儿们都卖给别人。钟月林十多岁时，红军来到她被卖的村子。她深深地被红军给穷人分田地、男女平等的宣传所打动，参加了一个年轻妇女的组织。在第一次集会上，别人让她介绍一下自己，她没法自我介绍，因为她居然不知道自己叫什么名字。在此之前她只知道自己是父亲的女儿，或者兄弟们的姐妹。她为自己挑选了名字，开始为当地的党组织工作，成为妇女部门中最年轻的领导人之一。红一方面军开始长征之前，她和其他的干部们被派到邻近的村镇招募新兵。

长征开始后，由于农民们对红军的负面认识，招募新兵的工作非常困难。他们听说过“朱毛”，是红军领导人朱德和毛泽东名字的缩写。朱德的“朱”与“猪”发音相同，是红色的意思。毛泽东的“毛”既可以理解成“矛”，也可以理解成毛发的“毛”。国民党的反共宣传画用一只挥舞着长矛的红毛猪从视觉来丑化这两位共产党的领导人。

关于在长征中所从事的工作，钟月林回忆说：

> 我们的主要任务一是为红军征收新兵。另一项任务就是动员劳工帮助我们运输物资，并对老百姓进行宣传工作。我们经过的地方是国民党统治的地区。当地的老百姓深受国民党反动宣传的影响，认为共产党共产共妻，朱毛很坏。红军从未走过这条路线，当地的老百姓根本就不知道红军是什么样的军队。很多地方的老百姓在我们到来之前就逃走了。我们走的是山路，村民的房子相互之间离得很远，连个大些的村子都没有。
>
> 我们每天行军，每到一个地方，就立刻出去找搬运东西的民工。你知道我的意思吗？他们就是能挑东西的人。部队刚出发的时候，我们抬了一些伤病员，还随军抬着很多装文件的铁箱子。我们的战士们只抬担架，不抬箱子，所以要找一些搬东西的劳工。

钟月林和工作队的年轻女战士们在一起夜间行军，跟随红军大部队穿越了江西省，冲破了国民党军队对苏区根据地的封锁。当她们到达湖南的时候，继续夜间行军，因为她们被国民党军队发现了，白天经常遭受敌人的狂轰滥炸。当她们边行军边作战，穿过湖南进入贵州，她们一路上主要完成以下四项任务。妇女工作队的第一项任务是她们要不断地找老百姓来帮红军运东西。这些被雇用的搬运工一般跟随红军走几天后才能回家。因为红军没有机动运输工具，连驮东西的牲畜也不多，所以在早期的长征中，搬运工起着非常重要的作用。第二项任务是对国民党的反动宣传进行回击，劝说当地的农民支持红军。她们经常使用街头剧的形式，帮助农民理解他们被地主剥削的本质。第三项任务是弄清楚她们所经过的地区的地主的人数，没收地主的粮食，一部分分给农民，一部分用来补给部队。第四项任务就是照看伤病员。随着伤员不断增加，这项任务也变得越来越重要了。她们不仅要找到搬运工来抬伤员，在找不到人的情况下她们自己也要抬担架。当她们停下来休息时，要先给伤员喂饭，清洗伤口，然后她们自己才能吃饭休息。她们还有一项困难的工作，就是把那些不能再继续行军的重伤员安排到当地村民的家里。

工作队以外的身体健康的女战士也要做相同的工作。谢飞，在父亲的宠爱下上过学，她早在13岁时就在海南岛参加了革命。后来她全家因参加革命而遭驱逐。她在中国香港、新加坡做过地下工作，后来到了江西苏区。尽管她隶属于安全部门，却和卫生部的女战士们一起参加长征，她在长征途中也从事招募新兵和宣传工作。

朱德总司令的夫人康克清是一名政治指导员，她是和总司令部一起长征的。她不仅和其他的女战士一样从事同样的工作，而且也要扛枪（有时甚至扛两杆）。她还曾参加过一次战斗。

刘英早年为了反抗父亲，上过由年轻的社会主义者和共产主义者们所创办的免费学校。她是我采访的女战士中最有文化的人，曾在莫斯科的大学读书，后来回国在江西参加了红军。她在后勤部工作，直属于红一方面军政委来领导。她是这样解释自己的工作性质的：

> 后勤部是负责管理钱、枪支、弹药、制服、机器以及印刷品等辎重，所有这些东西都是从苏区带出来的。我们招募的新兵大多必须背这些东西。作为一个政治部的领导，我尽量将这些辎重安排给运输队来搬运。但当我们没有搬运工的时候，我不得不四处招募。当他们不愿意的时候，我们要做一些思想政治工作。当没有食物时，我不得不到处找吃的。政治部除了我之外，还有许多干部也做这样的工作，而我是他们的领导。
>
> 当部队停下来宿营的时候，我们对附近普通老百姓和恶霸的情况了如指掌，将穷人和富人分得一清二楚。我们将从富人那里没收的东西分给大家，因为我们不能带太多的东西行军。如果我们从穷人家拿走一些物品，而他们家又没人的话，我们会写一张便条，并留下一些钱。当老百姓回来发现这些东西时，他们就会相信我们真的是穷人的队伍。后来当我们到达一个地方驻扎休息时，当地的老百姓就不再逃跑了。他们帮助我们，给我们准备食物。我们给他们钱和银元。在长征路上我一直保持这种做法，直到我们到了遵义。

红一方面军不仅部队行进的方式不断变化，部队的组织和领导方式也经常变动。党内关于军事战略的分歧反映在政治争论上。那些在莫斯科留过学的领导人坚持共产国际的主张，反对毛泽东、朱德所提倡的游击战方针。毛泽东和朱德坚信他们的策略是正确的，因为他们在此前成功地帮助中国共产党人创建并巩固了苏维埃根据地，因此不应该像共产国际在华的代表一样轻易地放弃自己的主张。

此外，中央红军努力向湖南北部进发，与在湖南、贵州和四川根据地受到湖南当地的军阀和国民党军队威胁的红二方面军会师。红军北上的路线受阻后，被迫继续向西，进入贵州。此时，红一方面军已经转战三个多月，部队的损失超过了1/3。他们在贵州第二大城市遵义附近停下来休整，重新整顿和编整部队，补充给养。这时，政治局的领导们召开了著名的遵义会议，重新确立了毛泽东的领导地位。

大多数红军女战士对领导们正在进行的工作知道的不多，除非她们嫁给了高级领导。即便如此，她们也要做自己的工作。康克清说她知道一些当时的情况，因为她和朱德的住处经常成为开会的地方，但是由于她忙于在别的地方搜集粮食，对会议的详情一无所知。钱希均则不然，她表示意识到了当时党内高层领导之间出现了意见分歧。作为毛泽东弟弟的妻子，她和那些高级干部的妻子们一道行军，听到她们在讨论政策方面的分歧和矛盾。尽管她们也是干部，但她们所知道的和普通战士相差无几：部队在抓紧时间休息、补充给养，而高层领导一直在开会。直到后来，遵义会议的精神传达到普通军官和一般的政治干部的时候，她们才知道领导权已经从拥护共产国际的领导人手中转移至毛泽东，毛的政策获得了支持。

刘英继续说：

> 遵义会议后，我们丢弃了很多东西，过去携带过多辎重行军是错误的。当敌人进攻时，我们不能作战。我们不应该“搬家”，我们必须轻装前进。能走路的人都派到了前线。我被派到中央。毛主席、张闻天和王稼祥三个人组成了党的领导核心。三人小组的作用相当于中央政府。由于部队进行了重新组合，许多战士在减掉负担后可以到前线作战，从而使部队的战斗力增强了很多。毛主席认为女战士能从事的工作包括：协助安排部队的日常生活，提升战士们的士气，开会时做会议记录。我在党中央书记处当了一段时间的秘书。

在接下来的两个月中，红一方面军为了与在四川境内的红四方面军会合，转战贵州和云南，但进展很慢。在这几个月里，相继又有两个小孩出生在长征途中，这又给长征中的女战士们增加了新的工作内容。而这种工作是非她们莫属的，因为男人不能帮着生小孩。第一个生孩子的是廖似光，第二个是毛泽东的夫人贺子珍。

廖似光在我们安排采访前生病了，她的故事是从她的长征回忆录中转译过来的。

> 当我们到了贵州少数民族地区的时候，我早产了。记得那天我们冲破了敌人的两三条封锁线之后，连续奔跑了 30 多里路。眼看就要到达宿营地了，我开始肚子痛，后背也很疼痛，豆大的汗珠直流。连长和医生看出这是快要生孩子的前兆，就把他们的马让给我骑。但是疼痛依然没有减轻。邓大姐了解情况后，赶快从自己的担架上下来，让我躺上去。这个时候，女同志之间的关系情同手足。当我们到了营地时，我刚怀了七个月的孩子出生了。他是个男孩，哭的声音很大，好像是让人们都知道他出生了似的。邓大姐高兴地说："他将来也是个红军战士，应该用担架把他抬到当地老百姓家，让他们来抚养。"

廖似光无法决定将孩子留在身边，因为红一方面军已经决定把孩子留在后方。她用毛巾把孩子包裹起来，在一张小纸条上写上孩子的出生日期，红军经过此地时孩子出生的情况，以及好好照顾孩子的期望。她把孩子留在了一间空荡荡的农舍里，就继续前进了。她不知道自己从此再也见不到这个孩子了。

红一方面军穿过云南后，进入到长江上游地区，开始穿越喜马拉雅山山麓的藏人居住地。他们从云南西北部转战至四川西部，终于和红四方面军会合了。他们翻过了几座海拔 3000 米左右的雪山，此时他们工作的性质再次发生转变。尽管当地的藏民对由汉人组成的红军怀有敌意，而红军面临的最大敌人则是当地险恶的地理环境。女战士们的主要工作就是给自己和队伍中的其他同志寻找食物。当工作队的其他同志在山区搜寻粮草的时候，曾玉开始分娩了。一位没有经验的年轻女战士来帮她接生，后来她把孩子留在了无人居住的藏人的房子里。

此时，红一方面军和红四方面军的高层领导又发生了政治分歧。一些女战士们从红一方面军分离出来，转到了红四方面军。以康克清为例，因为她的丈夫留在了红四方面军，所以她也跟着留下了。她被免除了司令部政治指导员的职务，被派到党校当党委书记。王泉媛和武富莲和红四方面军的女同志们一起去找藏民买粮食。直到后来向东北转移，到达陕西后，她们才重新加入到红一方面军。

由于两支部队领导层之间意见分歧，红一方面军穿过草地后就单独行动了。川北的草地是海拔很高的大草原。有些地方是干地，有些地方是沼泽，至少需要一个星期才能穿越。红一方面军的女同胞们只有一个目标：活着穿过草地。她们为过草地准备了粮食，一起共用铺在地上的垫子和毛毯，穿越草地时她们轮流背着饭锅和脸盆。她们精疲力竭，衣衫褴褛，有的赤着脚，有的穿着由碎皮子缝制的临时鞋子。她们就这样一直不停地走着，没有从事其他工作，一直到 1935 年 10 月才到达陕西与当地的战友会师。

当长征结束时，她们几乎没有觉察到这场严峻的考验中所蕴含的英雄史诗般的意义，依然从事着与长征之前和长征途中一样的工作。

红四方面军的女战士们也觉得她们在长征之前、长征之中和长征之后所从事的工作没有什么变化。比如林月琴认为，长征实际上早在 1931 年或者 1932 年就开始了，当红四方面军离开鄂豫皖根据地时就一边转移一边战斗，一直转战到四川中部和陕西交界地区时，才又创建了另一个根据地。

1929 年林月琴 15 岁的时候，红军游击队来到她的安徽老家。她是一个店主的女儿，上过一两年学，正打算出嫁。

“当时，镇上每个女孩都在谈论着要参加红军的事情”，她说。她的亲戚们一起劝她打消参军的念头，但是她已经把辫子剪掉了，加入了共青团，而且离开了家，担任党领导下的儿童团的领导。她说：“1932 年春天，打击来临了。”党组织发动了“肃反”运动，清除阶级成分不好的“坏分子”。当时认定那些受过教育的党员，由于不是出身于穷苦的家庭，因此被划定为地主阶级。林月琴因上过学，被开除党籍，不能继续工作。“这在当时称为‘清洗’，我不能在儿童团工作了。我能去哪儿啊？”

就在决定如何处置那些被“清洗”的人前夕，她们被国民党的部队包围了，红军被迫放弃了苏维埃根据地，进行转移。林月琴和其他人继续跟随红军，她们由于以下种种原因不能回家。其中最重要的就是她们的家乡被国民党占领了，她们回去后要被抓去坐牢，甚至会被处死。即使她们成功逃脱了国民党的追捕，但因为跑出来参加红军，她们在当地的名声也坏了。当然，她们坚持留下来也是出于对共产党的忠诚：即便在队伍中受到怀疑，她们也不愿意离开。她们虽然不能担任领导职务了，但始终任劳任怨。她们帮助部队油印传单，分配口粮，给伤员更换绷带。后来到了 1932 年底，她们被允许加入了宣传队。“成为宣传队的一员，就意味着你已经正式加入红军了”，林月琴解释道。

> 我们每个人都配了一个石灰桶和一把刷子，用来刷写标语：“打倒土豪分田地。工人和穷人不要走、不用怕，我们是红军。我们是打倒富人来帮助穷人的”。无论我们走到哪里，都要带着石灰桶随时刷写标语。
>
> 我们到大一点儿的村子驻扎下来后，就会调查当地的地主。我们到地主家查看是不是有多余的粮食，有没有收租子。然后，我们会问老百姓这家是穷还是富。当群众点头，说他们家很富时，我们就打开粮仓，没收他们的粮食，分给大家。

红四方面军在四川中北部和陕西交界的地区建立了新的根据地，那里鸦片的种植非常普遍。林月琴说当地几乎所有的重活都是由妇女承担，因为家里的男人大都是瘾君子。男人待在家里，做饭照看孩子。“我们很少能招募到男人，所以就只好招募妇女”。红四方面军男、女战士们帮助当地的男人戒烟。他们把烟枪砸了，禁止农民种植鸦片，督促大家多种庄稼。

二、女人的天性

> 女战士们并没有把自己看成是牺牲品。她们所从事的工作既是自己故事的主要内容，也是大历史的重要组成部分。

林月琴从宣传队调到后勤部，负责女子被服厂，后来被服厂并入军队，成为女子工兵营。因为她在被“清洗”后还能继续坚持革命，她的阶级问题得到了解决，后来当上了工兵营营长。她所领导的工兵营全部由女战士组成，只有一位男性负责记账和整理杂务。她继续说：

当有布料的时候，我们就做衣服；没有布料的时候，前方打战时，我们就到前线去帮助部队输送物资。当无事可做时，我们就从事日常的训练，包括军事训练和上识字课。女子工兵营在当时的任务不是到前线去搭桥、铺路，铺设埋伏，我们不需要从事这方面的工作，主要留在后方，协助后勤部门进行工作。由于我们大都来自服装厂，所以又被称做女子工厂营。除此之外，红四方面军还有很多其他的女兵营，比如女子独立营，后来成为女子独立团。不同的地方都有女子独立营。有很多女性在后方的后勤部门工作，其中包括那些在当地苏维埃政府、邮局和医院工作的女同胞们，尤其是医院，有许多女护士和女医生。

张文是当时在被服厂工作的一位年轻女子。当她还是个小孩子时，她的父母是佃农，欠了地主很多债务。为了让她有口饭吃，她很小的时候就被送到地主家打工。她因被诬陷偷面粉遭受毒打，她逃回家后开始到工厂工作，当时年仅 13 岁。她讲到：

工厂非常简陋，没有任何机器设备，我们主要靠手和针干活儿。我们生产的衣服是普通人穿着的那种，袖子和身子由一块布裁剪而成。工作非常辛苦。按规定，我们每个人每天要做好一套衣服，手脚麻利的人可能做完，手脚慢一点儿的人根本完成不了任务。我所说的只是一般情况下的工作情形。

我 14 岁那年参加了红军，被分配到红四方面军第四军后勤部的被服厂工作。当时负责被服厂的女领导亲自到我家，问我母亲是否同意我参军。我母亲说她不反对，因为现在男女平等了。因为我想参军，我母亲就让我走了。

张文的母亲之所以不反对自己的女儿参军，可能出于以下几方面的考虑。实际上，差不多在工厂上班的人当时都是集体活动中的积极分子。而且，张文很快要到结婚年龄了，早晚要离开家的这一事实也是促使她母亲同意她参军的原因之一。不仅如此，如果她因参军，错过了结婚年龄的话，部队还会负责帮她找丈夫，可以让父母解脱为女儿操办婚姻大事的重任。

张文是这样讲述她在部队早期所从事的工作的："当部队转移的时候，军工厂也跟着转移。当前方打战时，由于战场上急需被褥，我们有时要工作到半夜。工作非常辛苦，但大家工作时都情绪高昂。我们边工作边唱革命歌曲。我们很喜欢这种工作方式。我们自娱自乐，因为当时没有其他的娱乐活动。"

* * *

李燕发和张文都来自同一个县，但她的生活比张文更加令人绝望，因为她的父母都吸大烟成瘾。她的妈妈死了，兄弟们也离家出走，家里只有她和"瘾君子"的父亲。当她 12 岁的时候，就决定要加入红军，她说："我当时以为参加革命就可以有饭吃了。我没有其他的目的。那时候我只是个忍饥挨饿的十来岁的小孩子"。她的父亲威胁她说，如果她要参加红军，就抽了她腿上的筋。她的父亲怕她逃跑，把她送到出生前就订好了婚事的亲家。13 岁那年，她就跑了。因为年纪小，她说服附近的红军同意她参军。她被派去做宣传工作，后来得了伤寒病被送到医院。"他们不让我走，我就开始在医院里工作了"，成为了一名护士，她说道。她的任务是给伤员的伤口上药、包扎伤口和打针。"大夫告诉我打什么针。我从来没有上过学，都是大夫教的"。她把纱布或任何其他可用的布条卷好，准备好消毒用的棉花，"我们用的棉花是地主家用来做被子的。我们把棉花放到脸盆里煮沸，消毒。我们就用它来包扎伤口。"

当我们问李燕发是否知道红军是什么时候从四川和陕西的苏维埃根据地出发开始长征的，她说当时她们只是得到简单的通知要走很远的路。为了准备长途行军，他们把轻伤员送回了原来的部队，用担架抬着重伤员上路了。

当问及她在长征中的工作时，她说："我记得最多的就是掩埋尸体。因为我们在总医院工作，每天要接触很多死人。我们每天都要把死人抬走。刚开始的时候，我们还要用土掩埋尸体。当我们再往前走开始爬雪山后，几乎找不到土了，我们就用草席把尸体卷起来捆好，就算安葬了。后来到了草地，我们连草席都找不到了，就只能用草把尸体裹起来。"

长途跋涉了几个月后，红四方面军和红一方面军会师了。后来红一方面军继续北上，而红四方面军则南下，再次穿过了草地和雪山。刘坚当时是红四方面军司令部工作的干部。

她对当时的艰辛有过切身的体验。她的父亲曾经是农会的成员，农会虽然和共产党结成了联盟，但是有着盗匪的坏名声。他父亲由于工作的关系要经常离开家，刘坚的父母就把她委托给叔叔婶婶抚养，却不知道她叔叔是个大烟鬼。他为了有几块钱买大烟，很快就把刘坚卖了。她受尽折磨，曾深思熟虑地想过要自杀。后来，父亲找到了她，帮助她加入了红军。

刘坚说，当红四方面军爬雪山时，她们几乎毫无准备。

> 我们经历了异常艰苦的一段时期。我们通常在经过的地方筹集粮食，但由于我们准备得不充分，所以筹集得粮食不多。女战士们，无论是领导还是普通士兵，都扛着枪、子弹、担架。我也抬着担架，走起路来非常费劲。路上有石头，那种成堆的很高的岩石。如果是那种蜿蜒崎岖、狭窄的小路，抬着担架是怎么走过去的呢？一些人走在前面，将担架背在背上爬上岩石，后面的人用力推着，我们一路上不停地重复着这种经历。

此时，康克清也从红一方面军调了过来，和刘坚所在的小队一起，整整用了三天的时间翻越了喜马拉雅山山麓附近的大雪山。康克清生病了，刘坚的小队接到命令要把她留在沟渠中。然而，她们临时用小树和绑腿做成了一副担架，把她安全地抬到了山脚。她们后来在四川西北部的甘孜驻扎下来，1936 年 7 月和二、六军团会师。

刘坚继续说道：

> 我们小队主动去找少数民族聊天，还给喇嘛们做思想工作。如果我们的工作做得好，他们就卖给我们羊毛。我们付钱给他们。有些是纸币，有些是银元。遇到没人的情况，我们就留下便条和钱，然后拿走羊毛。我们的思想政治工作做得非常细致耐心。
>
> 我们在那里休整了三个月。准备第三次过草地。我们买好羊毛后，放到河里清洗，然后用木棍拍打直到它变软了为止。我们把羊毛纺成线，就可以织成衣服了。由于我们没有打毛衣

的针，就用雨伞的骨架或者细树枝来代替。如果我们想织比较长的毛衣，就需要几十副这样的细树枝，因为它们特别容易折断。如果树枝太粗糙了，就不能顺利地穿过纱线。我们不仅给自己打毛衣，而且还要给红二方面军的战友们织，因为他们也要过草地。我们每一个人都是给自己织一个，帮他们织一个。如果战士们没衣服穿，怎么能过得了草地呢？还有很远的路要走呀！

当红军在甘孜休整的时候，何曼秋刚满 14 岁，刚从四川的老家跑出来，“在奶奶给我找到婆家之前”参加红四方面军，开始了新的生活。她为部队缺乏治疗妇科病方面的医疗知识而深感痛心，于是在总医院接受培训，成为一名护士。当红四方面军在川北的甘孜休整改编的时候，那些在长征途中每人只允许带一本医学书籍的医生们，创建了一所卫生学校。因为她在参军前上过学，很容易地就通过了考试。她考上卫生学校后，最终成为一名军医。

*　　*　　*

1935 年 12 月，红二、六军团离开了贵州、湖南边界，当时队伍里大约有 25 名女战士。蹇先任和蹇先佛姐妹，分别嫁给了贺龙将军和萧克将军。姐姐带着刚出生的女儿贺捷生参加长征，妹妹在草地上分娩生孩子。两支队伍沿着平行的路线行进，一路上很少会合。他们和四方面军会合后，重新改组整编为红二方面军。

我们采访了红二方面军的四位女战士。除了蹇氏姐妹之外，还有陈琮英，她是一名译报员，嫁给了党的高层领导任弼时。她之所以被选中从事这项工作，是因为她在 30 年代早期在国民党的监狱里经受住了敌人严刑拷打的考验，另一方面因为她是文盲，万一被敌人抓到也不会泄露电报的内容。第四位是马忆湘，她在十一二岁时不堪忍受婆家的虐待，认为婆家人要把她活活打死，经过苦苦恳求，留在红军医院当一名洗衣女工。她在长征途中的工作越来越繁重，既要当护士，又要招募新兵，还要从事宣传工作。

蹇先任是带着襁褓的孩子参加长征的，她在不照看孩子时也做些宣传工作。她的妹妹蹇先佛在参军前受过美术方面的训练，长征时在宣传队里负责画海报。所有在宣传队工作过的女战士都说到说服农民相信，他们生活的状况是不能接受的和可以改变的。她的宣传画非常生动地反映了地主对农民的剥削。

蹇先佛和陈琮英都是在离开川滇黔根据地开始长征前怀孕的。她们都是在1936年夏天生孩子的，当时红二方面军正在过草地。她们生孩子时都有男医生在场，但是分娩时男医生和丈夫都待在外面，是由女同志接生的。两人都在生孩子后一两天就骑着马继续长征。与红一方面军对女战士的严格要求不同，她们没有把孩子留下，而是带着孩子继续长征。

红四方面军曾三次过草地。第一次是和红一方面军一起过的。当时这两支队伍为最终的目的地产生了矛盾，红四方面军向南走，再次穿过草地。红四方面军与红二方面军会合后，又再次向北，与红一方面军会合。刘坚已经记不清她们当时是用了两个星期还是将近三个星期才走出草地的。

> 你走在石子和沙子上的时候，可能很快就会陷进流沙中。你走路时，随时都会陷入沼泽中，因为到处都是沼泽地，道路非常狭窄。你只有一条路可走，没有别的选择。如果你想跑，就会跌倒。如果你掉进了沼泽里，有人想把你拉出来，反而会陷得更深。草地就像是浆糊，把你拉倒。从远处看，它像是麦田，金黄一片。草也不高。当你站在远处看，好像能看到边界，但实际上你走三天也走不到头。虽然草地上有水，但你不敢喝。那里的水散发着一股臭味。
>
> 走在草地上，就像走在毯子上，一脚踩下去，另一只脚就会弹起来，非常柔软。我们那时没有足够的草鞋了。草都贴着地面长，踩上去很滑。如果你不马上走开，就会摔个屁股蹲儿！周围都是这样。泥沼遍布四周，有些大有些小。如果你陷进了泥沼就很难走出来。这边一点儿，那边一点儿，一点规律都没有。
>
> 我们每个今天还活着的人，都不知道明天是否还能活着。我们只想到一个地方能吃个饱饭，美美地睡个好觉。这是我们的最高期望，因为走到最后我们都没有粮食了。

安全走出草地后，蹇先佛的丈夫萧克被调到西路军，而红二、红四方面军则继续向陕北根据地进发，因为红一方面军已经在那里建立了根据地。她和孩子在两名男战士的帮助下，跟着丈夫的部队走，后来战斗越来越激烈，她决定突围出去，到邻近的省去寻找红一方面军。

*　　*　　*

在有关长征的西方历史学著作中，很少甚至没有人谈到宣传、征粮、招兵以及照顾伤员。换句话说，当时许多男女战士们所从事的后勤保障工作被看做是理所当然的，在军事或政治历史中无足轻重。一般的历史书提及女性时，经常把焦点放到妇女所经受的苦难。然而，那些接受采访的女战士们并没有把自己看成是牺牲品，反而认为她们在长征路上的工作非常重要。她们所从事的工作既是她们自己的小故事的主要内容，也是大历史的重要组成部分。

女红军战士们所从事的许多工作体现出一种女性养育的天性，在很多社会中被称为“女红”，尽管当时的条件与传统的环境已相去甚远。她们设法找粮食，帮助雇用劳工，缝制衣服，从事日常护理工作，帮助接生。她们还从事一些养育功能之外的其他工作。女战士们不仅比男战士更容易和村里的妇女沟通，她们还在宣传队里做着与男战士们一样的工作。女战士们也要从事运输方面的工作，需要的时候要背背包、抬担架，有时候她们还得扛枪。无论男战士还是女战士都一起从事翻译电文、写标语、画宣传画、开会时做记录、招募新兵等工作。

凡是参加长征的退伍战士们的生活，尤其是那些红一、红二方面军的退休老红军，他们的生活和那些村子里没有参加过长征的亲戚朋友的生活完全不同。长征结束后，红四方面军的许多女战士被马步芳的部队俘虏后遭遇很不好，因为她们很多人都成了马家军的小老婆。20 世纪 80 年代早期，有关部门一致努力证明她们的身份，后来又恢复了红军退伍战士的光荣称号。很多红一方面军和红二方面军的老战士都是在北京或者其他省会城市退下来的。她们退休时都享有很高的威望，有些甚至位高权重。很多女战士都嫁给了非常杰出的领导人，尽管有人怀疑她们是因为丈夫的关系而获得了提升，但这也不全是事实。有一位女同志，虽然没有地位显赫的丈夫，也当上了中共广东省委书记这样的高级干部。还有很多人是国家或省一级的政协委员。虽然大多数参加长征的女战士并没有在国家的决策层中占据半边天，但是她们被视做国家的瑰宝，享有很高的声望。

第七章

红一方面军的女战士

本章共有 12 位女战士讲述了她们在长征中的经历，她们讲述的内容比其他部分的总和还要大。这些背景、经历和性格各不相同的人讲述了同样的故事，都以直接的方式强调了中国的共产主义社会的集体性质。由于红一方面军是在中共中央直接领导之下的，他们的纪律是所有参加长征部队中最严明的，从很多渠道听来的故事能让读者判断这些女战士们所讲述的内容是否真实。这样，我们就可以获得更多的可供判断的信息，来理解在男性占统治地位的军队中这些身为红军、共产党员或者共青团员的女战士们的经历的性质。

这 12 位红一方面军的女战士们分别来自广东、福建、江西、湖南和浙江的农村和乡镇。她们大多数人出身贫寒。那些能够供得起孩子上学的家庭都很传统，一般只让男孩子读书上学。六个人被卖到别人家当童养媳，其中有两个人遭受虐待。五家虽然娶了童养媳，但没有可以成亲的丈夫。有几个来自有强烈革命信仰的家庭。她们都知道如何努力工作、奋斗和生存。在她们加入革命的早期，就在共产党和当地的县、区、省和中央的政府部门，尤其是妇女部门当上了领导。有几个人还在红色根据地的首都瑞金召开的第二届人民代表大会上被选为正式或者候补代表。在 1934 年 10 月长征开始前，还有很多人被选派到党校当干部或者学生。

一、通往瑞金的道路

康克清和大约 80 名赤卫队员跟随红军一起进山，大家都在谈论他们的司令员，“但是，我从来没有想过会嫁给他！”

☆李坚真：“孩子还是得要。”

我的家乡非常穷，
三户人家的小山村；
顿顿都是地瓜粥，
家里只有破家具，
破旧的板凳和木床，
手里拿着红缨枪，
妇女要力争得解放。

（李坚真语）

1988 年李坚真在广州家中（作者拍摄）

1907 年是中国的马年，在广东省东部丰顺县一个贫苦家庭，又一个女孩出生了。她妈妈在背着孩子挑水回家的路上，碰到了一个木匠，告诉她说有孩子对她来说是一大笔财富。她反驳说不想要孩子。木匠看了看孩子的手，就主动出价将孩子买回家，并说：“孩子还是得要的。”

当父亲的听说妻子把他们八个月的孩子卖了 8 吊铜钱时，就主张通过媒人将孩子正式地嫁给木匠家。这就可以保证孩子不会被卖来卖去，这种事情当时经常发生。

媒婆拿着把扇子，带着孩子就到了木匠家，在婚礼上媒婆一边抱着孩子，一边扇着扇子，这样，她就成了正式的新娘了。她的名字也被写进了家谱。但是，李坚真说：“这不是真正的婚姻。那时候，我的‘丈夫’才七岁。”

李坚真通往长征之路始于她在十八九岁的时候参加了革命。她的第一项任务就是“手中拿着红缨枪”站岗放哨，当时一些男共产党员正在她家开会。她在由彭湃创建的最早的根据地——广东海陆丰苏维埃根据地工作。加入共产党后，她在党的部门和广东和福建的苏维埃政府中担任越来越重要的领导职位。她到瑞金后不久就开始长征了，当时她已经有八到十年的革命领导经验了。在党决定动员妇女参加革命前，她所从事的工作与妇女工作没有多大关系①。她前往中央根据地之前在福建省委的妇女部门工作。周恩来和邓颖超让她留在瑞金领导妇女部。“我不想当领导”，她说，“我哭了”。她的任务是负责管理妇女们给红军做粮袋子、编草鞋、做衣服。

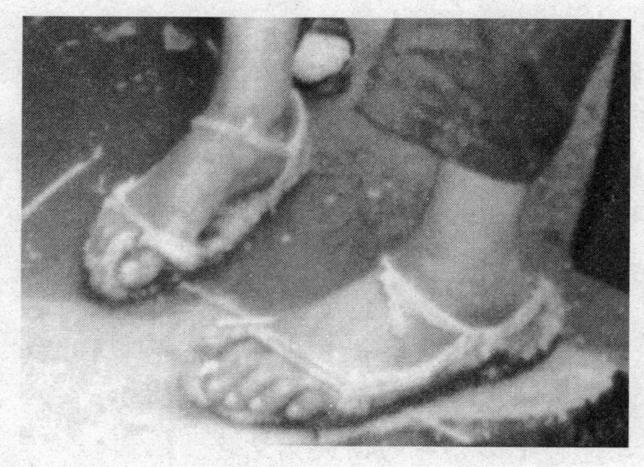

一位长征中的老战士，1997 年在贵州穿着与长征时一样的稻草鞋（作者拍摄）

☆刘英：“为什么要让女孩受教育？”

刘英出生于湖南省，位于李坚真的家乡——广东省的北部。1905 年刘英出生时，她家里的经济情况正处于急剧下降的时期。她的父亲受过传统的教育。她的母亲也有些文化，但是她父亲“非常封建”，重男轻女。

刘 英

> 我家在村里有自己的土地。因为军阀混战，我们无法在乡下居住，只好全家搬到长沙，雇用农民照看土地。我家算是小地主，但是快要破产了。因为家里没有足够的钱让所有的孩子都上学，就只供男孩子读书，认为女孩子上学没用，反正将来要嫁人，早晚是别人家的人，为什么要花钱让她们读书呢？
>
> 我母亲的家在长沙。她学过一些传统的经

① 中国共产党开始让工作能力强的女干部担任妇女部的领导，以便动员农村妇女来支持革命。但从李坚真被任命为妇女部领导的反应来看，似乎从整体上说意味着女性是从党的重要领导职位被边缘化了。关于更多的背景与分析，见吉尔·马丁：《中国革命中的性别问题》。

典，认为女孩如果没有受过教育，就只能过一辈子悲惨的生活。由于母亲认为女孩子应该读书，她支持我上学的想法，但是我还得和家人做斗争，因为我父亲非常反对。

刘英的父亲安排刘英的姐姐嫁给了一个患了肺结核的人，那人在结婚后不到半年就死了，而且还传染给了新婚的妻子。几年后，刘英的姐姐也死了。

刘英下决心要掌握自己的命运，成为一个自食其力的人，那样父亲就不能强迫她结婚了。她通过自学考上了长沙师范学校分校。该校是由县里出资兴办的，不收学生的学费。不久，她又考上了由徐特立刚刚创办的长沙女子师范学校。徐特立是早期的共产主义者，曾与周恩来一起留学法国。刘英继续回忆到：

这是我人生中最重要的时期，我从进步教师那里接受了革命思想。他们全是男老师——学校没有一个女老师。他们要么是中共地下党员，要么就是孙中山领导的国民党党员。他们的影响非常大，因为他们告诉我们要热爱自己的国家，给我们树立了爱国主义的思想。在我们的历史和地理课上，我们学到了帝国主义对中国的侵犯以及中国军阀的破坏。语文老师也教给我们这些知识。

我刚上师范学校的时候，几乎没有什么革命思想。我想毕业后要当一名教师，就可以自己养活自己而不用依靠家里了。我当时的思想是“自我奋斗”，而不是革命。后来我在学校受老师们的影响，逐渐意识到自我奋斗是死路一条，唯一的解决办法就是参加革命。所以我参加了由老师和学生创办的社团以及共青团。那时我还非常年轻，大概只有十八九岁。

1925年的五卅运动引发了湖南的学生运动。由于校长徐特立没有阻拦我们，老师又鼓励我们参加，我们学校成为所有女子学校中参加人数最多的。我们想要救中国。如果我们不爱国，如果我们不打到帝国主义、尤其是英帝国主义，我们的国家就会灭亡，我们就会遭人奴役。所以学生们都积极参加到运动中。在革命的潮流中，我们在湖南建立了全省学联。

革命道路将刘英引领到校园以外，积极参加到党组织的工作中来。她曾在省工会和妇女部工作，1927 年国民党背叛国共合作的统一战线后，共产党成为非法组织，她转而从事地下工作。

1928 年她被派到上海，然后转至莫斯科的中国共产主义劳动大学学习。“苏联非常欢迎我们这些来自中国的优秀党员前来接受高级的理论培训”。她说：“那时，苏联是共产国际的所在地，给了我们许多帮助”。回国后，在 1932 年经过了 40 多天的艰苦行程，脚都磨起了泡，她终于从上海辗转到了中央根据地的首府瑞金，在离瑞金不远的于都工作。

* * *

和刘英一样，所有的女孩子都非常渴望能上学。李坚真说，她会读和写一些字，那是她每次将弟弟送到学校后站在教室的窗户下面“偷听”学来的。

钱希均更幸运，她从小指腹为婚的“丈夫”为她安排好了学校。她的“丈夫”上的是教会学校，认为基督教是帝国主义的，于是加入了共产党。他将“童养媳”当做自己的姐妹而不是未婚妻，他把钱希均带到了上海，为她登记上了平民女校，这是一所共产党员为他们的母亲、妻子和姐妹们开办的学校[1]。后来学校由于资金缺乏而解散，钱希均又到浙江上了几所国立中学。她一直都以学生的身份积极参加党组织的活动。1924 年，她回到上海参加了共青团，第二年她刚满 20 岁就加入了共产党。

☆钱希均：“一切都有补助。”

1926 年，钱希均和毛泽东的弟弟毛泽民结婚。他们同在出版印刷共产主义宣传材料的部门工作。

在上海的那几年，她的生活与陈琮英既平行又交叉[2]。她们都从事为共青团和共产党的高层领导传送情报的非常危险的工作；她们都嫁给了中共的高级领导，并帮助策划将他们的丈夫从狱中解救出来；她们都是通过福建的红色通道来到了江西苏区的。

1931 年，钱希均和毛泽民到瑞金参加第一次全国苏维埃代表大会。

① 该校创办于 1922 年，非常方便男党员们的聚会，他们以会见自己家属的名义，自由进出学校，不会引起怀疑。

② 详见本书第二章。

钱希均

当我们到达瑞金时，我负责协助他们开会。我做些安排食宿和生活起居方面的工作。代表们来自全国各地，他们都是走来的——没有汽车，也没有马车。当代表们来了以后，康克清和我负责照顾大家，通知大家什么时候开会、吃什么、在哪里住宿。大会结束后，我们建立了苏维埃中央政府，我从事党务方面的工作，担任支部书记①。中央苏维埃政府的所有党员都由我管理，甚至包括毛主席，他的组织关系在我们支部。我的工作是组织大家开会、处理党内的一些矛盾和来自群众的不同意见。但是我们部门群众很少，基本都是党员。

我们最重要的工作就是照顾交通员、警卫员和传令兵这些人，做他们的思想工作，努力帮助他们扫盲。

在苏区，一切都有补助。我们不需要太多钱，甚至一点也不需要。因为我们什么也不用担心。那种感觉真是太好了！

我们住在一栋普通的平房里。你一进门会看到一块小小的空间，那就是我们的银行。屋里还有一些地方是办公室，银行的领导、会计部门的领导、会计和图书保管员，一共十来个人在那里生活、工作。我们的家也住在这样的地方。房子比办公室略小，不足300平方英尺②。人们需要钱或者其他东西，都到我的屋子里来。我们在这间屋子里吃饭，在挂着蚊帐的木床上睡觉。

有人打水、有人做饭、有人炒菜，每家都有一个金属做的盘子来盛饭。服务人员会问你们家有几口人，然后给你定量的

① 钱希均是苏维埃中央政府机关支部的支部书记。见斯塔纳罕（Stranahan，Patricia）：《地下党：上海共产党的生存策略（1927—1937）》（Underground：The Shanghai Communist Party and the Politics of Survival，1927—1937，Lanham，Md.，1998.）。书中第二章介绍了1927年至1930年上海中共地下党的组织和职能。当时中共的运作方式和30年代在苏维埃根据地时相同。

② 约合27平方米，译者注。

食物。如果谁家有客人来，他们会给另外加量。我们吃的主要是蔬菜，比如茄子、红薯、豌豆等，毛主席也吃同样的饭菜。我们每顿饭都只有一盘蔬菜，没有肉。

一直到1934年10月红一方面军离开瑞金开始长征之前，钱希均都在瑞金的中共党组织、党校、党报工作，担任过各种各样的工作。

☆康克清："我从来没有想过会嫁给他！"

在江西苏维埃召开的第一次苏维埃全国代表大会期间，康克清和钱希均一起帮忙登记与会代表，安排房间。

康克清于1911年出生在一个贫穷的渔民家庭，被卖到另一个穷人家当童养媳。她出生在江西西部与湖南交界的井冈山地区的一个小乡村。毛泽东和朱德在20世纪20年代后半期率领部队在那里创建了革命根据地，后来1931年又在江西和福建地区建立了另一个根据地。谈起童年时期，康克清说：

你可以说我是被卖给那家人的，也可以说是送给那家人的。当时这种情况非常普遍，人们不懂得计划生育，一个接一个地生孩子。我们家有十个小孩，三个男孩、七个女孩。收养我的那家，只有我一个孩子，盼着生一个男孩。

康克清（摄于1944年）

我在那家干所有儿媳妇要干的活儿，儿媳妇不该干的活儿，我也不用干。比如，我五六岁的时候就开始捡柴火。比起其他的童养媳，我的情况算是比较好的，并且那家人很喜欢我。

1926年，我的家乡成立了妇女组织，我就帮他们干点事，比如将妇女们组织起来，解放她们。我也参加了农会、妇女组织和儿童团。1926年加入共青团，我们就是这样参加革命的。

当大革命结束时，康克清只有14岁。她说"即使革命处于低潮时期"，她仍与党组织保持着密切的联系。她不知道养父也是积极参加革命的。有一天，她正在扫地，中共的早期党员、朱德的战友陈毅来找养父。

我扫地扫到门口时，听到他们在谈话。后来我就问父亲，发生了什么事情。我对他说，如果他不告诉我他在干什么，我就告诉别人。父亲对我说，红军的部队正努力让人们以为他们准备要打仗，但这只是佯攻，他们打算要撤退。

部队到我们这里的第一天，就把地主家的粮食分给了穷人，妇女们自己组织起来，用四轮车运送粮食。部队待了三天后，我就和他们一道走了。

康克清和大约 80 名赤卫队员跟随红军一起进了山，当他们行军时，大家都在谈论他们的司令员，“但是，我从来没想过会嫁给他！”

战士们在排队集合，接受司令员的检阅。这是我第一次看到他。他给我的第一印象是他又浓又黑的胡子和黑色的面庞。他穿的衣服和普通士兵一样，看上去就像一个普通的士兵。

此后一段时间，我们没有任何接触。我曾见过他的妻子吴若兰。她是一个知识分子，会写标语，非常能干，但很沉静。在我们认识后，朱德的妻子下山执行任务，结果被敌人抓住了。她被俘后遇害了，敌人割下她的头示众。

康克清 18 岁时，嫁给了朱德。在后来的岁月里，她证明自己是个能干的战士，并赢得了士兵们的尊重。1931 年她加入了共产党，并开始在党内取得一定的政治地位。

* * *

我采访的六位女战士家都实在太穷了，都和康克清的家里一样不得不卖掉自己的孩子。这些女战士都出身“贫农”或“雇工”家庭，有的是佃农，有的是半熟练的技工，还有的是渔夫。尽管她们出生在 1905 年到 1915 年，她们却用毛泽东在 1933 年发表的文章中所用的阶级划分法来描述自己的家庭。在这篇文章中，毛泽东是这样来形容中国的阶级状况的：

——地主靠剥削他人为生。
——富农靠剥削他人劳动为生，但自己也要参加劳动。
——中农全靠自己劳动来养活。
——贫农靠出卖劳动力，成为雇农来养活自己。
——工人以出卖劳动力为生。①

☆邓六金："我们怎么能这样生活下去?"

对于穷苦的农民和工人，尤其是那些生活在几省交界的偏僻山区的人来说，生活是异常艰难的。邓六金出生在福建和江西交界的一个小村庄，离瑞金大约有 64 公里。1934 年之后她又从瑞金踏上了长征路。她的生父是一个佃农，同时还兜售一些针线等生活用品以补贴生计，"他挑着这些零碎的小东西从街头走到田间叫卖"。邓六金刚出生十天，就被父母卖给了父亲在挨家挨户叫卖时结识的另一家人。

邓六金

我家有六个孩子，家里很穷，父母养活不起这么多孩子。当时只有一个姐姐出嫁了，我们其他四个女孩都是从小就送给了别人。他们也是实在没有办法。

收养我的那家人没有男孩，只有老两口。我的养父是个理发师，算是手工业者，不算是农民。他是个瘸子。我经常帮助他抬着理发箱，从一个地方走到另一个地方，帮别人剪头发。

六岁的时候，我开始当学徒，一边跟他挑着工具箱走村串户，一边和他学理发的手艺。开始我给人洗头发，后来我用理发刀给人剪头发和刮胡子。

十岁的时候我开始学着犁地。我还到山里捡柴，从井里打水，干各种各样的家务活。

我们从地主那里租了一亩地。我们就靠这一亩地的收成和父亲理发赚的钱来养活全家。尽管我们一年种两季稻子，但是不得不将大部分粮食给地主交租，自己留下的粮食很少。我们

① 参见《毛泽东选集》第 1 卷，人民出版社 1991 年版，第 137—139 页。

还种植其他东西来养家糊口，比如红薯。我们一年到头每天都吃红薯，有时一日三餐都吃红薯。

有时候我们实在没有东西吃了，遇到这种情况，我的养父母就会拿着粮袋到地主家去讨些粮食。他们不但不借给我们粮食，还放狗出来咬人。我的腿上现在还留着地主家的狗咬过的伤疤。地主就是这样欺负穷人的！

春节对我们来说是最重要的节日。辛辛苦苦工作了一年，过春节的时候，我们很想吃点肉。有时候我们靠养父理发挣来的钱买块布做件新衣服。我们通常一件衣服要穿三年。

我清楚地记得有一年春节，我们三人正在一起吃年夜饭，有肉、豆腐和其他一些好吃的东西。几个地主家的仆人突然破门而入，要我们还债。我们当然没有钱。他们说："你们有钱买肉吃，却没钱还债。"接着他们就把桌子上所有的东西都拿走了。

我们怎么能这样生活下去啊？为什么穷人要一直这样生活？有许多许多像我们这样的人。地主只是少数人。除了三四户地主外，其余的都是穷人。我开始想这些问题。

1929 年毛泽东、朱德和陈毅带着队伍来到我的家乡福建西部之前，我一直都过着这样的生活。

在国民党和共产党打战的地方，都流传着"朱毛"要来了的说法。"朱毛"是毛泽东和朱德名字的缩写。当地流传各种谣言，一种说法是"朱毛"杀人放火，还有些谣言恶意地解释"朱"和"毛"的意思，说朱总司令的"朱"是"红色"或"鲜红色"的意思，而且和汉字"猪"的发音相同；毛泽东的"毛"的意思是"毛发"，和汉字"矛"的发音相同。有人造谣说"朱毛"是一头红色的长满长毛的猪，能把人刺死。

邓六金所在的小镇上的居民大部分都躲到附近的山里去了，后来红军宣传队劝说他们不会受到伤害，他们才搬回来。邓六金和一位加入共产党的优秀工人非常要好，在他的劝说下邓六金也成为了一名革命者。她把自己的头发剪掉，加入了共产主义组织，在妇女组织中她不断进步，从村级升到县级、省级，1934 年被送到瑞金的党校学习。

☆李桂英：“不要辱骂童养媳！”

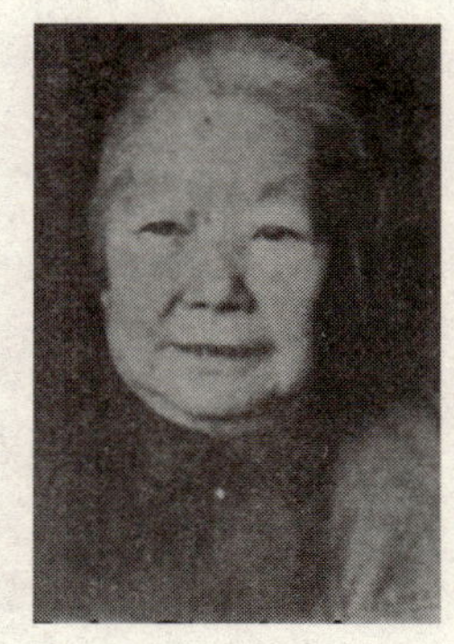
李桂英

李桂英出生在江西西南角的一个小镇子，离广东和福建差不多都是 25 公里远。1927 年或 1928 年她十七八岁时，听说了朱毛红军来了。她不相信“朱毛”能杀人的谣言，于是就背着柴火到镇子上去卖，这样就可以打听到人们究竟是怎么说的。

红军一到了村子里，就建立了党组织。李桂英参加了扫盲班。当她的养母知道后，不但打了她一顿，还威胁要杀了她。李桂英得到了扫盲班同志的保护，剪掉了头发。

她从养母家逃离出来，在 1930 年参加了共青团。她在团组织中努力工作，逐步地从基层向上发展。她参加了红军，负责招募新兵。她说：“那时我很年轻，身体也好，工作十分努力，但是我没有文化”，“我在扫盲班也没学到什么东西”。她是广东—江西省委妇女部门的负责人，1934 年她和丈夫被调到瑞金的中央组织部工作。

☆钟月林：“谁将为新世界战斗？”

钟月林

钟月林于 1915 年出生在江西东部山脚下一个贫穷的家庭里。在她还很小的时候，父亲就得了黄疸病。家里没人能干重体力活，又没有多少存粮，就只能买米吃。“我们家经济上很困难，但是生活还算过得去。吃饭、穿衣还不成问题。”当她六岁的时候，父亲的病好了一段时间，小弟弟又出生了。当她还蹒跚学步的时候，一个妹妹夭折了。“那时候农村缺医少药，如果一个人得了重病了，就只能等死或靠老天保佑了。”当她大概八岁的时候，父亲的病又复发了。钟月林的母亲害怕丈夫病逝，就把她送给了于都附近的一个中农家。不像其他长大后被卖到别人家的“童养媳”，遭受婆家人的虐待，那家人对她还不错，她要嫁的“丈夫”是一个学生，比她大两岁。

当钟月林 15 岁时，朱毛领导的游击队来到她的家乡，她听到了许多关于红军的议论，有好的，也有坏的。她听了以后觉得共产党是好样的。她说："我相信共产主义者会解放全人类，打倒土豪，分田地，实现男女平等。"红军来到她的家乡后，成立了地方政府和群众组织。钟月林加入了少年先锋队。在一次妇女大会上，她第一次有了自己的名字。在游击战期间，她在少先队中努力工作，不知不觉地在村民中做了许多宣传工作。

那时候，天下雨时，农民们无所事事，聚在一起聊天，他们经常谈论共产党和红军。当时，我还是个小孩，有时会插嘴说："我不相信红军真的共产共妻。"有些思想保守的人很害怕参加红军。我就对他们说："参军有什么错?"我反驳那些男人所谓"我们想要老婆!"的说法，插话反问道："谁来为新世界而战斗呢?"此后，我就被推荐加入了共青团。

钟月林那时是被推荐加入的。然而，当时的共青团也开始进行清洗运动，清除那些阶级背景有问题的党员。她的入团介绍人突然失踪了，这让一个年仅 15 岁、没有文化的女孩开始感到怀疑，究竟谁才是真正的共产党员?

儿童团也在处决人。他们每天都在抓人，一个人可能上午还在抓别人，下午他自己就可能被别人抓走。许多在革命中成长起来的人就这样被逮捕和杀害了。后来，中央发布指示立刻停止清洗运动："那些没有被杀的人必须立即释放。"那时我的心才平静下来。

共青团的人又来找我谈话，我于 1931 年春正式加入了共青团。我庄严地一句一句宣誓。当时共青团是秘密的，没有公开。如果你去开会，不能和别人一起去，必须一个人单独去。

我入团后，参加了苏区的很多活动。共产党员和共青团员被动员要带头剪掉长发。你必须反对旧礼教的标志，这可不是件容易克服的障碍。剪发被看做是最为骇人听闻的反对传统的行动。我那时是童养媳，还没有结婚——梳着一条辫子。当时因为觉得剪辫子是正确的，我就自己拿把剪刀把辫子剪了。我是村子里第一个剪辫子的人，招来了许多的流言蜚语。来势非常凶猛！我还不习惯反驳大家的言论，人们经常用手指着我说三道四。试想一下，在几千年的封建社会中，没有人剪过自己的头发，所以如果你剪了头发，那可是大逆不道啊！我不在乎他们议论我剪发的风言风语。

除此之外，我没有留给他们任何话柄。我什么错事也没做。我只不过是个农村姑娘，很单纯，唯一的理想就是参加革命，响应党和团队号召。参加革命是多么伟大啊！

由于钟月林是村子里第一个参加革命的人，她被安排到县里工作。当接到任命信时，她说："我拿到信时非常高兴，真是无法形容我当时的感受。"她的"未婚夫"已经参加红军了，把她送到地区级的新岗位上，她一直在县里工作，直到 1933 年才被调到瑞金中央妇女部工作。

☆危秀英："拿笔比拿锄头还难。"

危秀英

危秀英出生于 1910 年，6 岁时她虽然又踢又咬，还是被卖到江西兴国县高城村的一户人家。1930 年，一些和她在农田里干活的年轻人经常提醒她不要忘了在婆家所受的虐待，劝她和他们一道参军。当危秀英和她的朋友们跑去参加红军时，红军正要离开兴国。"他们说红军不收女战士。后来他们还是收留了我，发给我一顶红军帽"。那年她大约 20 岁，是部队里唯一的女性，但并没有被当做女兵来对待。她说："分配工作时，他们对我就像对男战士一样。"

当她所在的部队返回到兴国后，高城村的领导让她参加当地的政府，她被推选为人民政府的常委，负责改善当地妇女的生活。她在 1932 年加入了共产党，在党和政府部门中的职位不断提升，从村级到县级、区级和省级。在省委时，她在蔡畅同志领导的妇女部工作。蔡畅是最受尊敬的早期革命女性之一。危秀英解释说：

蔡畅同志要我向她报告农村妇女的生产、日常生活和家庭生活的状况。妇女必须在政治、经济和社会地位等各方面得解放；妇女应该和男人平等，也应该致力于农业生产，因为精耕细作才能为家人、为国家和人民生产更多的粮食。蔡畅告诉我到农村去看看妇女是否参加劳动。我回来后，向她口头汇报了我了解到的情况。

因为我从来没有上过学，蔡畅大姐想让我学习读书写字。她每天教我两章。当时没有纸和笔，我就蹲在地上，用小木棍当笔，在地上练习写字。

我最早练习写的字就是“中国共产党万岁”。

后来，蔡畅大姐用她自己的钱给我买了纸和笔。我不知道怎么拿钢笔，就对她说，拿笔比举锄头还费劲。我可以用一把锄头挖50多斤土。蔡畅大姐站在我背后，手把手地教我写。我们就这样每天练习，坚持了两个月。后来，我到农村去了。她又给我买了笔记本。

她告诉我：“如果其他的字不会写的话，你只写一个字就可以了，我能明白你想说什么。”

蔡畅大姐对我就像我的亲生母亲一样。她比我大十多岁。当时食物是定量配给的，如果我分得不够吃，她和她的丈夫就把他们的分给我一些。

1934年4月，江西省委派我到中央党校学习。蔡畅大姐有一块羊毛毯子，那是她在法国勤工俭学时省吃俭用攒钱买下的。她和丈夫共用一块毛毯。她将毯子一分为二，送给我一半。

我不想要，但是蔡畅大姐命令我收下。她还给我缝了一个书包，送给我一个碗。我们江西人经常用筷子，但是蔡畅大姐担心我会把筷子弄丢，所以她把自己在法国用的勺子送给了我。

参加长征前，危秀英在瑞金的党校担任党支部书记和她所在班级的班长。

☆谢小梅：“因为工作需要，罗明和我结了婚。”

当谢小梅到瑞金党校工作的时候，她的丈夫罗明正处于政治风云的漩涡之中。1933年罗明撰写了一份关于福建省委成功开展游击战的报告，他和妻子都参加了游击战。谢小梅解释说，这份报告被用来诋毁毛泽东。当时党的领导人，也就

谢小梅

是有名的二十八个布尔什维克把这个报告看做是共产国际路线反对中央委员会的所谓“罗明路线”[①]。二十八个布尔什维克都在莫斯科接受过培训，和共产国际保持着密切的联系。当时共产国际主张放弃游击策略。

谢小梅1913年出生于福建。她的一个哥哥是共产党员，经常在家里召集党员们开会，为党员提供安全的住所。谢小梅在当地的电话局当接线员，她事先知道国民党准备袭击她家抓捕她哥哥的消息。她警告哥哥赶快转移到安全的地方，为他提供了充足的时间销毁证据。但她的另一个哥哥就没有那么幸运了。他虽不是共产党，但收到过弟弟要他策反国民党士兵投奔共产党的信。“那封信是在白色恐怖时期被警察发现的。我大哥被抓走后，不到三天就被处决了。”谢小梅也被关押过一段时间，后来被驱逐出自己的家乡。

1929年谢小梅加入了共青团和共产党。她解释说，自己之所以结婚是由于当时她和罗明以夫妻的名义，被派到同一个地方工作。“1931年1月，由同志们出面做媒，由于党的工作需要，我和罗明结婚了，我那时20岁。”

他们在上海工作了一段时间，后来又返回福建，在党内担任各种各样的工作。1933年罗明写的一份报告成了后来所谓“罗明路线”的主要内容。那年的4月，谢小梅被送到瑞金的中央党校学习。

> 我在教务部工作，由中央组织部选派来的学员来到党校以后，由我们负责安排报到的时间和地点，并安排好住宿和分好班级。我们还要负责决定教学材料的进度，并帮助学员印制教学资料。我们还要决定邀请多少领导来做讲座，在上课前还要

---

① 詹姆斯·哈里森（James Harrison）讨论了“罗明路线”，指出：“1933年1月中央委员会正式迁至瑞金后，要求进一步加强革命性，指责毛泽东犯了‘一贯的、严重的右倾机会主义错误’，开始攻击他犯了游击主义、宗派主义、独断主义、农民心态、保守主义和狭隘的经验主义。1933年2月初，对这些错误的批评导致了范围很广的群众清洗运动。运动的目的是反对‘罗明路线’。”（参见詹姆斯·哈里森：《从长征到夺取权力：中国共产党的历史（1921—1972）》（the Long March to Power：A History of the Chinese Communist Party，1921—1972），伦敦，1972年，第230页；参见雅克·吉耶马（Guillermaz，Jacques）：《中国共产党的历史》（A History of the Chiese Communist Party，1921—1949），纽约，1972，第222—223页）许多历史学家视“罗明路线”为当时中共党内争夺领导权的政治工具，也反映了当时军事策略的矛盾分歧。

把讲座的内容制作成讲义。接受培训的学员们来报到的时候，我们必须确认他们都持有所在单位党组织开具的介绍信。当他们毕业时，中央组织部就会通知我们哪里需要这些学员，需要多少人，我们就会将学员分配到这些地方去。起初，一期培训班大概需要三个月时间，后来变成六个月，而且同时会举办好几个培训班。

☆谢飞："不论我到哪里，我都紧紧抓住这封介绍信。"

谢 飞

谢飞是 1934 年 6 月底踏上通向瑞金的革命道路的。她于 1913 年出生于海南岛。她在海南岛的乡下上过学，是全班一群淘气的男孩子中唯一的女孩。13 岁时，她被送到县政府的所在地上初中，成为学校最年轻的积极分子。1927 年国共合作破裂后，国民党突然袭击了她所在的学校，她只好回家躲避，在家乡开展扫盲教育，并从事革命活动，当时她才十来岁。当得知她已被列入国民党的通缉名单后，她的家人只好离家躲避。谢飞先到香港，然后到了新加坡，一直在党的领导下从事地下工作；后来又回到福建省委工作，最后沿着红色交通线被送到瑞金。

党组织一路护送我，1934 年 7 月中央委员会选派我前往瑞金。我沿着秘密交通路线，在夜间乘船或乘汽车走了两三个星期。有两个人护送我，一个在前，一个在后，手里拿着枪。我在山里的简易棚中休息。护送我的同志开玩笑地叫它"列宁公园"。他们告诉我："我们负责护送你到下一个交通站。下一站的同志会护送到再下一个交通站。再下一站的同志又会将你护送到下一站。"我就以这种方式到了瑞金的苏维埃根据地。

我被调到苏区时随身带了一封介绍信，靠它来建立我的组织关系。无论我走到哪里，我都紧紧地握着这封介绍信。我在瑞金工作的短暂时间里，主要在国家政治安全局处理一些重要的机要事务。

☆王泉媛："充满活力的组织，充满活力的土地改革。"

王泉媛

王泉媛来自位于中央根据地西部的一个小乡村，那里的政治动荡，经常发生战乱。她于1913年出生于江西省吉安市位于马路边上的一个山区小镇。她是欧阳家族中最小的孩子。她是接受采访的女战士中唯一出身于贫苦家庭、没有受过教育却能非常幸运地和家人一起生活的女孩子。她和父母、两个哥哥和一个姐姐一起生活。

王泉媛说，由于家里很穷，她的家人没有将她关在家里，不让和外界接触。红军到达镇上的那天，她正拿着鸡蛋到市场上换盐，她听说人们在街上议论暴动。她看到一群陌生人从四面八方来到镇上，举着红旗，敲着锣打着鼓。她跟着他们后面，很想知道到底发生了什么事。

> 人们在集会，有些人在讲演，说道："我们穷人现在解放了！每个人都应该站起来参加革命。穷人唯一的出路就是参加革命。"当我听到这些话时，内心产生某种新的感想。我自己就是穷人，如果穷人要翻身，我就必须要参加革命。
>
> 那时我还没有嫁入王家，我十一岁时就和王家定下亲事。

王家听说革命者提倡婚姻自由，反对由父母包办的旧式婚姻。王家知道王泉媛要参加革命的消息后，就派人来找她，害怕她拒绝原来定好的"丈夫"，自己再另找一个。她的未婚夫大约三十一二岁，年纪比她大一倍，她那时才16岁，还被叫做"小孩"。

"我反抗了五天后，还是回了婆家。"1930年农历三月初，她正式嫁了过去。同月月底，她就参加了共产党。

王泉媛刚嫁到婆家，就劝说家里的女人们剪掉头发。

我告诉她们我们是人，但是我们梳的发型让我们看上去像个菩萨。我把自己的头发盘成一个髻。我们不喜欢传统的发型，因为那需要许多玉器和银质的发卡。人应该出生时是什么样子，就是什么样子，但是菩萨则是人们将其装扮成的样子。

共产党员同志们看到我把头发剪掉了，就更信任我了。他们认为我理解革命，鼓励我积极开展工作，因此除了剪发、放脚之外，我还参加了其他许多革命活动。

婚后不久，她的邻居、一位共产党员大姐就问她，是否愿意参加当地的共产党组织?

> 我问："什么组织?"她告诉我组织的名称叫共产主义青年团，团员都是年轻人的模范。她发现我有一些革命思想。
>
> 我说："可以，我希望当一名模范。"
>
> 我填了一张表，并宣了誓。誓言大致为："我们共青团员是模范，要起到先锋带头作用。我们不怕牺牲。"我不会写字，所以就由其他人代我填表。

作为一个共青团员，她在家乡组织并参加了各种各样的活动小组。"从事革命活动真是激动人心"，"充满活力的组织，充满活力的土改!"她把自己全部的时间都投入到令人兴奋的社会活动中，忽略了自己在家里的责任，引起了她丈夫的愤怒。

一天晚上，她为了给即将到来的红军战士准备被褥而工作到很晚，她发现丈夫把门锁住了，不让她进门。她婆婆出来开门，结果也被锁在外面。老人家又喊又叫，但泉媛的丈夫还是不开门，直到他的兄弟开始叫骂道："你这个混蛋，活不了太久了！如果再不开门，我就破门而入打死你!"

隔壁的邻居也是共产党员，听到她家的吵闹后，第二天就在墙上贴了张大字报，批评王泉媛的丈夫拖她后腿，阻拦她参加革命活动。"从那以后，我丈夫就再也没有干涉过我的工作了"。

她先后在当地、地区和省一级的党组织中工作，充分展示了她的勇敢、忠诚、足智多谋、吃苦耐劳和很强的领导能力。她被推选为省委妇女的代表，参加了 1934 年 1 月在瑞金举行的第二届苏维埃代表大会。

1933 年 11 月，苏维埃代表大会前，她和其他代表被派到兴国模范县学习参观一个月。据埃德加·斯诺的描述，兴国县"大约 80%的人都识字”，这是党组织推行的扫盲运动的结果。[①]

代表们于 1934 年 1 月抵达江西苏维埃政府所在地瑞金后，召开了 9 至 10 天的代表大会。在谈到她在瑞金看到的人物时，她使用了当时还没有使用的名称来称呼毛泽东和朱德。

> 当我们来到瑞金时，我记得看见了毛主席、朱总司令、博古、张闻天；妇女同志的代表有：蔡畅同志、邓颖超同志、康大姐，还有毛主席的夫人贺子珍也在，她当时还带着孩子[②]。毛主席的儿子刚一岁多，不到两岁。我把他抱在怀里。当我抱着他时，他非常开心。
>
> 李坚真也在那里，她在全国妇女联合会工作[③]。我在会场上碰到了她。但我们没有说话。那个会场非常大，不同地区的人坐在不同的地方。
>
> 会议在 1934 年 1 月开幕，持续了 9 天或者 11 天，我记不太清楚了，与会代表大约有 1000 多名。如果将列席代表也算在内的话，大约有 2000 人。

第二次全国代表大会休会期间，来自西部的代表仍旧留在瑞金，被派到马列主义学院学习。由于军事形势的变化，原定两年的课程被缩短了。

学习的课程包括政治和军事。前三个月，主要讲授的是政治课。后面的时间主要都用来学习军事课。王泉媛按规定分到了普通班，据她回忆说她是唯一升到高级班的女性。与此同时，她的身份从一个共青团员变成为共产党员。

因为她不识字，被获允参加口试。出色的记忆力对她学习政治课帮助很大。在第一次考试中，她通过了所有的政治考题。但她未能通过第二场的军事考试。“他们在墙上画了一个乌龟，我非常害羞，不敢进教室。”（慢慢爬的乌龟可不是恭维的标志）当团支部书记让她回班上课时，

① 埃德加·斯诺：《红星照耀中国》，第 172 页。斯诺没有说明在当时当地识字的标准是什么。识字就是能写自己的名字和读懂共产党的标语和口号。

② 毛泽东和贺子珍的儿子是在红军开始长征后和其他家庭的孩子一样留在了瑞金。解放后，有关部门费尽周折来寻找这些孩子，但却一个也没找到。

③ 全国妇女联合会是现在的名称。李坚真到了瑞金后担任中共中央妇女部的领导。

她说："我想起了在家的时候，家里非常穷，我求母亲让我上学，可她连一年都没让我上，而在现在党组织培训我，让我去上学，我却不去，显然是错误的。我学了五个半月后毕业了，在军事课的考试中取得前两名的好成绩。"

马列主义学院的领导知道王泉媛不识字，就"抓住一个女学生，给了我一个小板凳，说：'她可以每天教你写两个字'"。领导还告诉她的老师不仅要保证她会念，还要会写，并理解所学的内容。几个月后她毕业时，已经能够认识老师的所用教材《苏维埃释义》中的大部分字，还会写其中的一些字。

毕业后，王泉媛被分配到共青团中央的妇女部工作，同时也是李坚真领导的中共中央妇女部的委员之一。她所面临的紧迫任务是在瑞金征集粮食，然后分发给战士们。但是她在当时并没有意识到这项工作是为红军离开苏区做准备。1934 年 8 月征粮工作后，紧接着就是征兵工作，要将红军扩编到 100 万人。

王泉媛被派到离瑞金 80 里外的地区动员征兵。她当时的领导是王首道，后来在长征中，他们结成为夫妻。她详细地讲了这一过程：

> 9 月，我被派到西江招募红军士兵，王首道是我所在部队的领导，我负责要在一个地区招募 50 名战士，但招了十来天，连一个人都没有招到，许多年轻人害怕参军，躲到山里去了。
>
> 深夜，我们没有睡觉，而是去拜访那些有儿子的人家。我们听到一对父母私下嘀咕道："唉！下这么大的雨，我们的小鬼还在山上，但我们什么也干不了。这一晚上就像一年一样……"
>
> 当我们听到这些，就敲了他们家的门，我说："老乡，请开开门。"
>
> 他们让我们进了门，但当他们让我们坐下时，我告诉他们我们不坐了。我们事先了解到哪家有青年男子，知道他们的名字。我问起他们的儿子，说："苗哥去哪儿了？"
>
> 他的父母回答称："我们家小鬼出去吃饭了，我们不知道去哪儿了。"

我说："你肯定知道！就告诉我们吧。我们不会强迫你的孩子参加红军的，因为参军是要自愿的。父母应该为让孩子参军而感到高兴。如果你儿子不愿意，我们也不会强迫他的。"

那家父母听了说："参军也不是一件坏事。"

我对他们说："那好吧，既然你们也觉得参军是件好事，那就请告诉我们你们的儿子去哪里了。"他们最终告诉了我们。

我们走访了两三家，听到的都是同样的故事。吃饭的时候我们来到了党支部书记的家里。党支部书记以为我们正忙着吃饭，就带着孩子们进山去了。当我们到他家的时候，他妻子说："他出去开会了。"

"开会？没有开会啊！"

"没有会？反正他早上就走了。"

我说："早晨？好吧，就这样。"

我们没有找她的麻烦。我们离开后到了另一个年轻人的家里。他也已经走了，也到山里去了。他父母告诉我们支部书记叫他出去开会了。

这就是事情的大致经过。我们无法开展征兵工作。那个支部书记实在太可恶了！实际上，他是一个叛徒。当地一些有觉悟的党员告诉我们，支部书记从来没有召集他们开过会。

我们给县委写了封信，说明那个支部书记在搞破坏，我们不能正常开展工作。县委回复我们要召开整个地区的群众大会。我们打算向当地群众讲明那个支部书记的所作所为，让群众来做个决定。如果群众要处决他，我们就处决他。如果群众要将他开除出党，我们就开除他。这一切都取决于群众的意愿。群众大会如期召开了。群众都想枪毙他，因为大家认为他妨碍革命，是反革命分子。

就在这个宣判大会上，有四十多个年轻人自愿参加红军。原因很简单：我们晚上挨家挨户做工作，走访当地的家庭，对当地人非常和善，告诉他们我们不会强迫他们参军，参军必须是自觉自愿的。有些人家送来了儿子，有些送来了丈夫，有些人送来了他们的兄弟。就这样一天有四十多人报名参军。第二天，他们就被送到区政府，我就回到县里开总结会去了。

这时我收到了共青团委的来信，要求我完成工作后立刻回去。我于是走了一整夜，一个人走了 20 里的山路，但是我并不害怕。

在我们召开征兵 100 万人的工作会议期间，敌人开始轰炸根据地。大轰炸过后，中央政府已经从瑞金转移到距离西江大约 32 公里外的地方。

部门主任对我说："先填一张表吧！"

表上的问题有"是否自愿"，"家庭出身"和"职务"。这仅仅是我能记起来的内容，还有许多问题。

我填写完表格后，接到通知让我第二天早晨到瑞金总医院进行体检。部门主任又告诉我随身不要带太多东西，只带生活必需品和一条毯子，所有的东西加到一起不要超过 5 公斤。

王泉媛和其他的女战士当时不知道上级的计划是要在 1934 年的夏天离开中央苏区。在长征途中和王泉媛工作关系最为密切的邓六金解释说："我们当时不知道后来所发生的一切——只有中央清楚。"她继续讲了一些直到后来才了解到的当时的情况：

1934 年，蒋介石和他的 100 万军队对福建、江西和湖南苏区展开了第五次"围剿"。那时，毛主席不是最高领导。他是一个了不起的人，非常英明。尽管他后来犯了很多错误，但是如果没有毛主席就不会有新中国。

红军转移的主要原因是王明的错误路线，反对毛主席的军事策略。当时王明在苏联，他派了一名德国顾问李德到中国，来指挥中国的红军[①]。李德的命令是撤退，因为他不想和敌人正面遭遇。

---

① 王明是中国共产党驻莫斯科共产国际的代表，是当时在苏联留学的所谓的"28 个半布尔什维克"小组的成员之一。Otto Braun 的中文名字叫李德，当时说他是共产国际派驻中国的军事顾问。他的回忆录讲述了自己对中国革命形势的理解和他在长征中的经历。见李德（Otto Braun）：《共产国际的代表，1932—1939》（A Comintern Agent in China, 1932—1939），斯坦福大学出版社 1982 年版。

当时碉堡的模样，这是红军离开根据地后在江南拍摄的，它能使士兵有宽阔的视野

撤退就像搬家一样。我们不叫它“长征”，而是叫“搬家”。直到一年后类似搬家的情形结束了，经历一年的经验和教训后，我们才开始将部队的转移称为“长征”。

*　　　*　　　*

谢飞所理解的军事形势可能是她将当时所知道的和后来了解到的情况综合在一起了。

> 国民党的飞机经常来轰炸！但是我们并不十分了解当时的情况，……蒋介石聘用的德国顾问建议运用所谓的“碉堡战术”，来消灭红军。国民党军队每占领一个地方后，就修建一处碉堡，这样红军就不能夺回了。国民党军队修建的碉堡遍地都是！这就是他们占领苏区的办法。

如果红军按照毛主席的军事方针作战的话，我们就不会轻率地和敌人战斗。毛泽东的策略是集中优势兵力攻击敌人，力争消灭敌人，缴获他们的武器……我们的德国顾问不理解这一方针。我们的部队非常分散，敌人的武器装备比红军优良，但是他却主张拒敌于根据地之外，不让敌人占领苏区的一寸土地。这是绝对不可能的！我们应该让敌军进来，集中优势兵力消灭敌人，然后再进攻其他地方。但是德国顾问分散了我们的部队，如果这里受到攻击，他就派部队增援这里；那里受到攻击，他就派部队增援那里。德国顾问的战略让我们接二连三地打败仗！德国顾问迫使我们进行阵地战，结果伤亡惨重，最后我们没有选择了：我们不得不冲出敌人的包围圈。这就是我们被迫撤退、进行长征，实施战略转移的原因。

廖似光

☆廖似光："红军不仅缺医少药，更为困难的是缺盐。"

廖似光从她的回忆录中摘录了一段有关长征的书面材料给我们。我们没能采访她，因为她在我们采访前不到一个小时，突然血压升高被送到了医院。

她出生于广东省，童年的境遇很悲惨。一个算命先生告诉她母亲说她的命不好，会给全家和全村的人带来灾难①。她和一个兄弟都参加了革命。在书面材料中，廖似光增加了一条她自己对领导人决心离开瑞金的分析：

那是54年前（1934年）的秋天，是我从上海白区到达苏区的第二年。敌人的飞机在头顶上肆无忌惮地狂轰滥炸，敌人的部队在地面上展开疯狂进攻。红军战士们伤亡惨重。因为

① 郭晨是北京《工人日报》的记者，从70年代末开始，曾采访过许多红军女战士。1986年，在接受郭晨采访时，廖似光说"不管是有人生病还是死了，人们就会被认为是她的原因。她一直遭人歧视。"

敌人采取了严密的经济封锁措施，红军不仅缺少医药，更为困难的是缺盐。当时整个苏区都非常缺盐。

除了药品和盐之外，苏区还缺少其他生活必需品，尤其是食用油，这对健康的战士来说是必需的，因为他们的饭菜中只有一点儿或干脆就没有肉。

在这种令人沮丧的情况下，1934年10月，中央军委给在湖南和贵州边界的第六军团司令员萧克和政委任弼时发电，讨论冲出敌人封锁线的可能性。在遭受重大损失后，第六军团的剩余部队和贺龙将军领导的第二军团联合起来。①

邓六金受命要穿过边界，回到她的家乡福建去招募新兵。

> 我向福建省苏区政府报告工作，要他们帮助动员县、镇、村里的青年人参军。我在不到半个月的时间就招募到100多人，并很快返回了瑞金。完成征兵100万的任务后，我们召开盛大的庆祝大会，大家都非常高兴能胜利完成征兵工作。
>
> 庆祝会后，中央组织部告诉我们就留在瑞金，不要再返回福建了。我们不知道其中的原因。我们在招待所住了一段时间，等着分配新的任务。我们非常担心分配不到新任务。
>
> 时任组织部长李维汉②来通知说，我们这些女同志要上前线了。我们非常非常高兴，觉得自己要像真正的战士一样上前线了。但是上前线有三个条件：必须能行军，身体健康，能够负重15斤。
>
> 另外还有一个条件：我们必须进行体检。

体检在许多一方面军女战士们的记忆中留下了巨大的阴影，不论是那些被要求必须体检的女战士，还是那些因为她们和丈夫的地位而免除体检的女干部，都对体检印象不好。钟月林说："那些先检查完的女战士们回来说：'他们从头到脚都要检查'。女性对这样的检查实在感到尴

① 见本书第三章。

② 李维汉，又叫罗迈。他的妻子金维映，或叫"阿金"，曾是邓小平的前妻，也参加了长征，得到其他女战士的称赞。长征后，她被送到莫斯科接受治疗，后来在德军进攻苏联时牺牲。

尬!”邓六金说:“这对我们来说是最困难的一件事，因为在旧社会没有人接受过这样的体检。我们说我们宁可不检查”。因为不接受体检就要留下来，不能随同部队一起转移，她最终还是同意接受体检。

李坚真因为是妇女部部长而不用体检，“我必须得走”。而廖似光、谢飞则因为是部队领导的夫人或未婚妻，也没有被要求进行体检。“她们只要跟着部队走”，李坚真说:“但是在我们妇女部的人都必须能工作。”她说她选人的标准主要是看健康状况和工作能力。她记得王泉媛个子很高，能抬担架。

王泉媛回忆体检时的情形说:

> 我们进行体检的房子是一所老式的当地民居，是用砖盖起来的，不怎么高。那里既有男大夫也有女大夫，但是给我们检查的是个男的。
>
> 首先他检查我们的呼吸是否正常。大夫想知道我们有没有得肺炎。他用听诊器来给我们做检查。第二项是查看我们的腿是不是有力量。第三项是查看我们的视力。第四是听觉。大夫用一种卷尺量我们在呼吸前后的胸围。他们不用听诊器。检查我们的腿部肌肉时，他们敲打我们的膝盖，看我们的脚是否抖动。在检查视力时，他们给我们看五种颜色:粉色、绿色、蓝色、白色和黑色。我们必须后退一步来辨认，看我们是否能在黑暗的地方分辨出颜色。在测试听力时，他们把我们的眼睛蒙住，要我们说出钟表的滴答声是从哪个方向传来的。
>
> 他们没有检查我们是不是怀孕了。大夫从没问我们是否怀孕了，因为我们是经中央政府讨论后挑选出来的。我们是从许多的红军女战士中特别挑选出来的。我们 12 个人没有一个经历过那样的体检。①

有 15 名女战士进行了体检。3 人被留下来，12 人通过了。

---

① 红一方面军有五名女战士在持续一年多的长征途中生了孩子:廖似光二三月份在贵州生了孩子。她说，长征开始时，她不知道已经怀孕三个多月了。贺子珍在 3 月末也在贵州生下来一个女孩;曾瑜的丈夫并不是高级干部，她在6月或7月过雪山之前，在四川的山区生了孩子。陈惠清是长征中安全部门领导邓发的夫人。她在四川生了孩子，那是在翻过雪山后大概6至8月间。第五位是李建华，她和丈夫一起留在了无线电队，没有和其他妇女一样行军。她的孩子出生在会宁，当时接近长征的尾声。她把孩子背在竹篮里，走到了陕北。

我记得董老的夫人得了肺炎，没能通过体检[①]。她个子很小、也很瘦弱。我不知道另外两个人为什么没有通过。

级别很高的女干部，还有高级领导人的妻子们都不用体检。邓颖超因为既是周恩来的妻子，自己又是党的高层领导，因此，她虽然得了肺结核，还能和红一方面军一起长征。长征途中，她大部分时间都躺在担架上。廖似光和毛泽东的妻子贺子珍都是在长征前就怀孕了。杨厚珍是第九集团军司令罗炳辉的妻子。她曾经缠过足，是唯一一位裹着小脚走完长征的女性。

据接受我们采访的红一方面军的11位女战士们估计，参加体检的女战士的人数从15人到100人不等。据她们的回忆，和红一方面军一起离开瑞金的女战士的人数也从30人至35人不等。比较清楚的是，至少有12名妇女通过了体检，至少有30人由于特定职级的身份和部队一起转移了。

没有一个女性知道她们的任务具体是什么，几乎没有人知道红军为什么要离开中央苏区根据地。甚至是最高的领导或接近最高领导人的妻子们也没有事先得到消息。康克清简单地说："我们接到通知要出发了，但是我们不知道要到哪里去"。钱希均是毛泽东的弟媳，本以为她会知道更多，但是她却说：

让我告诉你真相吧！我们党的工作非常秘密。1934年10月10日早晨9点钟，我接到通知去参加由组织部长李维汉主持的会议。他说我们要突围，因为有好几百万敌人正在包围我们。我们到哪里去？我们一点也不知道。

只有女干部参加了会议。甚至连毛泽民也一无所知。会议是早晨召开的。下午四点所有的女干部们都集合起来，傍晚的某一时间我们就开始出发了。

刘英在说到她的经历时，让我们对当时的指挥系统和范围很小的信息渠道有了更多的了解。

① "董老"就是董必武，当时他48岁，是中央党校的领导，在参加长征的人当中是年纪最大的之一。他还是中共创始人之一。

当我在于都时，毛主席也在那里，正在考察道路的情况。他正为长征做准备，但是我们一点也不知道，因为那是秘密的。他告诉我立刻返回瑞金，但是我说我不能走，因为我的工作还没有完成。我糊里糊涂的。毛主席是中央政府的主席，但是我的直接领导是组织部的李维汉，因此我报告给了他，我想只要他告诉我可以走，我就马上离开，对长征的事情一点也不知道。

过了一会儿，李维汉给我打来电话说："立刻回到瑞金。这是一项特殊的工作。"

我立刻骑马向瑞金奔去。

我一回到瑞金，李维汉就说："如果你再晚回来一点，你就赶不上我们了"。我怎么能知道这些？

我回到瑞金三天后，长征就开始了。

李坚真只是被通知红一方面军要进行战略转移，到敌人的后方去。"没有人说我们将到哪里去。我们也没有做许多准备——我们只是做了几双草鞋。"

谢飞在安全部门工作，她说："那时我听说红军将要转移出苏区。我们听说了要转移，却不知道要到哪里去，要走多远。"

谢小梅在9月刚生了孩子，当她接到中央委员会的命令时，还在医院里休产假。她立刻离开医院，回到她所在的党校行政部门报到，这时她才知道只有三天的时间来安置刚出生的女儿。

"安置婴儿"意味着把孩子送给别人。我得知这个决定后，就开始四处寻找当地家庭收养孩子。我觉得非常难过，但是也没有别的办法。形势实在太危急了。我们经常听到枪炮声。如果我不把她送人，她就成了负担，不仅对我的工作不利，对孩子也没有好处。

我在三天内就找好了同意收养的人家。那家人的丈夫是红军战士。他们已经有了一个儿子，他的妻子非常高兴又多了一个女儿。我非常感激她，因为如果她不愿意收养孩子的话，我可就麻烦了。我留下来一些银元并告诉她："我把孩子交给你了，希望你能好好照顾她。"她就住在瑞金，离党校很近。

我安顿好孩子之后，又接到新的命令要我们安排好党校的学员。有些学员需要重新分配工作，有的人则被派回原来工作的地方。那些被要求留在瑞金的人就开始清理文件和资料，将我们需要的文件放到大铁箱子里包装起来。我们花了两三天时间打包。我们还在党校养了些猪。我们把猪杀了吃肉。

罗迈（李维汉）对我说："赶快准备，你要和部队走。不要随身带太多东西，只带些必需品——食物和衣服，其他什么也别带"。这时我才明白部队将要转移了。

中央挑选了大约300人的男学员和30名女同志。红一方面军把我们编入干部队伍当中。这时组织部命令我们撤离，我们大概是在1934年10月14日下午5点多时出发的。

二、长征开始了

如果你没长虱子，你就不是一个革命者！

在1934年10月14日的傍晚，红军主力部队连同后方机关，总共超过86000人，和党中央、红军总司令部一起离开了瑞金，向湖南西部进发，开始长征了。

女战士们关于出发时间的不同的叙述，是由于每个部队不是从相同的地方出发这一事实造成的。我们没有理由认为她们已经知道出发的日期。她们不可能事先商定好日期，而且关于长征这一"战略大转移"的意义当时人并不清楚，直到长征结束后人们才知道它的重要性。

和其他人一样，钟月林并不理解当时的形势。"我们当时没有叫'长征'，而是说'到敌人的后方去'"，她说。"我们被告知以后的情况会非常非常困难。"

钟月林说她是经过体检的、身体最健康的女战士之一，不久得了非常严重的腹泻。她尽量隐瞒自己的病情，害怕不让自己跟部队走。可是，女战士们当时都挤在一起睡，有人发现她经常在夜里起床，就报告给了领导。钟月林说：

领导正式找我谈话，让我留在瑞金。"你有病，你不能行军。我们害怕你会在路上掉队。”

听了领导的话，可以想象我当时的感受！我的感觉真是无法用语言来形容。我简直是热锅上的蚂蚁！我说：“不！不管发生什么事情，你都不能把我留下！我不会成为组织的负担的！我不想要任何特殊的待遇，比如骑马。不管我们要走多远，我都可以走。走一步算一步。如果我不能继续走路，我就死在那里，就这么回事。没有人是长生不老的！我可以克服这样一点小病！”

当他们看我这样坚决，就给了我两小包药。我不知道那是什么——我此前从来没有吃过西药。我吃了那两小包药之后，腹泻就停止了，整个晚上都没有问题。我好了。第二天晚上我们就正式出发了。

王泉媛讲述了在部队出发前，她们接受一些关于如何秘密行军、如果找不到大部队的话怎么办等方面的基本指导。

我们随身携带的东西都必须包裹得紧紧的，这样敌人就听不到我们的动静。我们必须用脚尖走路，因为如果我们用脚跟走路就会发出咚咚的声音，敌人就会听到。他们还告诉我们如果我们走丢了，就要努力寻找道路上留下的痕迹[①]。这样，就不会有人迷路，并且会始终与其他人保持联系。

体检是在10月初进行的。体检完第二天，我们就向西江进发。当天我们就搭起浮桥过了赣江。

部队一共有8万到10万人，开始在夜里悄悄地出发，跳出了国民党部队的包围圈。钱希均说：

我们排着队。我们有行军地图，标明我们当天要走到哪里，

① 李勇，1989—1990年在北京外国语大学学习的研究生，生长在王泉媛家乡附近，他帮助我们翻译了王泉媛的访谈录音，因为他能听懂她那浓重的方言。他说，当他在70年代上小学的时候，他和同学们每年都有几天上山进行这种训练。老师在前面走，在路上留下一些标记，告诉学生他们走哪条路。他们把一些树木或草块放成箭头的形状，告诉他们正确的路线，如果在路上摆成“×”，则表示他们不会走这条路。

走多远。女同志们都在一起。邓六金、刘英、危秀英、王泉媛和吴富莲……李坚真当时没有和我们在一起，但是后来她来了。还有一些其他的女同志在路上加入进来，因为她们和其他的部队在一起。不同的部队是在不同的时间从不同的地方出发的。

毛泽民和我不是同时出发的。我不知道他何时出发，要去哪里。我甚至不知道他是否出发了。他什么也没告诉我。因为他不允许告诉任何人，甚至自己的妻子。他知道我已经离开了，因为我是先出发的，但他不知道我要去哪里。后来我们在路上遇到了。

谢飞说当时的规定是每小时走 10 里，但是他们行军的速度因为路况的不同而变化。“我们宁可走 100 里平路，也不愿走 20 里山路”，她补充说道：“在行军途中，大家累得没有力气说话了。”

黑夜行军路程长，革命思想当太阳。（李坚真）

邓六金说：

开始时我们在夜里行军，白天不敢行军，怕被国民党军队发现。第一天晚上下着很大的雨。因为雨太大了，挑夫们无法行走，那些跟着我们的人也无法挪动。我们不能有亮光，也不能点火。第一天晚上我们只走了 5 里。前面的部队不能动，我们也不能前进。我们全都停止不动了。这是我们参加革命以来第一次经历夜间行军。我们摔倒了好几次，腿都受伤了。

我们都拄着拐杖。拐杖对我们非常重要：从离开江西直到我们到达了吴起镇，拐杖一直都是我们的第三条腿。那些受轻伤的战士都拄着拐杖走路。他们因为跟不上部队的行军速度而经常落在后面。

红一方面军是由政治和军事两部分人员组成的，一些领导人在两方面都担任要职。康克清在长征中经常和她的丈夫在一起，她本人在司令部担任政治指导员。其他领导人的妻子则隶属于中央政府下的卫生部的干部组。王泉媛说，她在长征过程中一度被分配到卫生部下的工作组。

我们三个人组成一个工作队，叫做“妇女工作队”，由董老担任队长。我还能记起其中一些人的名字：吴富莲、吴仲莲、李伯钊、钟月林、危秀英、邓六金和我[①]。我记不起其他人了。李坚真没和我们在一起。她和干部连在一起。我还记得第九军政委的妻子。她还裹着小脚。[②]

我们从江西出发时抬着五个担架，并一直把他们抬到了陕北。谁在这五个担架上呢？一个是邓（颖超）大姐，因为她得了肺结核无法走路。另一个是毛主席的妻子贺子珍。她当时怀孕了。她在长征前就怀孕了。当我们到达贵州的时候，她的孩子出生了，只好留在了当地。剩下的三位同志，有一位是师长邓锋，他在第三次反“围剿”时受了伤，身上有一颗子弹，无法走路。还有一位在战斗中失去双腿的团长。

他们继续夜间行军，穿过了江西南部。在第一天早晨天亮时，他们找了个地方休息。当他们停下来的时候，有些人可以休息，“但是那些妇女工作队的同志没有时间休息。”王泉媛说：“只有那位裹着小脚的女同志和身体不好的人可以休息。”在休息之前，妇女工作队的同志要照顾好伤员，安顿他们先睡下。邓六金说：“我们要烧开水给他们洗脚。然后给他们清洗伤口和做饭。都干完后，我们才能吃饭休息。”

女同志的日常工作包括经常顶替民夫工作一两天，帮着抬担架和粮食。当她们走到乡下招募民夫时，王泉媛说：“我们就做一些宣传工作。人们就愿意来了，我们付给他们钱”。她的招募队包括吴富莲、钟月林、邓六金和危秀英。“危秀英个子很小，一旦有紧急情况怕跟不上我们，所以她不能经常和我们一起下乡”。

她们随身带着饭锅，需要时就自己做饭。如果住在村里的话，她们有时候就在老乡家吃住。

王泉媛说，当部队休息时，她们就去找粮食和银元。她们和老百姓一起干活，鼓励他们起来打倒当地有权有势的地主恶霸。

---

① 吴富莲是高级领导刘晓的妻子，进入藏区后和王泉媛一起工作。李伯钊和杨尚昆结婚，杨尚昆在80年代成为中华人民共和国的国家主席。李伯钊为宣传队写了很多剧本。

② 她回忆的是罗炳辉的妻子杨厚珍。罗炳辉不是第九军的政委，是司令员。

李坚真用客家山歌来描述当时的情形：

苦命人有颗受苦的心，
地主不干活来衣裳新，
一日三餐有酒肉，
三盆大米，酒半斤。

苦命的人有颗受苦的心，
三顿都是喝稀粥，
苦命的人，团结起来一条心，
揭竿而起斗地主。

王泉媛说起他们当时区分地主和恶霸的过程和处置的经过：

当看到村子里有一座几层楼高的漂亮房子时，我们就进行调查。有些人不敢和我们说话。他们是看房子的人，或是家属，什么都不敢说。所以我们就在邻居中展开调查。开始，我们去找那些住在快塌的窝棚里或茅草房里的穷人了解情况。尽管他们告诉我们一些情况，但是他们害怕地主，也不敢说太多。地主家养的仆人可能会报复他们。所以我们不得不把他们带到一个秘密的地方，询问他们有关地主的情况。当穷人们把所有的事情都告诉我们后，我们就向区政府报告情况。然后我们就会去打倒地主[①]。我们所到之处都会调查当地的生活情况。

我们所做的另一项工作就是教育当地的群众。我们告诉他们红军是什么样的部队，让他们知道地主、恶霸是如何欺负他们的。在这个过程中，我们要是发现有群众愿意参加红军的话，就会招募他们。

邓六金记得第一个月的困难情形，“当我们走到江西和湖南边界的

① “打倒地主”的意思是没收地主家的衣服、床上用品和粮食，并把这些东西分给部队和当地百姓。详情见第五章有关细节和步骤的描述。李坚真非常善于发现地主家所在的位置。地主家为了欺骗土匪，往往是故意弄得很不起眼。

时候，我们都精疲力尽了。我们休息了一个星期。”

钟月林还回忆起另外一件麻烦事：

> 贺子珍说：“我们要休息一天，脱掉你的衣服，用开水煮煮吧！”
>
> 当我煮内裤的时候，发现有很多虱子！水一开，虱子就烫出来了！虱子是灰色的。每人都长了很多！如果你没长虱子，你就不是一个革命者！因为没有地方洗澡，也没有办法换衣服。

当红一方面军安全地避开江西的封锁区后，国民党的飞机已经发现他们，开始实施空中轰炸。飞机上有一到两个机枪手，飞行员飞得很低，好让机枪手能看到目标。因为国民党的飞机没有夜间飞行的装备，红军长长的队伍在白天就隐蔽起来，而在夜间则要经受严酷的考验。

王泉媛对穿越江西、湖南一带的印象十分模糊，和大多数女战士一样，只记得夜间的急行军。

邓六金说她躺在自己的脚上睡着了，当她睁开眼睛时，发现部队已经走远了。

刘英回忆湖南那段经历时，除了提到战斗、轰炸和持续的疲劳外，还提到另一方面的情况：“在苏区的后期，我们就开始挨饿了。因为要给前线的战士节省粮食，我们的粮食就不够吃了。饭菜里没有一滴油，更糟糕的是连盐也没有。这简直是太糟糕了！但是当我们到了湖南打土豪，杀了他们的猪就有肉吃了。尽管我们走了一整天，非常疲惫，但是终于能吃到鲜美可口的猪肉了。”

红一方面军的纪律非常严明，清楚地规定战士们在经过沿途的乡村时能拿什么。康克清作为军事司令部的政治指导员谈到了她在长征途中是如何在这些规定内行使日常职责的：

> 我起床后，等部队列队后，我要检查队伍中有多少小组，谁在哪一组，哪个小组应该和哪个小组保持联系。在行军途中，我要检查是否有人掉队了，生病了，并决定如何安置他们。当我们停下来的时候，我就记下我们使用过的老百姓的东

西的位置，以便我们用完后可以还回到原位。比如，如果我们曾把一扇门拆下来，我们就会按照毛主席说的三大纪律八项注意的要求，把它装回原来的位置，用草捆好。我必须确保这些事情都安排妥当。我必须确保我们的军队不伤害老百姓的利益。

红军继续向西穿过湖南，进入广西的北部，红军在那里遭受了重大的损失。随着伤员人数的增加，女同志们的工作就越来越艰巨了。

其中最为艰巨的任务就是安排当地的老百姓接收不能随同部队继续行军的重伤员。要找到同意照顾红军重伤员的人家不是一件容易的事情，“只有找到答应帮助我们照顾伤员的人家，我们才能放心继续行军。”王泉媛说。当时有两个因素加剧了这项工作的难度：一是红军行军时经过的村庄经常一个人也没有，当地人都躲开了；二是战士们害怕和部队分开。对于那些受了重伤无法跟上部队、被留给当地百姓照顾的重伤员来说，他们的处境变得非常险恶，要么对红军存有敌意，要么任由国民党的追兵处置。

女战士们不仅要负责把重伤员安排到很友好的人家，要是抬担架的民工跑了或者受伤的时候，她们有时候还得自己抬担架。邓六金说担架是由麻绳和竹竿做成的。两个男人可以抬一个担架，但是如果男人不够的话，只好让四个女人来抬，或者要两个女人在前，一个男人在后面来抬。崎岖不平的山路对那些抬担架的人和坐担架的人都十分艰难。邓六金说：“当我们没照顾好他们时，伤员会抱怨我们，甚至用他们的拐杖打我们，还骂我们。他们大叫道：‘他妈的!’但是我们知道他们这样做的原因，所以我们并不责备他们。”

三、不爱男人只爱枪

危秀英讲述了一个第九团的指挥官和一个女战士之间萌发的爱情故事。

红军转战至广西境内时，经过了桂林附近令人惊奇的喀斯特地貌。由于时常遭受敌人的空袭和地面部队的攻击，有时甚至被敌军包围，因此没有一个女战士称赞过广西东北部独特秀美的风光。

王泉媛说："我们抬着担架逃命。后来我们突破了敌人的封锁线，成功突围了。"王泉媛的话反映了当时的混乱状况。进入山区后，她们竭尽全力地抬着生病和受伤的伤员们突围。

湖南、广西和贵州的山虽然没有他们后来进入西部地区的山那么高，但是非常陡峭。这种崎岖陡峭的山路是对负责运输伤员的女战士们的聪明才智的考验。有的地方非常陡峭，他们不得不抓住树枝和树根，互相帮助爬上没有路的峭壁。

王泉媛说到了她们在广西爬山时的一段逸闻。

在我们爬山时，我可不是夸耀自己，但是我的确付出了巨大的努力。我走得很快，跑得也快，是身体最强壮的人之一。我那时的体重有129斤[①]。到了山上，除了密密麻麻的树林外，根本就没有路。我们就用手抓住树枝荡了过去。

在一次攀登中，我先荡到悬崖顶上，然后说："同志们，过来吧，我一个个帮你们！"我就这样把他们一个一个地拉了上来。我们医院有好几百伤病员，不得不把所有的担架都举起来，一个个地抬过去。举起担架后，我们在前面走。

我们用了两天一夜的时间，才翻过那座山。

当部队在广西境内经过激烈的战斗后，减员严重。部队进入了贵州后，穿过了苗族人居住的偏远、贫困的山区。王泉媛说道：

我们在苗族地区做了很多工作。我们把许多伤员留在了山上苗族人居住的茅屋里。伤员们睡在苗人的小茅屋里，我们睡在外面。但是我们把衣服和东西都留在了伤员住的茅屋里。

伤员们知道我们要把他们留下了。一天晚上，当我返回放东西的屋子时，发现伤员偷走了我的衣服、裤子和毯子。我只找到了自己的毛巾、牙刷和斗笠。

我怎么办呢？我只好到野战医院，找护士们借给我一条裤

---

① 王泉媛的身高大约为1.68米，在她同时代的女性中算是高的。

子和其他的衣物。

伤员们的做法是可以原谅的，因为他们要被留在了一个非常贫穷的地方，那里甚至十几岁的男孩都没有裤子穿。廖似光长征路上出生的第一个孩子就在这里早产了。她说到了当时决定将孩子留下来时内心的想法：

多么可爱的孩子呀！但那个时候，我们和少数民族没什么联系，他们根本就不了解红军。他们都收拾起东西躲到山里去了，村子里甚至连一个人影都看不到。我们可怎么办？当时，我们的首要目标就是为了完成革命而活下来。生了孩子后，我很虚弱，要用担架抬着走，如果再带个孩子，会给战士们增添更大的负担。

所以我决定忍痛把孩子留下。当部队准备出发时，我用毛巾包好孩子，亲笔写下孩子出生的日期。我说明他是红军经过这里时出生的孩子，希望能好好照顾他。然后我就和部队继续前进了。

红军在江西时，是和国民党主力部队作战；在湖南时，是和国民党的中央军和湖南省的地方军阀部队打仗[①]；在广西，他们主要是和广西的地方部队打仗。然而，当他们离开贵州东部的少数民族地区后，不仅很少打仗了，而且一些地方的老百姓还把红军当做穷人的救星来欢迎。谢飞说：

我们在贵州境内最高兴了。勇敢的贵州人民没有逃跑，他们实在太穷了。贵州有句有名的谚语：“天无三日晴”——天总是下雨。“人无三分银”——每个人都很穷。“地无三里

① 根据杨炳章的研究，当共产党的军队撤离江西苏维埃根据地时，国民党军队一开始并不知道“共产党是佯攻还是全部撤退”。在与红军首次交战失利后，国民党方面意识到共产党的部队在进行大规模的转移。湖南省军阀何键成为国民党“剿匪军”总司令。在何键率领下的“围剿”部队，包括所有的湖南省地方部队和由薛岳率领的原国民党北路军近12个师的兵力。从那时起至1935年秋，薛岳所率领的国民党中央军成为追击红军的先锋，而各省的地方部队主要是防止红军进入本省（《从长征到政治》，第103页）。

平”——到处都是山。

乌江战役后，红军来到了贵州的第二大城市——遵义，位于贵阳以北大约160公里的地方。

廖似光写到：“在遵义，人们蜂拥上街，夹道欢迎红军的到来，战士们深受称赞。”

李坚真写到：“遵义老百姓的觉悟很高，踊跃送粮，主动带路，还帮忙抬伤员，枪林弹雨造英雄。”

红军占领遵义后，缴获了许多武器和其他急需的物资。他们很快在城里组织起来，成立了共产主义的政府，并补充了部队的人员。

> 党和军队的领导人住在原来国民党将军的家里，并在那里办公[①]。他们立刻召开了政治局会议，白天处理日常事物，晚上举行会议。就是在这些会议上，红军的军事战略和政治领导权发生了巨大的变化，毛泽东的政策得到采用，他的领导地位也得到确认。官方的党史著作形容这次政治局会议“在危急的时刻挽救了党和红军，是中国共产党历史上生死存亡的转折点”。

在我们采访的人当中只有一个人知道当时会议的内容，她就是毛泽东的弟媳钱希均。钱希均说她当时知道在开会，而且知道当时的最高领导们对于军事战略和党的政策有不同的意见。她知道一些权力斗争的情况，因为许多领导人的妻子都和她在一个小组工作，包括毛泽东、周恩来和博古的妻子，她听到了一些议论。“我们都在疗养队，尽管贺子珍并不是每天和我们在一起。当她从毛主席那里回来时，会告诉我们很多事情”。

钱希均谈到了她对军事局势的理解：“在前往遵义的路上，我们犯了很多错误。我们每天都在急行军。有很多人掉队了，有些生病了，我们很多人都吃不饱饭。我们和敌人作战时，一直处于防守地位，从来没有进攻过。当敌人进攻时，我们以防御为主。我们在应该还击的时候没有还击，在不应该出击的时候却被动地战斗。我们的损

① 这里原是黔军第二师师长柏辉章的官邸，现在是遵义会议纪念馆。

失太大了”。

钱希均解释说，在遵义会议以前，毛泽东努力说服其他人放弃代价昂贵的阵地战战术，那是博古和李德（时称共产国际的代表）从第五次“围剿”开始时实施的战术。毛泽东主张要恢复原来的游击战的策略，那是在党中央转移到瑞金前，毛泽东曾在湖南、江西和福建成功实施过的战略。随着游击战方针的重新确立，毛泽东的领导地位也得到了巩固。

康克清和丈夫朱德住在同一处营房。政治局会议就是在她家召开的。会议期间决定重新改组，朱德保留了对军队的领导权。但是，康克清并不知晓会议的内容，甚至不知道与她丈夫有关的事情。“我一点也不知道当时所做的决定。他们在我家开会，但是我在外征集粮食。我就住在开会的那个房子里。其他女同志，如贺子珍住在其他地方，也许要走一天的路才能到。我们住在由总司令部分配的住所。”

妇女工作队的队员们住在一起，她们要负责筹集给养、招募新兵，和当地的老百姓一起组建地方政府。把刚出生的孩子留在了瑞金的谢小梅说道：

> 我们这些“小鬼”在一起时，利用休息时间，向群众做宣传工作。红军需要招募新兵，也要补充一些民工，来帮助部队抬担架。我们这些女同志在群众中做宣传工作，告诉他们红军已经来了，红军是穷人的队伍，临时人民政府也已经建立起来了。我们告诉他们红军需要人手来抬担架，还要做其他的事情。他们可以送到某一个地方后就回家，红军会给他们付钱。还告诉说如果他们离开后家里有什么困难的话，我们可以帮助他们的家人。

一些受过教育的女战士住在一所女子学校里，离军政领导们很近。政治部成立了一个工作小组，就坐落在学校对面的天主教堂。女战士们负责清理那些从瑞金撤退以来一直无暇整理的文件，遵义地区一些进步的女学生也过来帮忙。

木刻画——在遵义召开的一次大会，由艺术家根据记忆创作的

王泉媛和她们一起工作，她回忆说：

> 学生们来参加整理文件的工作。后来李坚真、刘英、蔡畅和我被调去从事地方工作。我们在四个村子召开群众大会。我那时还没有什么文化，但是她们都受过教育。蔡畅同志鼓励我说："我接受的是正规教育，你接受的是革命理论的教育，所以不要怕"。
>
> 当我们在四个村子召集群众大会时，我们把从地主家没收的东西都分给了农民。农民们踊跃参军。为什么人们要来参加红军呢？因为贵州是个非常贫穷的地方。我们招收了500多名新战士。

在遵义休整的短暂时期里，女战士们既从事各项工作，也有机会与丈夫团聚，至少给她们提供了结婚的时机。在长征中关于婚姻，规定夫妇双方要向党支部书记提交结婚的申请，因为当时没有时间准备结婚证明，也没有办法保留相关记录。大多数情况下，夫妻双方是由和他们一同工作的男同志或女同志当媒人介绍结婚的。

危秀英讲述了一个第九军团的指挥官和一个女战士之间萌发的爱情故事。她所讲的故事之所以非常引人注目，是因为这个故事说明了在她看来长征中的婚姻的实质是什么，至少在部队长征过程中婚姻是两性的结合。她所讲的故事意图很明显，就是要为红军增添既纯洁又有光辉的色彩。她的故事非常强调红军中没有不正当的两性关系。“没有人在长征中结婚”，她说“绝对没人结婚”。危秀英继续说：

第九军团的指挥员喜欢上了刘彩香。我们到达露营地时，他骑着马带着她走了。李坚真告诉我：“秀英，你去找她，把她带回来。”我问刘彩香去哪里了？“她在第九军团。”

李坚真给其他人下命令，不像给我下命令那么容易。我必须照办。当她叫我的时候，我已经非常累了。我们走了很多里路，她又要我走更多的路把刘彩香找回来。但是我去了。当我看到她的时候，他们俩正坐在地上说话。

我一边敬礼一边说：“指挥员，李坚真命令刘彩香立即归队。”

他说：“可以，秀英，她会回去的。”

我说：“是行，还是不行，你没有选择，因为你已经违反了部队的纪律。”他笑着要和我们一起走。

我说：“如果你要护送我们，你也会被抓起来的。”他就只好笑着回去了。

我说：“在这种条件下，作为一位指挥员，你怎么能谈恋爱呢？你怎么能这样伤害我们女同志呢？如果她怀孕了你怎么办？把她留下吗？”

他们怎么能结婚呢？他们可以自由恋爱，但是他们不能结婚。结婚会让女战士受到伤害的。女同志受到损害，留下会被敌人糟蹋和杀害的。你是怎么想的：结婚会有好处吗？我们中国工农红军的红一方面军 8 万名战士中女战士只有 30 名。刘彩香是这 30 位女战士之一，她违反了军纪。你们可以谈恋爱，但是你们不能结婚。

李坚真写到：

红旗飘扬五尺枪，
太阳未出我起床。
革命姐妹要做到：
不爱男人只爱枪。

关于刘彩香和指挥员之间的婚姻中有一个问题，也许危秀英没有意识到，或者不愿意谈论，因为至少在遵义期间婚姻是得到组织上认可的。

当时的红军战士们已经摆脱了传统的包办婚姻的束缚，几位级别很高的女干部还鼓励王泉媛再次结婚。王泉媛被认为是女同志中最漂亮的一位。想和她结婚的是王首道，当时是第九军团的政治部领导，正巧和王泉媛第一个丈夫是同姓。王泉媛说：

> 我们是在遵义结婚的，由蔡畅、李坚真和阿金（金维映）三位同志介绍我们认识的。我以前就认识他，那时他是湘赣省委书记，但是并不是很熟悉。
>
> 我们在一起只有三次：一次是我们结婚的时候，一次是我们过大渡河的时候，还有一次是红一方面军和红四方面军在两河口分开的时候。

红军离开江西苏区根据地的时候，希望能到达位于湖南、贵州边界的根据地，与贺龙、萧克的部队会合。由于他们认为能很快到达新根据地，所以红一方面军行军时带了许多重建中央政府所需的各种设备。然而，国民党的中央军和湖南的地方军阀不断拦截他们北上的道路，阻止两支红军部队会合。

刘英和李桂英都谈到了搬运非军事设备的困难情况，刘英说：

> 一天晚上，当我们在湖南境内翻越高山的时候，天下着大雨，道路泥泞不堪，即使我们轻装前进都非常困难。六个人用扁担抬着一台印刷机。他们怎么能走呢？他们一个接一个都从山上掉下去摔死了。我们一晚上只能走五里路。我们为什么要带这么多辎重，让那么多战友为此而牺牲呢？
>
> 遵义会议后，张闻天在干部会议上做了一个报告[①]。他告诉我们他已经批评了错误路线。我听到后非常高兴，因为我们终

① 张闻天又名洛甫，他和刘英在长征后结婚。他在遵义会议后代替了博古的中共中央总书记职务。

于知道原来执行的路线是错误的，军事战略是错误的，战斗的方法也不对，要将所有的东西都搬走的做法也是错误的。许多战友已经牺牲了，大约有3万人左右，我们剩下的人也不是很多了。从那以后，部队进行了重组，毛主席成了我们的指挥。

李桂英说他们从江西省出发时就带着各种医疗设备，一直带到贵州、云南边界。她说：

遵义会议后，部队轻装前进。毛主席发现有八个人抬着一个很重的像棺材一样的上了锁的大箱子。毛主席就问："你们抬的那个像棺材一样的东西是什么呀？"他们告诉他那是一台X光机。

"它太沉了，我们要去的地方又没有电。如果你抬着这么沉的东西行军，抬它的人会累死的。"

于是我们就把它留在当地，交给老百姓负责看管。据说，我们走后，国民党部队搜获了那台机器。

由于敌人的拦截，红一方面军不能前往湖南、贵州边界与红二、红六军会师，遵义会议后，他们决定前往四川，与第四方面军会合。从1935年1月中旬到1935年4月底，红一方面军一次又一次地打算从贵州、云南和四川边界向北进入四川。他们四渡赤水，每次都遭到敌军的阻击，部队伤亡惨重。

那些在遵义帮助红军整理文件的女学生们非常想加入红一方面军，但是部队领导们决定不再招收女兵了，尤其不愿意招募那些有文化的女学生，怕她们的身体受不了。李翠英说：

起初，有八个来自遵义的女学生坚持加入红军。蔡畅大姐那时候正做妇女工作，她劝说她们不要参军，而是留在当地开展工作。她告诉她们说"你们吃不了那种苦，最好还是做些地方工作吧"！

她们跟着我们从遵义走到了桐梓（大约在遵义以北80公里的地方）。她们跟着我们第一次渡过赤水，我们就让她们留下来和游击队在一起。她们跟不上我们。她们也从来没有这样的经历。半个月后，她们突然消失了，我们找不到她们了。她们成了逃兵！

有一个女学生不顾一切地要留在部队，甚至已被告知不可能参加红军后，她还一直跟着队伍。然而，行军强度对她来说实在太大了。她得了痢疾病倒后不得不离开部队，在四川和贵州从事地下工作。[①]

在这几个月的激战中，李桂英和谢小梅的丈夫都负了重伤，他们从部队转移到地方工作。

也就是在遵义会议后的这几个月中，在部队未能打通前往四川的道路期间，毛泽东的妻子贺子珍又生了一个孩子。这是她在长征中生的第一个孩子。李坚真说，孩子大概是出生在“土城附近的某个地方”。土城是遵义西北部赤水边的一个很重要的小镇。

钟月林是红一方面军中年纪最小的女战士，还记得贺子珍生孩子那天晚上的情形，她回忆道：

> 那是在山里的一间茅草屋里，我不记得那个房子的屋顶是茅草还是瓦片做的。我在旁边帮忙，但是我根本不明白是怎么回事。我从来没有生过孩子啊！我只是给她帮点小忙，有时帮她打点水。孩子生得很顺利。她已经生过几个孩子了，所以生得很快。她又生了个女孩。
>
> 钱希均当晚就把孩子送给了当地的老百姓。钱希均应该知道得很多，因为她们两人是妯娌。

钱希均说长征开始时，没有人知道贺子珍怀孕了。她继续说：

> 她的孩子出生在贵州偏僻的山区。我们到达宿营地的时候，已经是早晨六点了，周围漆黑一片。她的肚子开始疼痛，孩子要出生了。生孩子大概用了几个小时。大概是在八九点的时候，贺子珍生下来一个小女孩儿。给孩子接生的是李治，一位非常负责的男医生。
>
> 在我们离开瑞金之前，组织上有一条命令：不允许任何人带着孩子一起走，如果孩子在路上出生了，也不允许带着走。毛主席和贺子珍有个儿子叫小毛，当时才三岁，出生在1932

① 1997年6月在贵州遵义采访李晓霞的记录。

年春天。他们也不能带他一起走。之所以不让带孩子是因为一旦孩子哭起来，敌人就会听到，目标就会暴露。小毛后来不在瑞金，我们再也没有找到他。

我们不得不在第二天早晨5点天亮之前就出发。那时是冬天。我们不能带着刚出生的婴儿走，但是我们也不能就把她扔在那儿，因为贺子珍会非常伤心的。我们不得不找人收养这孩子。毛主席的警卫员和我到山里去找当地的老百姓。我们找啊找，但是周围没有一个人。有些人已经跑掉了，有些人不愿意开门。

这时我们发现一个老太太，眼睛瞎了，大概五六十岁的样子。我们敲敲门走进了屋子。

我对她说："老大姐，我们有个刚出生的孩子，但是我们必须离开这里去打仗。我们不能把孩子带着走。我们想让您来照顾这个孩子"。在少数民族地区，他们需要劳动力。我说："我们把孩子送给你，你可以把她当做自己的女儿来养。"

她说："我年纪太大了，照顾不了她。"

"没关系。你可以煮些米汤给她喝。她将来就是你的女儿，还能帮你干活"。

她同意了，因为当时没有别的选择。"周围一个人也没有，你们还要去打仗。那就把她留在这儿吧！"

因为她很穷，我们给她留下十块大洋。

解放以后，没有人知道那个孩子的下落，也没有人找过她。毛主席已经和江青结婚了。她不想要毛主席的孩子。这就是事情的经过。我们直到现在也没有找到这个孩子。毛主席有几个孩子没找到，一个在江西，一个在贵州。

贺子珍在刚生孩子、把孩子送人的那个月，又受伤了。谢飞讲起了这段故事，她说：

一个下午，敌人的飞机来轰炸。当时一片混乱。我们两个人正在道边的干草地上睡觉。部队正在行军，马路上到处都是马匹、担架和许许多多的人。突然敌人的飞机来了。刚开始时，贺子珍和我两个人在路边藏着，后来她自己藏到离我们很远的地方。我在轰炸中什么事也没有。但是她（为了掩护伤病员）后背受了17

处伤。她差点死了。医疗队的领导跑过来给她进行紧急治疗。她是井冈山的女英雄，又是毛主席的妻子。他们抬着她继续行军，除此之外他们已是无能为力了。第三天，毛主席派自己的担架过来抬他的妻子，贺子珍的命才保下来。

在山区长达数月的辗转战斗中，女战士们不仅深受伤痛、婚姻和生小孩这些事情的困扰，王泉媛还谈到了被李坚真称之为“女性的特殊的痛苦”。她说道：

当女战士们来月经的时候，情况很糟糕。我们没有地方晾晒内衣，不得不穿着湿裤子，靠自己的体温来烘干，因此我们很容易生病。

在贵州时，医院的医生给我们做了讲座，告诉我们不要认为月经很脏。女战士们认为月经很脏，但是医生们告诉我们月经实际上很干净。月经来自子宫，而子宫是女人最重要的器官，所以它是干净的。那时，我们没有任何卫生条件。医生说我们用布来垫在下面会得病的，我们应该用干净的纸。

邓六金所讲的故事或许令人怀疑，但也可能对不同的女性来说，这样的事情还不止发生过一次。

这件事可真麻烦。当时我们没有东西可用，有时候我们不得不用树叶垫在下面。

在《女兵列传》一书中，危秀英讲了这样一个故事。她说：

我们过河的时候，她走在我后面，看到河水变红了。她还以为我受伤了。对我大叫起来：“六金、六金，你受伤了，你受伤了!”“赶快，赶快!”她一边不停地喊着，一边将我从水中拉出来看伤在哪里。实际上，当时我来月经了，但我没有意识到。

李桂英的女儿小时候，听她的母亲讲过一个类似的故事。后来她在杂志上读到一篇文章，认为肯定是在讲她的母亲。李桂英自己也认为：“写的就是我”。

当时女战士和男战士们一起过河。当男战士看到一个女战士来月经流血了，以为她受伤了。那时候，我们来月经时，没有办法清洗，也没有纸，只好从裤腿上撕下一块布垫在下面。当我们打仗或渡河的时候，经血会顺着大腿流下来。一次我们在过一条齐腰深的大河时——我们渡过许多的河，我记不清究竟那是哪条河了——经血将河水染红了。但是那些年轻的战士不明白，他们大声喊道：

“你受伤了，你受伤了！”

我说：“我没有受伤。”我只好编了一个故事欺骗他们，因为我无法向他们解释女人来月经了，没什么好大惊小怪的。

李桂英和谢小梅离开红一方面军后，直至 1935 年 4 月，部队一直试图渡过赤水河。后来红军突然向南佯攻贵州，把国民党部队也引向贵州，连蒋介石都亲自到了贵阳。然后红一方面军又迅速向云南进发。在准备向北渡过金沙江进入西康（现属四川省）时，在靠近昆明的一个回族村子又紧急地停下来。[①]

女战士们讲述了许多关于横渡金沙江、飞渡大渡河和翻越雪山的故事。她们用这些具有传奇色彩的标志性事件来作为确定相关的时间和地点的坐标。她们已经记不起自己当年在川西所亲身经历的河流和山川了。在有关长征的文学作品中有许多关于这些英雄事迹的记载。这些记述或许已经深深地印在她们的脑海里了。她们在极端困难的条件下跋山涉水，但是她们却记不清具体的地点了。当她们到达陕西的苏维埃根据地后，听到男领导们说起长征所体现的红军战士们的勇敢顽强和大无畏的革命牺牲精神后，她们才意识到自己当年渡过了一条条特殊的河流。红军当年的渡河之举后来成为长征史诗中的最伟大的壮举。[②]

李坚真为我们背诵起她所写的歌颂大渡河的山歌。这首客家山歌反映了战士们当年在泸定跨越大渡河上的铁索桥时的情形。

---

① 1997 年作者到云南河渡村进行了采访。当年毛泽东和朱德简单搭建的司令部已经被改建成博物馆。馆长告诉我们贺子珍居住的房子大概有 1 公里远，但是“没有参加长征的其他女同志的记载”、“没有其他女同志的记载”是我们在云南重走红军路时经常听到的回答。

② 这些英雄的故事生动地反映在斯诺所写的《红星照耀中国》一书中的第 182—196 页。史沫特莱的《伟大的道路》第 318—328 页。威尔逊的《长征》第 151—184 页。威尔逊主要是引用斯诺和史沫特莱以及中国的材料。

大渡河水急又深，
手拉手，心连心，
阶级兄弟团结紧，
不怕敌军八万人。
红军飞越泸定桥，
炮火纷飞铁索摇，
脚踩铁链心不慌，
女兵携带医药箱。

女战士们告诉我们那里的地形非常险峻，和她们以前经过的省份完全不同。她们说过了大渡河之后，战斗就减少了，国民党军队不再是她们的威胁了。她们记得吃蘑菇中毒的事情，还讲了许多对付无处不在的贪婪的虱子的故事。她们还讲到给伤员寻找食物时的种种困难。由于语言和习惯的不同，红军与当地藏族居民沟通起来有问题，这些都加剧了她们所面临的困难。

女战士们的记忆虽然经常是零散而杂乱的，但是她们却清楚地记着曾玉在四川一间空石屋里生孩子的事情。她们尤其记得自己在这过程中做了什么，但有时却不记得当时别人干了什么。她们记得有两件事让曾玉感到非常困难。第一件，是她生完孩子后没有时间坐月子。中国女性都很讲究坐月子，可她却不得不刚生完孩子就马上开始艰难的行军。她既没有担架坐，也没有马骑。第二个困难，是她不能遵守月子里不能洗澡的规矩。

李坚真说，“我不仅好像看到了小家伙，而且感觉它好像就在我自己的身体里！有三位女同志在旁边，两个人扶着曾玉，一边一个，还有一个用手在下面拉婴儿，把他拉了出来。”谢飞说那是曾玉一生中最困难的时刻，因为孩子出生在少数民族地区，那里连吃的东西都没有。谢飞说：“孩子出生三天后，她就不得不继续行军，当时连匹马也没有。”

四、最困难的时候

> 我们的腿都很可怕——有的腐烂、有的布满伤痕、有的还在流血。

当邓六金和曾玉一起爬山时，曾玉的肚子开始分娩前的阵痛：

我们不断地找房子。刘彩霞和我一边一个，拉着她爬山。我们到达山顶后就下山，但是她实在太痛了，无法继续走路。我尽力想背着她走，但是实在不可能，我们只好半扶半拉着她走。她当晚就生孩子了。当时就只有我们两个人，都不知道该怎么帮她生孩子。我们用刀子割断脐带，找了一些旧布头把孩子包好。

那里什么东西也没有，更不用说食物了。我们捡了些豌豆叶子。当时蔡畅听到这个消息了，她给了我们一些面粉，我们把面和水和在一起，做了一碗汤。曾玉流了很多血。

三天后我们要离开。我们还能做什么呢？我们只好把孩子放在屋子里的一堆干草上。孩子的妈妈虽然还在流血，但也不得不走了。也许另外三个在长征路上生孩子的女同志的条件会好些，因为她们是高级领导的妻子。

钱希均是这样讲述曾玉的遭遇的：

让我告诉你！

曾玉的孩子出生在四川一个非常偏远、贫穷的少数民族地区。我们当时正在爬山，山不是很高。我和她一起走。我们走啊走。当我们快要到宿营地时，她说：

“希均，快点！快到前面去帮我找些纸。我的肚子疼得不得了，孩子快出生了！”

当我到了少数民族地区的宿营地时，发现我们住的地方什么也没有，连张手纸都没找到。我什么也没找到。我在地上铺了些干草当做床，让曾玉躺在上面。她当晚就生孩子了。我们找不到一点儿东西来清洗孩子。我尽力想把孩子弄干净，可是实际上，没有办法弄干净。

我不知道该怎么办。我生过一个孩子，但是没有养活。孩子生下来就死了。我没有看过他一眼。我不知道孩子是怎么出生的，但是我看到过别人生孩子。

我们在那里待了三天。曾玉生了孩子后，只休息了三天。当我们离开时，把孩子留了下来。但那里一个人也没有，无法照看孩子。

孩子出生后三天，我们就要过一条河。河水太深了！一个刚生了孩子的女同志竟然要过河！

钱希均显然是再次被打动了，因为按照中国传统坐月子的方法，一个刚生了孩子的母亲切记不能受湿着凉，但在当时艰苦的条件下，刚生了孩子的红军女战士根本无法做到。

钟月林讲述了和曾玉一起过河时的情景，她说道：

曾玉当时正处在最艰难的时候，她没和我们住在同一间屋子，她和邓六金住在一起。但是过河那天我们在一起。她刚生过孩子。我们恰好同时过河。河水有齐腰深。过河的时候，我们大家手拉手，害怕被湍急的河水给冲走。我们紧紧抓住马尾巴。我们女战士们在一起，手拉着手。没有一个人单独过河。我已经忘记了那条河的名字了。

红一方面军渡过金沙江和大渡河后，下一个严峻的考验就是四川境内的夹金山。女战士们讲的有关过雪山的故事，也许是将她们个人的回忆和后来她们听到的、读到的东西合并在一起了，但是那段经历对她们许多人来讲都是非常重要的。

康克清调到红四方面军后，曾不止两次翻越雪山。她在讲述第一次爬夹金山的情形时说到：

当我们到了雪山脚下的时候，不知道山究竟有多高，也不知道山上有什么情况。我们身后没有敌人，但是遇到当地藏族土匪的零星枪击。还有人将石头从山顶上推下来砸我们。有一个战士被石头砸中了脸，所有的牙都被砸掉了。我们还遭到背后的冷枪袭击。我亲眼看到一颗子弹打穿一个战士的身体。

我们第一次爬雪山时，没做任何准备。我没有什么特殊的鞋子，把所有的衣服都穿上了。我们到了山脚下后，就开始爬山。前面的部队已经走了，我们所在的部门也走了。我丈夫在前面，我在后面。一旦我们开始爬山，就不能停下来，因为没有回去的路。我抓住前面的马尾巴。这就是当时的情形。

恶劣的自然条件让爬山更加艰难。我们爬山时，雨雪交

翻越夹金山雪山的木刻画

加，还下起了冰雹。我们随身携带的是用油布做成的伞。雨伞慢慢地被冰雹砸出一个又一个的洞。当爬到山顶上时，我用带衬的大衣把自己裹起来，像小孩坐滑梯一样滑下山。但是那时，我根本不知道小孩的滑梯是什么样！我滑了很远后，感觉越来越好。我再也不打瞌睡了，所有的不适都一扫而光。我们花了一整天的时间才翻越了雪山。

我直到过了山以后才知道我们当时爬的是雪山。这是我第一次看到这么多雪。

廖似光在她的书面的讲述材料中写到：

过大渡河后，我们继续穿过了许多木桥，大约又走了两三天。当我们抬头看时，只能看到银白色的山峰高高耸入灰蒙蒙的天空。那时是夏季，我们在山脚下的时候还热得冒汗。到半山腰时，我们就感到有些冷。我们到达山顶时已经是中午。我们先是遭到狂风的袭击，接着又下起了冰雹。爬山时，我们不能走得太快，到达山顶时，又不能放慢或者停下。下山就完全不同了，我们不论多么疲劳，也不能停下。

我们疗养队的几位女同志，还有伤员和病号，因为无法走路，只能抓住马尾巴爬山。邓大姐那时正得了结核病，呼吸非常困难。她只能拉着马尾巴爬到山顶。山上空气稀薄，按计划必须立刻下山。一些同志就滑下去了。滑起来比一步一步走路要快得多。我就在他们后面跟着滑下去了。爬雪山花了整整一天的时间。我们不可能在晚上翻越雪山。

王泉媛说她们翻过雪山后休息了一段时间，让她们有机会了解当地藏民的习俗。“我们必须了解当地的风俗，否则就不能很好开展工作。”她们参加了一个集会，会上当地人建议少吃点青稞，“因为我们的胃消化不了。”①

---

① 这种谷物可能是高原大麦，即青稞。许多女战士都提到这种大麦很难消化。

她讲述了当地藏民的风俗，说藏民用竹碗吃饭时不用筷子。当他们出门时盛好一碗饭，放在一只专门腾空的袖管里，这样他们就可以在饿的时候随时拿出来吃。她还讲到自己用镜子来告诉那些不习惯洗脸的藏民们洗干净脸以后的样子。

王泉媛继续讲述了藏民的居住条件：

房子有三层。第一层是给马、牛、羊居住的牲畜棚。第二层是用来吃饭和睡觉的。通往第二层的楼梯只是在木板上挖了一些凹槽，但通往第三层的楼梯是正常的。三楼是储藏东西的。如果我们在藏民的村子开展工作，不能返回部队睡觉时，就要和他们住在一起。他们不知道如何架床，把地毯往地上一铺，不论男女老幼所有的人都睡在一起。有的人家有破毛毯，有的人家什么也没有，只把衣服盖在身上。我可以说我已经习惯了藏民的这些生活方式。我们妇女工作组在村子里住了20多天。

王泉媛和吴富莲每天都到当地居民的家中去买粮食。她说："那段时间我们吃的是草根和树皮。"有一次她们出去找粮时碰到了周恩来。周恩来看到两个年轻女兵单独到乡下来买粮食，没有人保护，感到非常担心。

周主席非常关心我们的安全，他拿出一张纸给我们的政委写了封信，批评了他。

"你就这样派两个同志出来工作！你为什么不派人保护她们？你们的警卫人员在干什么？难道他们都在保护你吗？如果这两个同志有什么意外，你要负全部责任"。

我们的政委很不高兴，认为我们向周主席打了他的小报告。其实，我们根本没有告状。我们只是如实地回答周主席的问题（他问我们为什么单独外出）。

这个事件导致了后来一系列的事情，使得王泉媛以后的生活与其他红一方面军的女战士们截然不同。当她们到了两河口以后，她和吴富莲再次与红一方面军分开，被分配到专门收容那些掉队士兵的工作组。在过草地之前，王泉媛和她的丈夫王首道在两河口见了最后一面。

*　　*　　*

当红一方面军和红四方面军的领导们继续开会的时候，战士们已经开始准备穿越四川和甘肃交界处的草地了。

钱希均评述了1935年夏天会师时两支红军队伍的不同。红一方面军从1934年11月开始就一直不停地战斗、行军。部队由于夜间强行军消耗很大，精疲力竭，看上去军容不整。因为长期以来营养不良，他们都很瘦，衣服也破破烂烂的。红四方面军的人数是红一方面军的四倍半，他们是3月底才离开四川的苏维埃根据地的。四方面军的战士非常强壮，身体健康、士气高涨①。然而，红一方面军的女战士们则认为红四方面军的纪律没有红一方面军好。

邓六金说："四方面军中有各种各样的人——女战士还带着百合花，还有孩子。"

李坚真写到：

万里长征过草地，
铁脚踏平烂泥地。
七天七夜战胜它，
红旗爬上六盘山。

对疲惫不堪的红一方面军来说，穿过草地是最后一道自然难关。谢飞说：

> 这该死的地方真奇怪！只有草，没有树。也没有山，就是一片平地。每天下雨，又每天出太阳。地上永远是湿的。刚开始时，先头部队陷进了沼泽。如果你想把他们拉出来，你也会陷进去。他们自己爬不上来，别人也无法救他们。你只能眼睁睁地看着他们死去。我们汲取了教训，让牲畜在前面走。如果牲畜陷进去了，战士们就不会白白牺牲了。多么神秘又可怕的地方呀！

① 在张国焘自传的第二卷，他说朱德元帅"告诉我八个月前，当第一方面军从江西向西进发的时候，大约有9万人。经过无数的艰难险阻，只有1万人到达了懋功"。（张国焘：《中国共产党的兴起：1928—1938》，堪萨斯大学出版社1971年版，第379页）

李坚真所讲的不是过草地时的感受，而是过草地时的后勤保障，她说道：

> 我们每个人都带着自己的粮食，每个人至少带着15斤谷物。红一方面军都做了准备。过草地前，我们购买或征集一些稻谷，烤熟后磨成面粉。还有些稻谷没来得及碾磨，我们只好直接吃了。
>
> 最困难的时候是没有水喝。我们不能喝草地上的水，必须得自己带水。有人用桶，有人用葫芦，还有人用水壶。今天，每个战士都有一个水壶，但是那时候不可能给每人发一个。

许多人在沼泽地里失踪了，有的因为得了传染病、营养不良或筋疲力尽而牺牲了。

邓六金说："在长征中有些战士牺牲在战斗中，但是大多数人是由于缺少药品、食物以及各种险恶的自然环境而牺牲的。"经过艰苦的磨难而走完长征的女战士之所以没有受伤，可能是因为享受了一些特权，也可能是由于认真听从指挥。对长征中的人来说，能预先得知前面的地形情况常常意味着生和死的区别。正如邓六金所说："上级告诉了我们要怎么穿过草地，所以我们非常幸运。"

女战士们还知道互相帮助的宝贵，如钱希均所说：

> 我们翻过雪山后，在过草地之前有一段短暂的休息时间。我们做了思想上的准备。我们需要准备一些东西，因为草地上没有房子，每个人的衣服都很单薄。组织部建议我们用一切可能的办法多做些衣服，每个人都分配了定额。贺子珍找到一张带有羊毛的羊皮。她又在毛主席警卫员的毛瑟枪上找到几块红色的棉布，用那张羊皮给我们队伍中年纪最小的小妹妹钟月林做了一个棉背心。

钟月林说：

贺子珍和钱希均给我的帮助最大。我们尽可能互相帮助。钱希均帮助我处理一些日常的简单的事情。她自己也遇到很多麻烦。她虽然没有缠过足，但是脚不大。她比我大十岁。贺子珍可以从毛主席那里得到些好吃的，比如酥油和牛肉干。主席有特殊待遇。当部队找到牛后，他会分到一些牛肉。贺子珍会从他那里拿回来一些，我们一起分着吃。

过草地的时候，天气非常寒冷，她告诉我："你可不能就穿着现在身上的衣服过草地。"她帮我找来几块包枪的绸子。我记得绸子的颜色是玫瑰红还带一点灰。我不知道她找谁要来的，她还给了我一件羊毛背心。

贺子珍因为受伤，要坐毛主席的担架。白天行军的时候，贺子珍不坐担架。她用拐棍走路。夜里我们把担架上的帆布支撑起来遮挡雨。我们所有人——钱希均、萧月华（我记不清楚是不是谢飞也在），都躺在担架下睡觉。

我们随身携带的盆派上了用场。那个盆太有用了！简直是个宝贝！我们用它来装吃的、做饭、烧水、洗脚，还可以当成凳子。在草地上没有地方坐，所以我们就把盆翻过来坐在上面。

邓六金不仅记得那个盆子的用处，还记得贺子珍对年轻女战士们的关心和爱护，她说道：

我们女战士过草地的时候都非常小心。大家走得很慢，每天一点一点地往前走，因为草地实在是太难走了。有些草很高，有些很矮。天经常下雨，我们没有地方可以躲雨。夜里我们只能坐在盆子上，也算是一片干燥的地方。我们有好几个人坐在一起。一些领导非常关心我们，比如毛泽东的妻子贺子珍。她分给我们一些食物——面粉和牛肉干。有时候她和我们一起坐在盆子上聊天。她对我们的困难深表同情。那时我们大多数人穿的裤子都没有裤腿。我们都穿的是短裤，我们的腿都很可怕——有的腐烂、有的布满伤痕、有的还在流血。

刘英说：

当我们过草地的时候，每个人都说那有多么可怕。当我回头看时，都不知道我们是怎么过来的。简直太恐怖了！草地非常宽广，我们看不到一个人或一座房子。我们每天走路，走了整整七天才穿过。

红军长征途中最后的挑战——千年不变的沼泽草地

当她们到达草地的另一端时，红一方面军和红四方面军领导人之间的矛盾发展到了高潮。红一方面军和红四方面军在向北经过四川时就开始讨论两支部队最终的目的地，是按照红四方面军张国焘的主张南下西康创建新的苏维埃根据地；还是根据毛泽东的主张继续北上创建一个新的根据地，来抵抗日军的入侵，并进而向东北满洲地区拓展巩固。张国焘是中国共产党的创始人之一，红四方面军的政委。他既不遵守遵义会议所作出的决定，也不接受毛泽东新的领导地位。长征结束后，他投奔了国民党，后来又移民到了加拿大。钱希均根据她当时所了解的情况，并综合了后来知道的内容，分析了毛泽东和张国焘之间的分歧，她说：

> 张国焘不想北上，他想南下，但是中央和毛主席已经做出决定要北上。最后，张国焘表面上同意毛主席和中央领导同志的决定，但是当我们晚上回到驻地的时候，他发来一封电报，说他要南下。叶剑英当时是总参谋长，他接到电报后立刻向毛主席汇报。毛主席和几个领导讨论了一下，认为，如果张国焘想南下，就让他南下，因为我们不能强迫他。他从来没有说过要接受我们中央的领导。我们能怎么办？如果我们强迫他，我们就得和自己人打仗了。
>
> 本来，我们决定在第二天早晨7点出发，忽然我们又接到通知要凌晨3点出发。大家都不知道为什么。有人说是因为马步芳的骑兵打过来了，敌人快要追上我们了[①]。当我们到达驻地的时候，我让贺子珍去问毛主席到底发生了什么事情。得到的答复是红四方面军和我们分裂了。
>
> 第二天，一位在政治局工作的同志通知说，我们之所以在3点钟出发，是因为我们要和张国焘分头行动，张国焘要南下，而我们要北上。
>
> 朱德当时留在了红四方面军，是因为一方面想让他做张国焘的思想工作，同时让他监视张国焘。当我们和红四方面军分开时，朱德因为在司令部和张国焘在一起，无法脱身。既然我们分开了，他也没有办法回来了。康克清和杨尚昆的妻子李伯钊都留在了红四方面军。

---

① 马步芳是回族军阀马氏兄弟之一，他们和国民党结成同盟。要深入了解中国回族和他们的历史，可以看李普曼（Lipman，Jonathan）的《熟悉的陌生人：中国西北地区穆斯林的历史》（Familiar Strangers：A History of Muslims in Northwest China）一书。

红一方面军行动快捷迅速，很快就把红四方面军甩在了后面。当他们翻越甘肃境内的岷山，到达哈达铺的时候，汉族的战士们有一种回家的感觉，他们在藏区走了三四个月，终于又回到了熟悉的文化氛围中。

李坚真回忆说那是长征中最高兴的时刻，他们终于可以吃到熟悉的饭菜了，丢弃那些破破烂烂的衣服。

> 当我们到达哈达铺的时候，我看上去像个男同志。我的头发很短，戴了一顶军帽，脚上穿着一双皮子做的鞋。鞋底是羊皮，羊毛还在里面。鞋面是皮子，用一根绳子绑在鞋底上。我走路不能没有它们，但是在哈达铺我穿上了布鞋，当地人还给我们做了衣服。

中央红军的领导们在哈达铺召开了一个会议，正式宣布决定“陕北根据地为领导中国革命的司令部”[①]。他们当时已得知有另外一支红军队伍在陕北创立了根据地，于是决定从甘肃杀出一条路来，穿过宁夏，和陕西的红军联合起来，创立一个新的苏维埃根据地。

正如女战士们在 1934 年 10 月离开江西时没有觉得这是一个伟大的开始一样，当她们到达陕北的时候，也没有觉得这是一个胜利的终点。她们还在继续为部队筹集粮食，招募新兵，只是她们比在长征中感觉更加安全了。

刘英讲述这种区别时称：

> 在长征途中，当我们到达一个地方休息时，我们连饭都不想吃，只想睡觉。我们一躺下就能睡着。我们总是处于紧张与不安之中，一听到号声，就马上跳起来，收拾好被子就出发。如果你晚了，你就会迷路掉队，被敌人抓住。我们走了一年，非常想找个屋子好好睡上一两天。当我们来到陕北后，终于可以睡个安稳觉了。我们已经筋疲力尽了。

① 中共中央党史研究室：《中共党史大事记 1919—1990》，外文出版社 1991 年版，第 99 页。

*　　　　*　　　　*

钟月林在长征结束后结婚了。为了强调在中国最贫困的地区创建自给自足的根据地这一任务的紧迫性和艰巨性，她说：“我第一天刚结婚，第二天就到乡下招收新兵去了。”

第八章

未走完长征路的女红军

红一方面军的女战士中有三人没有完成长征。李桂英和谢小梅的丈夫在遵义会议后的激烈战斗中负伤。这两人被留下来和她们的丈夫在地方上工作。李桂英和她的丈夫被派到川南参加游击队。谢小梅和她的丈夫罗明被分配到贵州省府贵阳开展党的地下工作。第三位女战士王泉媛留在红一方面军，直到几个月后在川西和红四方面军会合。这时，王泉媛患病，被送到四方面军的医疗单位住院，后来红一方面军撤走，她没有赶上队伍。她们的生活中发生了突然变故，使她们离开了红一方面军，这给她们带来了严重后果。

她们的故事告诉人们所有的士兵，无论男兵女兵，都非常害怕被部队遗留下来的缘由。离开红一方面军后她们都曾在不同的时间里被捕过，进过监牢，受过酷刑。那时逃跑是很困难的，因为在那些年月里人们普遍对人口的流动抱有偏见，特别是对妇女，如果她们不能提供外出的充分理由，她们就会受到怀疑。这三位女战士都是在外省被捕的，因为她们听不懂当地的方言，加上人们对外来人持有敌对的态度。

一、“你这个小鬼还活着”

我的一生很不幸，有过三个丈夫。我和每个丈夫都生了孩子。有的孩子死了，有的无法养活而不得不送人，后来找不到了。

李桂英的丈夫在遵义会议后的战斗中负伤。

1935 年 2 月，周恩来召集奉命留下来的战士们开了一次会。会上，周恩来通报了遵义会议做出的要把这些战士留下来的决定。据李桂英回忆，他们被告知，“当时的军事形势非常严峻，必须确保红军的安全”，为了增强部队的战斗力，领导决定将伤员转移到地方单位。

李桂英被分配到川黔滇边界开展游击战争。李桂英和她受伤的丈夫，还有另外一位叫甘世英的红军女战士接受了新的任务，即在该地区创建一支更大的、统一的、有组织的共产主义游击队，转移国民党部队对红一方面军的注意力，从而使红一方面军能继续向西前进。

李桂英的想法代表了其他女红军，她说：我不愿意留下来，但我的丈夫也留下来了，他是组织部的领导。我们必须适应形势的需要。当然是最好和大姐们在一起，但我和甘世英留了下来。

甘世英的父亲是四川的大地主，当然很封建，但甘世英却想方设法上了上海的大学，后来到了江西的革命根据地。据李桂英说，在长征的前半段，甘世英是妇女部的党支部书记。李桂英不知道为什么甘世英也被留下来，因为她并没有结婚，当然没有负伤的丈夫需要陪同。李桂英说，也可能因为甘世英是四川人，她讲四川话，关系多，但也可能她曾裹过脚，虽然后来放了，但走路有点瘸。

和她们一起留下来的还有 200 名左右的男兵，半数是伤员。他们新招了八九百名男女游击队员，整个游击队增加到上千人。李桂英接着说：

国民党军队想追踪攻击红一方面军，但他们追不上我们的部队。现在他们不得不来对付我们游击队。我们游击队奋战了两年，每天跑100多里，比长征还艰苦。

我的丈夫在1935年2月牺牲了。我亲眼看到他被子弹击中倒了下去。我想抓住他的公文皮包和枪，但一个红军战士把我拽走了，否则我也会死，或者被捕。因为这个公文包，敌人知道他是领导，他们把他的头斩了，挂起来示众。

我们的仗越打越大。有一个中队在川黔滇边界的山里战斗了三年。他们的队伍扩充得很快，但也失败得很快。很多人都吸鸦片。

我跟你讲的都是我的经历。有时我们一天打三四次仗。我们边跑边打，常常一天跑一二百里。我们困得连眼睛都快睁不开了。队伍慢慢就被拖垮了。国民党有几百万军队，而我们只有几千人。

李桂英的丈夫牺牲后，游击队的政委请组织给他和李桂英做介绍，并允许他们结婚。这个政委就是余泽鸿，他的前妻好几年前就牺牲了。李和政委结婚了，并怀了孕，临产前，她的丈夫送她到四川他的老家去生孩子。甘世英陪同她。

我去余泽鸿家生孩子的时候是一年里最热的季节。孩子快出生了，我挺着大肚子走不快，还得频繁地小便。

战斗很激烈。国民党想抓我们红军女兵，但他们抓不到。地区党委书记把我们藏在我丈夫家的一个佃农家里。我丈夫家是地主。

那家佃农只有一张床，让给我和甘世英睡，他们夫妻带着孩子睡在牛棚里。他们等待我生产，等呀等呀。

后来敌人来了，佃农很害怕。敌人到处搜查，他们在屋里和牛棚里到处搜查，但没有查出什么。

他们问，"你们藏红军了吗？为什么有人在阁楼上睡过？"

"是我们睡在茅草房的阁楼上的。"老乡回答，"我家孩子多，有三个，还有我和老婆。孩子们睡在上边。"

当时我们藏在储存红薯的地窖里。敌人在搜查，他们打翻了尿桶，尿一滴一滴地掉在我们头上。

他们随时会开枪，我们可能死在地窖里。我们下定了决心。

突然一阵沉寂，我们做好了准备，非常紧张，但是敌人开了两枪后便离开了。

敌人走后，老太婆过来说：“你们红军女战士，命真大啊!”

这事发生在云南与四川的边界。后来党组织调查这件事时，他们还特地看了我们藏身的地窖。

群众有许多方法保护我们。好几次我们的情况很危险，但敌人都没有抓到我们。有一次白天的时候，我们和游击队在一起，无处躲藏，我们就到农民家，那里也没地方藏，他们让我们爬进稻草堆里，上面盖了稻草。敌人搜了半天，什么也没搜着，只好走了。农民也害怕，但他们还是保护我们。如果我们不受伤，我们是不会被抓住的。

正当李桂英在甘世英的陪同下等待生产时，李桂英的丈夫余泽鸿牺牲了。李把婴儿留在丈夫的老家，和甘世英回部队了。她们发现游击队几乎散了，只剩下 30 人。李桂英说，“有的死了，有的被俘了，有的回了老家。”李桂英接着说：

我仍然是总部政治指导员，甘世英是党支书。我们招了三四百人，扩大了游击队。敌人以为我们被消灭了，他们不知道怎么又出现了几百人跟他们打仗。因此敌人开始“围剿”我们，这是第三次“围剿”了。

我受伤了，我踩在一根竹子上，戳穿了脚，那时我穿的是草鞋。我走了 130 里后才能洗脚。我的脚肿了，走不快。我们停下来后，我让大家都洗洗脚，用盐和烧开的水泡脚。吃过晚饭我们又要出发了。那天有雾，看不清。我和甘世英正在洗脚，其他人都洗完了。我们的脚还在脚盆里。

突然枪响了。我们当地的向导已经跑了。他遇到了国民党军队，把他们引到我们的总部和政治委员会。

战斗在我们附近打响了，我没有时间穿上草鞋，也没时间包好脚。平时，我们用一块布把脚裹上，然后穿上草鞋。但是，我没有时间了。天下着雨，我光着脚，路好滑呀。我躲过了子弹。但一个班的敌人用刺刀围住了我。

我被俘了，甘世英也被俘了。他们把我们押送到云南的昭通。我只能一瘸一拐地走路。起初他们对我们很坏。后来给了点食物。

他们审讯了我们两次。大多数时间是甘世英和他们争论，她上过大学，有很多知识。

他们问我是哪里的人，为什么参加红军，在红军里干什么工作。我告诉他们我是搞宣传的。

他们说："你不识字，怎么搞宣传呀?"

"我给别人拎着写标语的石灰桶。"

就这样，虽然李桂英在审讯中遭受敌人的毒打，但没有告诉敌人她实际所负的责任。

1936年12月，李桂英和甘世英被关押在昭通的国民党监狱里。这时发生了西安事变，蒋介石在西安被自己的部属扣押，直到他同意停止攻打共产党后才被释放。两党形成统一战线，共同抗日。那时日本军队已经牢牢掌握了东北。

人们在大街上燃放鞭炮，和过年一样。甘世英和我都很纳闷，因为还没有过年呢，也不是其他什么节日。后来我们才知道蒋介石被放了，正在谈判国共合作。我们不理解。

他们宣传国共合作，说共产党不再打国民党了，国民党也不再打共产党了。我们要联合起来打日本鬼子。他们还说，他们不会杀我们了，也不用刑了，并且要把我们送回原来的地方。不过，这只是说说而已。甘世英被送回老家四川了，因为她的父亲有名有钱。她被赎了出来。可我并没有[①]。我被送回江西，又被关了起来。他们不让我出去，我也不知为什么。

---

① 郭晨（音译）说，甘世英在战斗中被俘。他说："在押期间，她知道一个游击队领导藏在老乡家里。她想办法通知那个领导逃跑。她遭到一个国民党连长的侮辱，被送进监狱。后来，她被释放，因为她的父亲是县法官。但她被关在家里，她父亲对她很严厉。后来，她跑了出来，并和她救出的游击队领导结婚了。可是没过多久，她丈夫就在战斗中牺牲了。她很思念他。有一天，她走在成都的街头，她在一家书摊上读到一篇关于罗世文的文章。罗世文是共产党四川省委书记。罗世文推荐甘世英去见潘汉年。当时，潘汉年领导上海的地下工作。潘汉年又推荐甘世英去延安学习，并恢复健康。在延安，甘世英结了婚，她的丈夫后来是内蒙古军区的副司令。"（1989年6月在北京广播电台采访郭晨）

统一战线有个条件，即所有的政治犯都要送到重庆的监狱。这样，我被押一路走到重庆。国民党和蒋介石还没有到重庆。在重庆我没有被审讯。

之后我被送到巴县，关在一间平房里①。看管监狱的老女人个头很矮。一些犯人是当地人。他们的丈夫经常探望她们，还有亲戚给她们送吃的。她们给女看管送钱或送东西，她就让他们来探监。我在当地没有朋友和亲戚，也就没人来看我。

监狱里大约有200犯人，我的牢房里有七八个人。四个是红军战士，其他的不是政治犯。国民党可以随便加罪于人……有的是鸦片贩子，有的是纵火犯，还有的是因为自己逃跑了，妻子被抓抵罪。她们都是穷人。还有的是打入政府机构的地下工作者。

敌人倒是没有拷打我们。监狱里100多名学生和代表展开了斗争。他们给我写了条子，但我不认字。

有个50多岁的老头让我参加绝食。我不懂什么叫绝食。他说就是不吃饭，只喝水，我们坚持绝食直到他们释放我们。我告诉他，我参加绝食。我们政治犯绝食了八天。我们掀翻桌子，推倒板凳，把饭碗仍到茅坑里。报上都有报道。共产党地下组织从内部和外部斗争，争取释放政治犯。

中央和国民党进行了谈判，最后国民党把我们分批释放了。第一批是非军人，第二批是四方面军的官兵，我属于第三批的三十来人。

1937年9月我被释放，重庆地下党找到了我。我不认识重庆的党员。我很害怕。我被监禁了九个月，在监狱里遭受敌人的严刑拷打。

一个男同志问我有什么打算。我表示想回家，直接回家。那是我唯一能做的事情。我没钱，没地方住，也没有吃的。如果我回到江西老家的话，我可以找到游击队，找到红军，因为我认识他们。

那个男同志问；“你会教书吗?”

我回答说：“我不识字，怎么教书呀?”

---

① 巴县位于重庆南十几里的长江岸边。

然后他帮助了我。他说："明天去新华书店吧！离那儿不远有一家饭馆，你去帮助老板娘切菜，洗碗，扫地吧！我会派人送你到那儿。"

三四天后，党组织派了一个人到饭馆找到李桂英，证实了她的经历。

来人说："你是江西人，你做过体检。"

我说："是呀。"

他说："你不认识我了？我是给你做体检的医生。你身体很好。"

我觉得非常奇怪。他是军医吗？是不是叛徒呀？

他不是叛徒。他要送我去成都找四川党的领导人罗世文。医生给我路费，给我买了汽车票。那时没有火车，只有汽车。我坐了两天的汽车才到成都。没有人和我去，就我一个人坐汽车去的。罗世文会见了我。我们本来打算去延安，但我们无法前往，因为太原被日本鬼子占领了，切断了去延安的路线，我们只好回到重庆。

李桂英坐长途汽车到达重庆，在那里见到罗世文的妻子。罗世文的妻子帮助李桂英安排旅行。党组织决定送她乘火车到武汉找董必武，他在长征期间负责红一方面军的女战士。李桂英从来没有去过武汉，她又不识字，所以一下火车她就找了一个孩子帮助她。

我把地址缝在裤腿里。我拿了出来，问小朋友是否知道这个地方。小孩说："我知道，离这儿不远。我带你去。"于是，那孩子把我带到董老的家。

那是一大早，董老还没起床。他的车夫开的门。董老没有汽车，只有一辆黄包车。董老起床后看见我，他惊讶地说："你这个小鬼还活着！"

在武汉，李桂英见到了李坚真、危秀英以及其他红一方面军的同志。从他们那里，李桂英了解到红军长征结束的详情及其后来在延安的工作。他们劝她不要去延安，而应该去江西的南昌。在那里，李桂英认识的许多老同志正在组建新四军。

周恩来设宴招待从延安到新四军工作的同志，大家一起庆祝新年。筵席上李桂英见到了许多她做梦也没想到还能见到的老同志。“我们一起畅谈，他们欢迎我，尽管他们知道我刚从监狱出来。”

1938年李桂英加入新四军，担任新四军前线服务团妇女部的主任，此后还在各级部队中担任过政治指导员和党支部书记。

1941年1月，李桂英和新四军驻在安徽南部时，曾经是统一战线盟友的国民党包围了新四军，发动了震惊中外的皖南事变。很多新四军官兵遭到杀害。只有三个女同志从皖南突围出来，李桂英是其中之一。

> 八天八夜我们没有吃东西。敌人到处围捕我们。有些同志没地方住，没食物吃，没处躲，甚至没有力气突围。我和文职人员在一起，尽力帮助他们突围。
>
> 突围后，我们找到一个老乡，他是农民协会的干部。他有一头猪，大概30来斤。他怕国民党兵抢走吃了，所以他把猪杀了，埋在地下。他还有几十斤大米也埋了起来。当我们告诉他我们是新四军时，他把大米和猪都拿了出来。他煮了一大锅米饭，还炖了30斤的猪肉，烧了蔬菜。他的家人以及我们八九个人一顿都吃光了！我吃了五碗饭。我丈夫吃了八碗饭。我们吃的太多了，其实不好，在此之前我们只有冷水以及马尿喝。

解放战争期间，李桂英担任华东军区卫生部的政治处主任。1949年以后，她在华东军区的不同部门担任负责工作。她的第三任丈夫于1968年去世。

> 我的一生很不幸，有过三个丈夫。我和每个丈夫都生了孩子。有的孩子死了，有的无法养活而不得不送人，后来找不到了。

在“文化大革命”期间，她受到审查，因为她进过国民党的监狱。“文化大革命”时她患有糖尿病，但不让看病，不给药吃。她于1981年退休。当1989年2月我们在南京采访她时，她住在离休干部疗养院，双目失明已经5年了。

二、战士、囚犯、保姆、老师

我们1988年在广州采访了谢小梅。他们家是我们所采访过的所有女红军中条件最差的。

谢小梅讲述她的故事时，语调平淡，不带任何感情色彩。她经历了一个又一个的不幸，错过了很多机会。

1935年长征开始的那年，谢小梅的丈夫罗明写了一份关于在福建成功开展游击战的报告。那些不赞成毛泽东游击战略的党内领导人利用这个报告发动了一场反对罗明路线的运动，矛头指向毛泽东以及政策。长征开始时，罗明被分配集合伤兵和后勤部门的散落人员。后来罗明被平反，这时遵义会议后党中央的领导也发生了变化，罗明分到红三军团，负责和地方上的联络工作。

谢小梅自己在福建曾参加过游击战。关于川黔滇边区的战斗，她是这样描写的：

> 我们二渡赤水，到达茅台[①]。我们喝了很多茅台酒，甚至用茅台酒洗脚。
>
> 然后我们向娄山关发动第二次进攻。第一次是在打下遵义之后。那次进攻比较容易，因为遵义的敌人被我们打垮了，我们一直前进到娄山关北部的桐梓。但当我们第二次进攻遵义时，敌人的部队非常顽强。
>
> 当我们进攻娄山关时，红三军团是先锋。战斗很艰苦，很激烈，因此，我们必须提高士气。
>
> 所有群众工作部的干部都到总部去做宣传工作，鼓舞官兵的士气，书写张贴标语。那时候，部里有几个人知道在哪里张贴标语，他们负责隐蔽任何可能成为敌人轰炸机目标的东西。标语都是用红色和绿色写的，很容易被轰炸机发现。
>
> 国民党的飞机来轰炸了，罗明和胡耀邦还没来得及隐蔽就

① 茅台是贵州的一个城镇，以生产著名的茅台酒而闻名。

被炸伤了[①]。胡耀邦的腿部受了伤，罗明伤到了胳膊上的动脉。胡耀邦的伤不重，他接受紧急治疗后立即回部队了。而罗明的伤势严重，大量失血。因此他被送到医疗康复队继续治疗，后来没能再返回红三军团。

当时中央决定罗明和我留下来，因为罗明的伤重不能继续长征。他们要我们留下来，在贵阳开展农民工作。党中央还派了两个同志和我们一起留下。我们是一天前才接到通知的。

从一开始，我们就知道如果我们留下一定会有许多困难。我们的部队过了贵阳。我们说不同的方言，样子也和当地老百姓不同。但是中央告诉我们这个工作很重要，党需要我们。这样我们就接受了任务，因为我们是党员。我们必须不惜任何代价完成任务，尽管我们面临众多的困难。

1935 年 4 月，我们离开了部队。

一个武装小分队护送我们走了一天的路，然后他们让我们朝着贵阳继续走。他们说："你们四个人步行到贵阳。"这四个人是我的丈夫罗明、我、工会组织者朱奇(音译)，以及担任我们向导的当地老头。武装的战士们留在山区，而我们继续往前走。

我们走了一整天，到达今天的关林县。我们到县城大门时大约下午五点。不巧，从贵州出发的"追剿"红军的军阀的军队刚刚到达。他们截住我们，说我们不像贵州人，他们怀疑我们。我们说我们四个人是合伙做生意的。我们告诉他们我们从广西来贵州做生意。我们不敢说是贵州人。我们说，现在做生意很困难，我们打算去贵阳，从这里经过。

他们不信我们的话。可是他们的部队马上要离开，来不及审讯我们，所以把我们关进县监狱。那天晚上，县法官问我们话。当法官问我是哪的人时，我说是猪庄的。在那个地区，许多地方叫猪庄、牛庄、羊庄。法官听了，说："废话！打她二十个耳光。"然后就把我带走了。

法官开始审讯其他人。

轮到朱奇时，法官似乎很宽大，因为朱奇很快就回来了。

---

① 1988 年 1 月，当我们采访谢小梅时，胡耀邦已经被罢免了中共中央总书记的职位。可是谢小梅强调他的名字，这让我们猜想可能是因为胡耀邦于 80 年代初为罗明和谢小梅平了反。

他收拾了东西，准备离开。

他说："我要走了。你们还得待几天。"我们不知道发生了什么事。

当罗明被审讯时，法官说："罗明，你们是共产党。"

罗明回答说："我们不是共产党。我们合伙做生意。"

法官说："不对。"我们怀疑朱奇出卖了我们。

我们坚决不承认是共产党，坚持说我们是生意人。

法官问："你们会打算盘吗?"他们给罗明一个算盘，罗明打了算盘。但法官仍然不相信他。这个法官知道共产党里有很多人受到教育，因此即使罗明会打算盘也无法证明他的清白。

我和丈夫没有钱。我们离开部队时，领导让朱奇负责我们小组，把钱交给他管。朱奇关在男牢房，我关在女牢房。当朱奇和老头子走时，罗明叫他给我们留点钱，但朱奇不肯。

监狱的老狱卒同情我们，对朱奇说："你们四个人一起来的。现在你要走了，不给他们留点钱的话，他们怎么办呀?"

我和罗明被关押和审讯了十多天，但他们仍然不能判定我们是不是有罪，因为他们没有证据。

法官问罗明："你说你们是生意人，你们带钱了吗?"

罗明回答说："你知道我没有钱。那个姓朱的走时，我叫他给我们留点钱，但他不肯。他把钱都带走了。"

接着法官问："你们有任何金子做的东西吗?"

罗明说："我们怎么会有金子呢?"

法官问我的丈夫："那女的是你老婆吗?"

罗明回答说："是"。

"你老婆有金子吗?"

罗明说不知道。法官让他问我。我们想朱奇一定给法官钱了，现在法官想跟我们要钱。我们认为应该用钱来买自由。罗明给我写了个纸条，问我有没有金戒指。如果有的话，应该用来贿赂法官。我自己没有金戒指，但我们被要求留下来时，上级给了我两个金戒指，以备有紧急情况时用来当做备用钱。我随身带着金戒指，我丈夫不能带在身上，因为我们女同志不会被搜身。我把戒指缝在夹袄的里层。我看了罗明写的条子后，就给法官一个金戒指。

法官说："新县长快来了。他肯定会视察监狱，审问犯人。他会问你们为什么在这里。他来的时候，你们一定要大声喊冤。一定记住。”

第二天，新县长来到监狱，他视察了每间牢房。当他到我们的牢房时，我们大呼“冤枉”。我们告诉他我们和合伙人一起做生意，但他拿走了我们的钱。我们说我们是生意人，是无罪的。我们被军队逮捕了。

新县长问道：“为什么他们喊冤呀？”

法官回答：“他们四个人一起做生意，但有两个人走了，没给他们留下钱。军队不知情，就把他们送到这儿了。”

县长问道：“这一切都是真的吗？”

我们说：“千真万确！”

县长说：“那好吧，我放你们走。”

快到午饭时间了。县长说：“我放你们走，但你们不能再滞留本县，必须马上离开。”

于是我们立刻抓起衣服，急忙离去。

我们遇到很多麻烦。我们没钱住店，我们只要看到破旧、被毁坏的房子就进去过夜。我们经常饿肚子，但还要坚持往前走。有时真的一点力气也没有了，一步也挪不动了，就只好卖掉自己的衣服，买点吃的。第二天接着走。就这样我们到达了贵阳。

他们到贵阳时，蒋介石刚到贵阳视察军事行动，所以安全措施非常严格。他们混在一群到城外赶集回城的人群中溜进了城门。他们找到一家小客栈住了下来，没敢告诉店主他们其实没有钱。

有天晚上，大约在我们住了十天后，军队来查每个登记的旅客。罗明因为病了，叫我去应付他们。

他们问：“你们在这干什么？”

我回答说：“我们是广西人，做生意的。我们正好路过这里，要回广西去。”

他们搜查我们，没有查到什么东西，只找到一瓶药膏。

他们说：“如果你们是生意人，为什么有这个东西？你们不像生意人。”

他们不敢抓我们，因为没有证据。

但其中一个人说，“我怀疑你们。如果你们是好人，我让你们把我的头砍下来。三天之内你们必须离开贵阳。”

可是，党组织派我们在贵阳的郊区开展农民工作。我们怎能离开呢？我们必须完成党交给的任务。

因为需要钱，他们在贵阳找活干。

为了赚取吃饭和住宿的钱，谢小梅在一个国民党的小官僚家当起了保姆。但她发现自己简直成了这家的犯人。为了减少怀疑，她打扮得像个农民。

我一直在部队，人又黑又瘦，我还故意不梳头。有时，主人带回来报纸。我虽然会读，但我假装不识字。当东家问我多大了，我说38岁，其实我才二十几岁。他相信我比他老婆的岁数大。我把姓改成张，我的丈夫改成林。所以东家称我“林大嫂”。我的家务干得很好。每天我在他家吃两顿饭，但他们不给我工钱。

罗明住在客栈里，继续养伤。他给在上海和越南的亲戚写了信，请求帮助，他一直在等他们的回信。他决定先找个工作。

谢小梅说：“我们还能怎么办呢？我们没钱，也找不到朱奇，我们的任务又是留在这里。”

罗明找了扫大街的活儿，但由于工作太累，又吃不饱饭，他累得饿得吐血，被解雇了。有两个月的时间，他和乞丐们一起住在一个天主教堂，后来因病被人家轰出来了。

在这种情况下，他们认为不可能在贵州开展工作。由于蒋介石还在贵阳，安全保卫措施依然很严格。罗明仍然病重不能工作，他们无法找到原来的同志，没有生活来源。这时，罗明在上海的亲戚汇来了50元钱，汇到谢小梅东家那里。东家私吞了30元，只给了谢小梅20元。

我们是怎么花这20块钱的呢?我给自己买了一件黑色的旗袍，给罗明也买了衣服。我们第一次出城门时被抓了回来。后来我们听说，这里的女人坐轿子，男人走路。我们也这样做了，才出了城门。

离开贵阳后，我们一直走，直到1936年2月，我们回到罗明在广东的老家。罗明在当地一所中学当了老师。

1937年7月抗日战争开始后，谢小梅和罗明到了福建省的龙岩市，表面上是探望谢小梅的母亲，实际上是寻找共产党的游击队。“我们想向组织汇报我们的经历，并和党组织重新建立关系。”他们找到了组织，但被告知由于他们的党籍“有问题”，需要上报中央。组织上让他们回到罗明的广东老家，帮助那里开展抗日工作。

当南方的共产党组织于 1942 年被破坏后，我们再次与领导失去了联系。我们参加了抗日斗争，罗明所在中学的抗战活动开展得很成功，但是有些人还是怀疑我们，使我们的处境非常困难。在无路可走的情况下，我们于 1946 年去香港寻找组织。我们请求他们给予指示。

此后，谢小梅和罗明去了新加坡。在那里谢小梅在小学教书。当 1949 年中华人民共和国成立时，他们回到中国大陆。谢小梅在广州的几所学校和大学当老师和图书馆员，直到 1973 年退休。退休后她帮助罗明编写党史。

关于党籍问题，罗明的党籍在 1980 年十一届三中全会召开后，直到 1981 年才恢复。党中央恢复了我们在党内所有的关系。罗明是 1925 年加入共产党的。我于 1929 年参加党的工作，1930 年入党，所以我的党籍从 1930 年开始。现在我再次成为一个普通的老红军，我们经历了千辛万苦。

我们于 1988 年初在广州采访了谢小梅。当王卫华安排采访时，谢小梅请卫华单独接她去我们住的宾馆。谢小梅不愿意我看到她和罗明过的窘困生活。卫华告诉我，他们家是我们所采访过的所有女红军中条件最差的。

三、“宁愿死也不愿意当你的老婆”

八路军办事处的人说：“一年之内的接收，二年的调查，三年的不收。我们不能接受她们。”红军团长王泉媛绝望了。

我们采访的红一方面军女兵中第三个没有完成长征到达陕北的是王

泉媛。红一、四方面军会师时，五位红一方面军的女战士被调到红四方面军，这个安排可能是有意的，也可能是偶然的。这样，当她们在红一方面军的同志在陕西建立苏维埃根据地时，康克清、李伯钊、吴富莲、吴仲廉和王泉媛仍然与红四方面军一起继续长征。

我们都跟随毛主席到了松潘，和张国焘会合。我们和红四方面军会师后，召开了一次会议，张国焘与毛主席分裂了。我们之所以知道这件事，是因为红四方面军有些人编了首歌反对毛主席，说毛主席北上抗日是机会主义[①]。我们从来没有唱过这首歌。

我和康克清大姐在一起，因为毛主席派吴富莲到干部连了。康大姐在等朱德总司令，所以她被派到红一方面军的五军团工作。五军团走在大部队的后面，干部连的康复医疗队也在后面。张国焘把红一方面军走在后面的部队带向南走，他没有强迫我们，但张国焘把总司令的马带走了。

康克清解释说：

红一方面军和红四方面军是在国民党阻截我们前往夹金山途中设的第一道封锁线上会师的。我的丈夫和我被派到红四方面军。当张国焘领着红四方面军南下时，我们不赞成，但也无法阻止他。朱总司令说张国焘的行动只能让仇者快，他不断地劝说张国焘放弃他的主张。当时张国焘是政委，朱老总是红军总司令，政委有最后的决定权。

红一方面军离开后，王泉媛和红四方面军留在阿坝。她当时病得很厉害，眼睛看不清东西，不能站立。当她体力恢复一些后，她想追赶红一方面军。可是那位曾被周恩来批评过的政委却命令她留下来。周恩来批评他让女同志在毫无武装保护的情况下单独前往对红军怀有敌意的地区开展工作。

① 红四方面的士兵批评毛泽东犯了严重的脱离政治主线的政治错误，给毛泽东的行动戴上机会主义的帽子。

他命令我待在红四方面军的医院治病。我一想到那首反对毛主席的歌，就不高兴。我不愿去红四方面军的医院。我说，“我们有总医院，为什么我必须去红四方面军的医院？”他一声不吭地走了。

这是什么态度呀？他不应该这样对待同志！这是对敌人的态度。

卫生部长劝她留在红四方面军医院休养，答应过几天来接她。她对卫生部长说：“你这么说，我同意。我不喜欢政治委员的态度。”

不到一周她就出院了，但已经来不及返回红一方面军了。她和红四方面军向南走，第二次翻过夹金山。

红四方面军在夹金山东部四个县建立了地区和省苏维埃政府。王泉媛说：“那时，张国焘企图分裂中央，建立自己的组织。”

王泉媛和吴富莲从卫生部转到妇女部，在张琴秋的领导下。张琴秋担任妇女独立师的师长，被红四方面军的一位女同志称为“最优秀的，她曾在莫斯科学习过，我们受的教育大多来自她。她经常给我们讲她旅行和工作的经历，教我们如何照顾好自己的身体”[①]。

吴富莲在地区级部门工作，王泉媛在她的领导下担任省妇女部主任。她们一起过了1936年的新年。王泉媛的工作是宣传和妇女工作，动员群众。她听同志们说，红四方面军收到红一方面军的电报，通知他们红一方面军已于当年11月到达陕西省的北部，正在巩固力量，建立苏维埃根据地。

红四方面军第三次翻越夹金山，向川西的甘孜地区挺进。此时的王泉媛已经习惯了艰苦，对这次的行军没有详细描述。

到达甘孜之前，他们爬过了一座海拔高达4570米的雪山。王泉媛说，他们在一天中最安全的三个小时爬雪山，“在其他时间，狂风会把人和雪一起刮到另一座雪山上。”

王泉媛被分到离甘孜不远的炉霍开展群众工作。“我了解当地藏民的风俗。”她和一个翻译一起工作了两个月。这个小伙子的父亲是汉族人，母亲是藏民，他会流利地讲汉语和藏语。王泉媛成功地吸收了40多名共青团员。她回到甘孜后当选为共青团的党支书。

① 1988年1月于广州采访红四方面军女干部刘坚。

在甘孜地区时，他们听说二、六军团从湖南长征就要到达此地。王泉媛说明了她在欢迎即将到来部队的作用。

我们三次派部队迎接他们，但我们的人都被藏民杀死了。所以我们开了一个会。他们知道我和藏民的关系很好，所以他们让我去，并带上翻译。我离开之前，张琴秋和我谈了话。

她说："二、六军团缺少粮食，我们必须尽可能找到办法买些粮食帮助他们。但你们要小心。"

就这样，我，翻译，还有一个11岁的汉族小马夫出发了。我告诉翻译说："我们后面有许多部队，他们到这里来保护你们藏民，让你们当家做主人。"

他说："好！"

然后我说："我们三次派人去迎接他们，但我们派的人都被你们的人杀了。今天就咱们三人进入你们的地区。请你告诉你们的人。"

"书记，你放心。我保证你们的安全。"

在山脚下，他发了个信号，喊了三声："啊！喂！噢！"随后我们进了山。平安无事，非常安全。

下山的路上我们看见两处当地人家住的房子。我们告诉他们我们为什么来这儿。我们说，更多的部队要到来保护藏民，但他们缺粮。我们想给后卫的部队买粮食。

藏民说："好吧，欢迎他们！"

我们说："那好。明天请你们帮忙吧。好吗？"

我们找了地方过夜。第二天清晨，天刚亮，有两个人走了。我们不知道他们是给我们找粮食去了，还是找人来包围我们。我们三人不知怎么办，因为那两个藏民离开时没有留下话。我们想，如果他们是给我们找当地人筹粮去了，我们应该出去接应他们。假如他们是找人包围我们的，我们应该把门闩顶上。

我把小马夫派到山上放哨。我让他观察对面山上的四五条山路。如果只有几个人来，那么我们不必害怕，因为他们可能是来谈话的。如果来的人数很多，他要立即让我们知道。

大约9点钟，小鬼喊道："有四五个人拿着篮子从另一座山上过来了。”

我们朝他们跑去，帮助他们挎篮子。我们问了他们的姓名，一一记录下来，然后称了粮食的重量。那天，共有40多人送来了一篮篮的粮食。我们逐一登记了他们的姓名，把粮食保存起来。

第二天我们给这些人开了会。我们告诉他们我们从他们那里买粮供应后卫部队。我告诉他们我们的后卫部队很快就要到来。问他们是否愿意欢迎我们的部队？他们说，“当然愿意。”

我们用红色的纸做了许多三角小旗。我们用竹片把纸切开，在小旗上写上标语。每一个人手里拿两面小旗子。

当二、六军团到达时，领导部队的贺龙同志看见我，说，“小鬼，你怎么在这儿呀?”

我说，“你们担任后卫部队条件很艰苦。我们到这儿从老百姓那里买粮欢迎你们。”

我从来没有见到过贺龙同志。我在湖南—江西苏维埃根据地见过王震、任弼时和萧克等同志。那时贺龙同志在别处。这些领导人比我们年长，所以喜欢叫我们“小鬼”。

我们把盛粮食的篮子堆放在路边，这样部队可以自己分发。我们把领导带到一个地方，他们吃了点心，之后离开。

红二、六军团的到来，以及红一方面军在陕北建立一个大规模根据地的消息使红四方面军同意北上。他们第三次过草地，翻过岷山进入甘肃省。在那里，王泉媛和吴富莲被调到新建立的西路军。

王泉媛回忆说，“我们在甘肃打了三个月的仗。”

子弹打完了，她们撤到甘肃、青海边界的祁连山里。妇女团留在山里掩护西进的主力部队。妇女团分成三部分，王泉媛是第一部分的政委，吴富莲负责中间部分，华天松（音译）负责第三部分。

敌人进攻并包围了我们。由于我们的子弹打光了，我们就展开肉搏战。

当敌人发现我们都是女兵时，大喊：“别开枪！抓活的给你们当老婆!”

他们停止开枪。一个敌人向我逼近。我狠狠地把他踢倒。又有一矮个子过来了，我将他绊倒，他栽倒在地，我上去用拳头打了他好几下。当我尽力逃脱时，敌人围上来了。在这种时刻，你要么被俘，被杀，要么逃跑。

王泉媛逃脱了，追赶上了西路军。领导担心部队的目标过大，决定把战士们分散到山里打游击。王泉媛的游击小组有五个女兵，五个先锋团的十二三岁的男孩。先锋团都知道女兵团喜欢孩子，因此请求王泉媛把他们带上。

他们藏在山里，巧妙地回避搜寻共产党的匪军骑兵。王泉媛把自己的马杀了，马肉成了小组一个月的口粮。每当他们听到马蹄声，他们就扫清雪上留下的脚印，躲到树丛里。“我们今天在这座山，明天又在那个山。我们跑了一个月，还没有跑出祁连山。”

当他们发现人烟时，他们打听敌人的确切位置。听说南山没有敌人部队，他们在夜间步行到南山，找到一排窑洞。

我们五个女兵住进了一个窑洞，五个男孩住进了另一个窑洞。正当我们要睡觉时，敌人包围了我们。两个敌人围住了我。一个抓住我的臂膀，另一个缴了我的枪。我有两支枪：一个是从国民党军缴获的毛瑟枪，另一个是手枪。我佩带毛瑟枪，四方面军的女兵李开芬佩带手枪。

他们把我带到外面，开始搜查，看我是否有子弹，有没有其他武器。李开芬把枪藏在草里。我们没有看见男孩子们是否被俘，也不知道他们后来是否被俘。

我们被押到马禄旅的第一团总部。马禄是马步青手下的旅长[1]。

我们被押到团部后又被送到旅部。

在旅部，我看见十几位女红军战士。我们很难过，因为她们是我们的同志，我们都被敌军俘虏了。我们装作互不相识。我们都不说话，只用眼神打招呼。休息了一会儿，我们排成

① 马步青、马步芳是回民军阀马家军的胞兄弟，他们与国民党联手剿共，对红军西路军进行了残酷的打击。

队。我对李开芬说：咱们最好站在队尾，如果站在前头，敌人会知道我们是领导。

然后敌人说："向后转！"这样一来我们站在了队伍的前边。旅长抓捕了一个小姑娘，她供出了谁是领导。我的门牙被打掉了，那小姑娘说没门牙的是团长。一到宿营地，我就被叫去审讯。

开始，王泉媛坚持说她是普通士兵，不是团长，枪是在山上找到的，还说她不识字。审讯继续，后来敌人给她看了根据那小姑娘的口供画的人头像。我对他们说："我做好了死的准备"，"你们要杀就杀！红军战士不怕死！"

敌人说："当团长没什么不好？现在是统一战线时期，国共合作时期。你为什么不早点告诉我们你的级别呀？我们不会打你，虐待你。如果你早说我们就会对你好点。"

之后我们到了敌军师部，一下子拥上好多军官。我们女兵有七八十人。

马步青在场，他命令我们排队，因为他要讲话。"你们在这不要害怕。咱们是一家人，因为现在我们有统一战线。不用担心。"

讲完话后，他们要给我们拍照，我们不肯，因为我们衣衫褴褛，更何况他们是敌人，我们不愿和他们合影。所以我们都把头垂下，不肯抬起头。

敌人用棍子捅我，我一下子抬了头，他们赶紧拍了照。从那以后，敌人的哨卡都有我的照片。

王泉媛和吴富莲以及其他女兵被押到甘肃省武威的监狱，那里共有130名女犯人。这些女战士被分在国民党军队的工兵团、炮兵团和保安团。王泉媛说：

他们强迫我们当他们的老婆。他们又拉又拽，又推又扛，打算强娶我们。

我跺脚说："你们不能这样强迫我们结婚！你们总司令在

抓住我们时说，他不会杀我们，虐待我们。因为我们现在是一家人，你们为什么还要强迫我们嫁给你们？虽然我们身在此地，但我们在江西和四川都有丈夫。我们到这来是为国而战。如果你们用这种方式来强迫我们这些女战士，我们坚决反对！”

敌人的团长，也许故意歪曲她的意思，说要把她嫁给同一级别的军官。

女兵们讨论了她们的困境，认为她们目前唯一的出路是，在她们被分开“嫁”给国民党的官兵后再设法逃跑。她们一致认为唯一的办法是从她们的“丈夫”那里偷一支枪，把他打死，然后逃跑。如果不成功，她们就向自己开枪，成为烈士。

王泉媛认为她有资格代表女战士们和敌人商谈妥协的条件。

第三营的营长和清真寺的伊玛目来了。他们都是回民。营长叫我到团长家。

我说：“行，但是我去之前，团长必须答应我的要求，否则我不去。”

他问：“告诉我你有什么要求，我们会转告给团长。”

我说：“你们团长得亲自来。”

他们不得不回到营部，把团长请来，他们不敢打我。

团长来了，他背着手，问我：“你有什么条件？你想说什么？说！”

我说：“我的第一个条件是吴富莲必须和我在一起，她病得很重，只有我了解她的病情。我要照顾她。”

他说：“为什么不送她去医院，让护士照看她？”

我说：“不行。如果你不答应我的条件，我不跟你走。”

他说：“好吧。我同意了。吴富莲跟着你吧！”

“第二个条件是李开芬也跟着我。”我提这个要求的原因是李开芬能读会写，而我没有文化。既然我计划逃跑，最好有一个能识字的人在身边。那团长说，李开芬得跟她“丈夫”走。

我说：“不，她必须跟我在一起！”

他说：“行，行，我同意了。”

“第三个要求是宗教自由，我不愿意当回民。”我说这话因为当地人告诉我如果汉人要和回民结婚，伊玛目会惩罚她，这人必须变成回民才能和回民结婚。①

他不敢同意，因为伊玛目在场。

但伊玛目想欺骗我，于是说：“行，行。”

我的三个要求他们都答应了。

我上楼去休息了一会儿。下午4点了。我该怎么办呢？伊玛目和两个营长都下楼了，只有我和团长在屋里。假如他强奸我怎么办呀？

我问厕所在哪儿。团长叫警卫员带我去。我在那里待了一夜直到早晨。

那天他们把我嫁给工程兵团团长，把吴富莲送到医院。

第二早上，我们正在吃早饭，医院来人告诉我们吴富莲已经死了。听到这消息，我吃不下饭了。我不知道吴富莲是怎么死的，是不是自杀了②。

当王泉媛听说李开芬被送走，因而她的第二个条件也没实现，她企图跳楼自杀。她苏醒过来，被送到一个国民党连长的家里。那连长得到红四方面军一个政治指导员当小老婆。王泉媛又被转移到另一家，那家住着她的另一个同志。她一到那里，就溜出去侦查逃跑路线，但她被她的“丈夫”发现了。

团长在城墙上的岗楼上看见了我。他带着伊玛目，还有五个副官骑着自行车追我。

团长问我：“ 你在这儿干吗?”

我站在那里，不理睬他们。

团长狠狠地哼了一声，然后说：“把她弄进去。”

五个副官把我拖了进去。两人抓住我的手，两人抓住我的腿，把我拽到院子里。他们把门关上，把另外一个妇女关在她的房间里。

---

① 根据伊斯兰的风俗，不同种族男女结婚生的孩子的宗教身份要跟随母亲的宗教。

② 邓六金和吴富莲在瑞金时工作关系很密切。她告诉我们：关于吴富莲的死有很多说法。有的人说，她负伤了，不能前进，为了避免被俘，她用手枪打死了自己。有的说她被俘后死在医院里。因为吴富莲牺牲时王泉媛不在场，吴富莲的牺牲一直是个谜。

他们七个人把我摁在地上，两个人按住我的手，两个人拽住我的脚，一个人卡住我的头。伊玛目用一根烧火棍打我，把棍子都打断了。他一共用折了 20 多根棍子，每打一下都刮下一块皮。

他们往死里打我。我昏死过去将近一个小时[1]。我什么都不知道。20 多根烧火棍和一捆柳树条都打断了。我的后背淌着血，下半身又青又紫。他们往我身上喷酒，我又呼吸了。然后他们踩我的下半身。

夜里我才完全恢复知觉。我喊："我动不了，我不能翻身!"

我的同志进来了。她抱着我哭。她说："你怎么能动呀!你的背部全都被打烂了，一块好的皮都没有。你的背上贴了几十块膏药止血。他们打你的时候把我们锁在屋里，我们无法帮助你。"

我对自己说："你们可以打我杀我，我不害怕!假如我怕死，我就不当兵了。我宁愿死也不愿意当你的老婆!"

我在他家因为逃跑被打了五次。

王泉媛在甘肃当了两年的俘虏。有个管食品供应的汉族男人对她很友好。他警告她，如果她不逃跑，早晚会被杀害！他知道他要调到另一个省去了，如果帮她跑掉，他们也无法对他报复。她说："我能跑到哪儿？我是屠夫案板上的一块肉。"他建议王泉媛女扮男装，装成他的妹夫，才能躲过哨卡的检查，因为每个哨卡都有她的照片。他给他准备了一些证明信，告诉她去甘肃的省会兰州，在那里有红军的办事处。她表示反对，因为她从来没有去过那座城市。他建议她雇辆大车，车夫一定会帮她找到红军办事处。

按照那个汉族男人的建议，王泉媛说服团长的老婆帮她找了些男人的衣服，并偷盖了县里的印章，伪造了一个假通行证。她选在敌人人少的时候逃跑。她通知了原先自己团的后勤兵，一个一直和她在一起的 13 岁的女孩。等警卫睡觉后，她们一起溜出了后门。

我先托她过了墙头，告诉她在路边的沟里等我。然后我翻

① 王泉媛坚持说她死了一个小时，不是失去知觉。

过墙。我们晚上 11 点开始走，一直走了 90 里，天亮才停下来。

早晨我们搭上一辆大车。赶车的问我们："你们有通行证吗?"

我说："有，我们有通行证。"说着把汉族男人给我的纸条拿了出来。

赶车的说："好，你们上车吧!"

路上有个地方保安设的哨卡。正规军到别处视察去了，我抓住这个机会逃跑。保安喊道"你们有通行证吗?"

我回答说有，并拿出假通行证。我的字写得不好。

他问："当官的字怎么写得这么差呀?"

我说："得了吧！你还瞧不起人呢。这字写得不比你的好吗？你有什么了不起的。"

"好了，好了。拿着，走吧!"

这样，我通过了哨卡，到达兰州。

王泉媛和她的后勤兵在一家客栈安顿好，客栈的主人同情共产党。她雇了辆大车去八路军办事处，以为，"如果能找到办事处，一切问题都会解决了。"但是，她根本不认识一个办事处的人。

王定国接待了王泉媛。王定国的工作是甄别和集合在青海、甘肃被俘的红军士兵。王定国说："那时的形势很复杂。我们不能从穿的制服判断谁可信谁不可信。"①

王定国听说王泉媛被俘两年多，从 1937 年到 1939 年，时间跨度为三年，她向中央汇报了情况。

王泉媛记得八路军办事处的人说："一年之内的接收，二年的调查，三年的不收。我们不能接收她们。"

王定国给王泉媛的丈夫王首道发了电报，问他是否接受王泉媛，但他拒绝了，因为她被迫嫁给了国民党的军官②。

王泉媛绝望了！她问道：

---

① 王定国是红四方面军的战士，她尽了最大的努力帮助王泉媛回到红军。（1988 年在中国国际广播电台采访王定国）

② 1989 年采访郭晨。

“我有什么办法？这是我离队后的第三年。如果你们不收留我，我怎么办呀？我求你们向领导解释我的具体情况。”

我给他们讲了我的全部经历和情况。

“你们一定要收留我。我在此地谁也不认识。我们俩以后怎么办呢？”

这是我们谈话的全部内容。三天后，王定国给了我们五块钱以及一个口信，“目前我们只能这样做。我们不能收留你们。这五块钱是你们的生活费。”

我们俩只有五块钱，真是走投无路了。

王泉媛返回部队和恢复红军战士身份的希望破灭了！她回到客栈，发现马家军的两个副官正等着她。她说如果他们强迫她回去，她就跳黄河。店主报告当地的警察，说这两个副官是逃兵。这样一来，警察调查住店的每个人。他们开始怀疑王泉媛。

王泉媛藏在客栈里，直到钱花光了。

我们实在太饿了，瘦得只剩下皮包骨。每天我们只吃五个粽子，三片白菜叶子，就着水吃。

她们设法摆脱了国民党和地方警察，找到一些西路军的战友，得知她们中的许多人为了生存只好嫁给了国民党士兵和当地人。因为她们在饿肚子。

她只好劝说她的后勤兵也嫁人，她解释说：“她没有其他选择，只能嫁给兰州的一个理发师。”

王泉媛战友的丈夫介绍她认识一个司机，江西人，王泉媛同意嫁给他，随他去云南，因为他母亲住在那里。

我一点办法也没有，只好嫁给这个姓温（音译）的男人。我和他结婚了吗？是的。情况就是这样。当我们到达云南时，他的母亲已经去世了，他在云南没有其他亲人。

这已经是1942年了，在抗日战争时期，国共两党的统一战线还起作用。王泉媛听说国民党军队正在招收司机去印度接受培训，她劝丈夫去报名，这样成功地结束了这段婚姻。

之后，她给在江西的哥哥送信，听他说母亲患肺病快不行了。她的哥哥催她尽快回家。于是，她搭乘丈夫的一个朋友的车回到了江西。

王泉媛在哥哥家住了 6 年，经过了抗日战争的结束和国共两党的内战。

1948 年，国共内战期间，当地的地主把她赶了出来，因为她参加过红军。“他们威胁杀我哥哥的猪，抢他的牛，所以我哥哥没有办法只好让我走。”哥哥对王泉媛说，因为她已经出嫁了，就不能住在他家了，更何况她参加过红军和共产党，很有可能会被捕。

王泉媛到了江西的泰和，住在她姨家里。她的哥哥找到了王泉媛的第四任丈夫，但他已经在四川结婚了，有五个孩子。

在泰和，王泉媛第五次嫁人。解放后，她丈夫家在土改时被划成反革命，她的丈夫被关了五年。王泉媛认为，“那是一个冤案”。

后来，王泉媛的历史受到工作组的调查。他们问她中央领导里认识谁。她回答说，她认识几乎所有的中央领导。他们建议她给认识的中央领导写信，证明她的清白。

> 1961 年，我有一个过继的孙子在湖北上学。他问我为什么从来不出门。我告诉他，“我别无选择，因为我家被打成反革命。”我的孙子给康克清同志写了封信。康大姐回信，让我去江西省政府找省委书记申诉。

王泉媛的问题还没有得到解决。她在敬老院工作。她的第五任丈夫于 60 年代故去后，当地敬老院的规模扩大了一倍。王泉媛干了各种各样的工作，从看门人干起，一直干到敬老院的院长。

1980 年，她 67 岁退休，回到老家。她弟弟过继给她一个儿子，她又收养了一个女儿。她的养子和养女结婚后，他们以及他们的子女和王泉媛住在一起，耕种一小块土地。

退休后王泉媛继续向权威部门上诉。钟月林谈到她在北京和王泉媛会面的情况：

> 王泉媛年轻时非常漂亮。她来北京时，我简直不认识她了，她完全变了。当她提到江西时，我认出了她，但当年的影

子一点都没有了。

在江西时，她一见到人，一开口，总是面带笑容。她是那么热情，那么活泼。

我们不清楚她是如何调到红四方面军的。吴富莲是妇女独立团的政委，王泉媛是团长。当我们的部队在青海或者甘肃的一次战斗中被打散后，她被马匪骑兵俘虏。后来红军拒绝接受她，说她背叛了他们。

其实事实并非如此。她一直在尽力寻找党组织。她找到兰州八路军办事处，他们不接受她，因为她被马匪骑兵俘虏过。他们说他成了马家军某位军官的老婆，背叛了革命。所以她回到家乡，成了一个普通的老百姓。

在长征途中，她曾和王首道结婚，但她现在是个农民。

王泉媛的生活再次发生了变化，这次终于朝好的方向变化了。

当我们于1989年2月采访她时，她兴高采烈，因为她正式领养儿子的申请批下来了。

1989年8月，她正式被确认为红军退伍老兵，享受老红军的离休待遇。王泉媛不再是农民了，这意味着她的孩子和孙儿不必一辈子拴在土地上了，而且可以比较自由地活动，从事种地以外的其他职业了。

结 论

当王泉媛所在的红一方面军的姐妹们在1935年秋天到达陕北的时候，她们为来到一个比较安全的地方由衷地感到了一种解脱，缓解她们所面临的艰苦条件。她们立刻加入了扩大陕甘宁边区的工作中，她们要把这片中国最穷的地方发展成为军事、社会、经济和政治的根据地[①]。作为中国当时唯一仅存的苏维埃根据地，陕甘宁成为当时中国共产主义政府的首府。

红一方面军到达根据地不久就召开了政治局会议。会后毛主席发表的演讲中，第一次将红军所经历的严峻考验称之为“二万五千里长征”[②]。

参加过长征的老兵们，无论是男是女，经过长达数月的激烈的体力消耗和营养不良的摧残，身体状况都不是很好。领导人中像陈琮英的丈夫任弼时就到苏联进行治疗。其他人只能尽可能多休息，依靠中国传统的方式进行调养，或通过他们自己坚韧的毅力来恢复健康。

---

① Patricia Stranahan在论文中是这样描述这个地方的：“在1935年10月25日，饱经艰辛的红一方面军经过长征到达了陕西。在毛泽东、周恩来和其他党的领导人带领下，部队在中国最后一个共产党占领的地方寻求庇护。他们发现的是一个饱受战争和饥荒蹂躏的荒凉、贫穷的地方，任何政府都对这里弃之不理。红军进入陕西时所面临的不仅是20世纪以来政治、经济和自然灾害的破坏。本世纪初以来的动荡只是进一步加剧社会和其他机构的瓦解。”“陕西省实际成为边区省份的中心，这里曾经是中国历代王朝的中心。但是从宋朝以后，中国的经济和政治中心逐渐转移到华南和华中地区，陕西就开始衰落了。这里三面环山，缺乏了过去的社会和政府的活力，逐渐和中国的其他地方越来越隔绝了。到20世纪30年代，陕西省只有几条公路和一条铁路”（Jackal：《延安的妇女》，第58—59页）。

② 《毛泽东选集》第1卷，人民出版社1991年版，第160页。毛泽东的讲演于1935年12月27日发表于瓦窑堡。

当红二方面军和红四方面军的妇女战士们完成长征，于 1936 年秋天来到陕北的时候，她们的生活又回到过去熟悉的苏区模式。来自三支军队的女战士都被送到学校学习文化和军事、政治理论。她们继续为党工作。她们中有的人结婚生孩子了，而另外一些人，比如蹇先任，则离婚了。

他们在陕北安居了一段时间后，一些人更换了配偶，尤其是 20 世纪 30 年代末和 40 年代初期，一批受过教育的知识女性从城市来到这里。

蹇先任没有和我们谈起她离婚的事情，她比她的丈夫更有文化。

但是很多有文化的男性离开了他们没有文化的英雄妻子，追求和他们背景相近的年轻知识女性。

另一个复杂的原因是夫妻经常分散，有些人在战争中四处奔走，相互失去了联系。例如邓六金说：

> 我们的政委李坚真在长征中和我们部队的领导结了婚，但是她的丈夫后来参加了西路军。因此，他们都认为对方要么牺牲了，要么失散了，就分别和别人结了婚。

* * *

这些女战士们继续她们的革命工作，经历了 1937 年到 1945 年的抗日战争和后来的国共内战，直到 1949 年中华人民共和国的成立。陈琮英、王定国、钟月林和刘英都被指定为机要秘书，协助上了年纪或者身体虚弱的丈夫工作。一些女红军留在了部队，更多的人被安排在国家、省或地方一级的地方部门工作。

在 60 年代中期到 70 年代中期的“文化大革命”期间，所有的女战士们都不同程度地受到迫害，尤其是当她们有名的丈夫或者前夫受到冲击的时候。例如谢飞，仅仅是因为她和刘少奇曾经有密切的关系而被捕入狱两年，尽管他们在 1941 年就结束了六年的婚姻。

直到 70 年代后期和 80 年代初期，“文化大革命”结束后，许多的女战士都恢复了原先的工作职位，她们才有机会恢复在长征前后的战争年代中结下的友谊。

邓六金还说起这些居住在北京的女战士们相互联系的情况：

> 有时候我们到医院的时候就互相看看，有时候我们一起开

会或听报告。我们住在城里不同的地区，所以我们不经常聚会。我和王定国关系非常密切，因为我们在同一个单位工作。我们经常打电话，聊聊工作和我们的家庭。

昨天晚上（1986 年 7 月 7 日），我们还一起到首都剧场看了两场纪念李伯钊的戏。我看到李贞和刘英了。

前段时间，我们还组织起来到北海幼儿园参加纪念长征胜利 50 周年的纪念活动。

春节期间，我们在人民大会堂团聚，所有的红一方面军、红二方面军和红四方面军的同志都见面了。我们有些人已经几十年没见面了。

我们都已经离休了，但是大家仍然工作，因为我们还能走能说。我现在从事儿童福利方面的工作，给中国少年儿童基金会筹款，还帮助少年犯的改造工作。我还忙于各种访问活动。王定国比我还忙。她有好几个头衔。我们不想总待在家里——我们还想给社会做些工作。

邓六金所讲述的长征结束后老战士们再续友谊的情况非常重要，告诉了我们她和其他老同志在接受采访时还在从事的工作。女战士们一起工作时所表现出来的那种紧密的友情和同志情谊，那种团结的感情丝毫不亚于当年长征中一起患难的情形。

正是在这种语境下，当问及长征中结下的友谊时，刘英说：

我们都很亲密。只要和我在同一地方部门工作的同志，无论是男还是女，都是我最好的朋友。我没有和某个人特别的密切。我们只是同志关系，一起工作，在同一个地方睡觉，大家都一起睡在地上。吃饭的时候，我们都用同一口大锅做饭，每个人拿一个碗，盛满了就吃。非常简单。

除了在工作中建立的联系之外，她们的经历中还有另一个重要的方面。尤其是年轻的女战士们，和年长的女战士共同经历过了生育孩子的过程，正如马忆湘在第三章中所描述的那样。钟月林非常感谢在过草地前贺子珍给她做的背心。

但是何曼秋在描述她和年长女战士的关系时，增加了另一种理解：

其他人（女战士）告诉我们如何穿军装，晚上还帮我们盖好毯子。我觉得从她们那里得到的温暖比在家里还多。尽管家里很舒服，有人给做饭、照顾你，还有父母和祖父母疼你。但是我到部队后，觉得自己好像来到一个崭新的世界。我认为这个新环境非常适合我，因为这里和我的理想和个性非常契合。我一点儿都不感到陌生，所有的人都非常喜欢我。

在谈到家庭的关爱与同志和上级对自己的爱护有什么区别时，何曼秋着重强调同志之间的情谊是在长征中形成的。许多妇女说红军和党就是她们的家。党和部队确实取代了一些家庭的功能，比如说安排婚姻、给女战士起名字，照顾老人和生病的人。此外，党组织中每个成员的秘密性质和她们参与其中的机密信息，以及她们在党内不同的地位和在军队中不同的职级，在某种程度上非常类似于家庭中只有“知情人”才能知道的秘密，或者在家长制的家庭结构中非常私密的家庭事务。总而言之，无论是在家里、党内还是在军队中，都是男性占统治地位的。

然而，党和部队作为一种制度不可能完全代替家庭。蹇氏姐妹之间的相互依恋是个特例，她们之间的理解和支持，无疑因为她们是姐妹。家庭成员之间的亲密关系很难与其他人之间的友谊相提并论，即便是经历长征这种极端艰苦条件下形成的友谊。

当女性选择参加革命的时候，她们就已经跳出了传统观念中公与私之间的界限的束缚。此外，在 20 世纪早期传统的中国家庭中，如果家庭条件允许的话，女性都生活在家里；要是条件不允许的话，女孩子也要到地里干活，或者寄养到别人家。男人专注于“外面”的事情。中国有句老话称妻子为“内人”。当钟月林第一次拥有自己的名字时，她才明白参加革命为她打开了一片新的天地，她和其他女性获得一种新的认同，不再只是某人的女儿或者某人的妻子[①]。当女性们通过剪发来宣告自己的进步时，她们不仅是向公众做出革命的承诺，而且是剪除了象征

① Rubie S. Watson 探讨了在靠近香港的村庄中起名和不起名的现象。尽管她研究的地域范围很小，但是她提供了一个非常开阔的视野来讨论这个问题。（《有名字的和没名字的：中国社会中的人和性别》，《美国民族学者》第 13 卷，第 619—631 页，1986 年 11 月）弗郎西斯卡·布雷在一个脚注中也探讨了中国家庭在起名时的性别问题。（《技术与性别：中华帝国晚期的权力结构》，伯克利：加利福尼亚大学出版社 1982 年版）

着她们“内在的”婚姻状况的外在可见的标志。

不仅如此，在红军中相同的职位上，红军女战士比男战士更加引人注目。在《改变中国》一书中，史景迁认为人们在他们自己的社会中也许无足轻重，但是当他们到了另一个国家成了一个非常微小但却特征明显的少数人群体时，他们反而成为了非常重要的人物[①]。与此相同，在男性文化占主导地位的军队中，女性会非常突出，不管是好还是坏。尽管她们可能会成为与男人暧昧关系、相互之间的争吵成为流言蜚语所嘲弄的对象。但是当她们证明自己是吃苦耐劳、坚韧不拔的优秀士兵的时候，成功塑造了一个积极正面的女性形象，超越了女性是脆弱、谦虚、胆小、顺从的中国传统观念。

女战士在执行军事任务时，和所有士兵一样，都要努力实现上级规定的军事和政治目标，但是也有差别：她们要完成只有女性才能完成的任务。结婚经常是为了完成党的任务的工作需要，主要是为了满足未来的丈夫和行为正当的需要。当她们从事地下工作时，谢小梅和王定国都被安排和同事结婚。因为她们的丈夫需要妻子在生活上的照料，同时作为夫妇也能减少周围人的怀疑。王定国参军时只有十几岁，嫁给了长征中年纪最大的谢觉哉。她从马步芳的部队中释放出来后，他们一起留在甘肃工作。当问及他们的恋爱和婚姻情况时，王定国简要地说：“没有谈恋爱，是为了党的工作。”长征结束后，妇女的地位和被安排的工作虽然不总是，但也主要是根据长征后他们是否离婚，丈夫的级别和在政治上的地位来决定的。

她们所从事的护理和征集粮食的工作也是女性性别的体现，可以看做是女性传统上所从事的工作的扩展。在征兵工作中，女战士被派去劝说妻子和母亲们让她们的男人参加红军。之所以让女孩子和女战士从事宣传工作，就是通过让她们自己讲述当童养媳时受虐待或者被地主欺负的故事，来帮助村民认识到自己所受的剥削。另一个原因就是在当地百姓看来女性没有什么危险，可以邀请她们到家里坐坐，和她们一起轻松地聊聊天。

女战士谈得最多的是参加革命，然后是参加共产党的组织，如共青团和中国共产党。对她们来说，参军并不是一个大事。她们简单地把军事归为政治概念上的士兵、干部，将军队中的设置当做一份工作而已。党和军队的界限在很多方面都混为一谈。

---

① 参见史景迁：《改变中国》，波士顿：小布朗出版社1969年版。

在长征中，战士们不穿制服，充其量也就是带一顶有红五星的军帽。党组织结构的军事化色彩，体现在像干部这样的称呼上，也反映在干部必须无条件地服从党的领导。

撰写妇女史时需要了解的一点是，当历史聚焦在妇女身上时，传统的历史界限就要发生改变。苏珊曼说把妇女写入历史可以改变传统的历史“框架的内容”，但是又补充道：“我们也许还会破坏了这一框架本身”①。从参与其中的女性的角度来看，历史不是一系列的具体的事件，而是一个连续的过程。历史学家传统所强调的重大事件发生的时间显得不是那么重要。这不是因为日期不准确，而是因为一个具体的日期或许标志着政治或军事历史上的转折点，但对人们理解其自身当时的经历而言则不尽然。

非常清楚的是，这些女战士当时并没有把长征的结束看做是一件意义非凡的事件，而仅仅视为她们人生中一段难忘的经历，经过长达一年的艰苦行军她们完成上级指定的任务。她们经历了千辛万苦，那是最艰难的一年，但是也许仅是漫长的艰辛岁月中的一年而已。她们的感受可能没有给长征更增添传奇的色彩，但也没有削弱长征的英雄性质。她们给已经成为神话的长征增添了更多人性的色彩。

由于选择了革命，时刻与红军和党在一起，这些女战士的生活不可避免地发生了改变。她们成为了中国现代历史上具有传奇色彩的长征的受益者。尽管她们原来在自己的家乡并不出色，也不是重要人物，但是在长征结束、中华人民共和国成立以后，那些走过长征的人获得了国家的赞誉，在国家、省及地方享有崇高的地位，享受到了作为“国宝”级的革命英雄的胜利果实。

邓六金在结束访谈时所说的一席话，也许总结出了大家的普遍感觉。她说：

> 我们女同志配合得非常好，我们团结一致，所有的人都一条心。那时候，我们女同志必须团结。我们没有争吵或者打斗。当时我们一起分享从食物到衣服所有的东西——我们同甘共苦②。

① 苏珊曼：《珍贵的记录：十八世纪的中国妇女》，斯坦福大学出版社 1997 年版。

② 成语“同甘共苦”是那些在 20 世纪 20 年代到 50 年代参加了共产主义革命的许多人们在形容他们和同志之间的感情和亲密程度时所经常使用的一个词语。

采访注释：

陈琮英　北京，1987年6月。
邓六金　北京，1986年6月。
何曼秋　北京，1986年12月和1987年3月。
蹇先佛　北京，1988年9月。
蹇先任　北京，1988年12月。
康克清　北京，1987年1月。
李桂英　南京，1989年2月。
李坚真　广州，1988年1月。
李燕发　北京，1988年6月。
廖似光　广州，手写材料。
林月琴　北京，1988年1月。
刘　坚　广州，1988年1月。
刘　英　北京，1988年1月。
马忆湘　广州，1988年1月。
钱希均　北京，1987年9月。
权卫华　北京，1986年12月和1987年6月。
王定国　江西泰和，1989年2月。
危秀英　江西南昌，1989年2月。
谢　飞　北京，1988年10月。
谢小梅　广州，1988年1月。
张　文　北京，1986年12月和1987年1月。
钟月林　北京，1989年2月。

其他的采访者：

郭　晨　北京，1986年6月。
王　申　云南石鼓，1997年6月。
严景唐　北京，1986年3月。
周贵传　云南丽江，1997年6月。
周贵英　云南丽江，1997年6月。

后记

非常荣幸能借本书出版之机来感谢所有那些在本书写作过程中帮助和支持过我的人！同时，我的内心非常惶惑，担心会有所遗漏。在此本人谨向那些明知此书为中国青少年基金会所资助、在毫无酬劳的情况下依然为本书的写作奉献他们宝贵的时间和精力的朋友们致以诚挚的谢意！

由于本书是基于当事人的口述而写作的历史著作，因此书中自然包含了许多人，既有那些受访者，还有许许多多以不同方式提供过各种不同帮助的人们。本书在采访过程中得到中国人民革命军事博物馆、中国国际广播电台出版社、北京电台、中国中央电视台、宋庆龄基金会以及广州、南昌、南京的军方历史学家的帮助；还得到湖南长沙、贵州遵义、毕节、云南的昆明、丽江、中甸等地博物馆的工作人员和当地政府对外办公室工作人员的帮助。

在逐段翻译本书的访谈记录的过程中，无论是在北京我所居住的公寓、在哥伦比亚大学、马里兰大学、斯坦福大学、还是在帕罗奥多我和朋友的家中，我均得到愿意说中文的学生、同事和朋友们的无私帮助。

本书在写作过程中得到帕罗奥多成人学校的创作班的成员们的帮助。我在北京居住 13 年后于 90 年代重新回到英语环境中，两个写作小组的成员非常仔细地帮我订正了书中的语言和概念。斯坦福大学的人物传记研讨班为本书的写作提供了很多宏观与微观上的启发。北京外国语大学英文系和斯坦福大学东亚研究中心更是为我提供巨大的帮助与便利条件，允许我使用那里的图书馆和空间来从事写作。

我要向以下几位友人表示由衷的谢意！温冬暖（下文人名均为音

译，不再一一标明）帮助我从事这一研究计划。黄惠春、蒋清年和严景唐为我提供了许多默默的帮助，从而使得这一中国历史的伟大篇章变得更加清晰可见。王卫华、陈景俊和冯小明帮我一起采访。莎莉·阿特塞罗斯（Sally Arteseros）从一开始便相信我所从事的研究非常有意义。玛丽莲·杨（Marilyn Young）很早便给予我鼓励。伊莎白·柯鲁克（Isabel Crook）、柯临清（Chris Gilmartin）和安妮特·鲁宾斯坦（Annette Rubinstein）自本书开始创作的阶段便与我一起阅读并讨论访谈记录的翻译。

帮助我一起从事费时而且时常令人懊恼不已的翻译访谈记录工作的有：王卫华、李英红、胡春、洪锦宜、王振华、钱蒙、韩培、陈澍、易海宁和李勇。

斯坦福大学的玛丽莲·亚隆（Marilyn Yalom）引介我参加了人物传记的研讨班。这个研讨班是由黛安·米德尔（Diane Middlebrook）和芭芭拉·巴布柯克（Barbara Babcock）创办的，后由伊迪·盖乐斯（Edie Gelles）主持的。东亚研究中心的范力沛教授和杜彼得（Peter Duus）、康无为（Kal Kahn），戴慕珍（Jean Oi）、傅得道（Ted Foss）、海伦·奈维斯（Helen Neves）、潘仪华（Connie Chin）等诸位教授为我提供了办公室。

苏珊·米里格登（Susan Rigdon）是本书最为忠实的支持者，她在本书写作的中途与我结识。她非常慷慨地奉献了无法计数的宝贵时间仔细阅读本书的全部初稿，提出许多宝贵的质疑意见和建议。还有许多其他友人：葛希芝（Hill Gates）、柯临清（Chris Gilmartin）、贺萧（Gail Hershatter）、高彦颐（Dorothy Ko）、梅尔清（Tobie Meyer-Fong）和申晓红分别奉献自己的宝贵时间阅读书中若干段落。

陈宇忠、黄冰莹和黄开蒙等人奉献出她们宝贵的时间、精力与智慧来帮助我获得本书所使用的图片的许可和翻译。巴里·陶（Barry Tao）利用早上上班前非常宝贵的时间帮助我解释地图，使他们看起来更加清楚明白。

虽然有以上诸多友人的无私帮助和辛勤劳动，但书中所存在的诸多纰漏与疏失均由本人负担全责。

在本书写作过程，我最感亏欠的人，除了那些讲述本书故事的红军女战士们外，就是王卫华和杨孟东。卫华为本书的完成奉献了宝贵的时间、精力和热情，即使在她最为紧张和疲劳的时候，她都非常幽默，始终保持着具有感染力的热情。我非常珍惜我们互为师友、一起共事的那段美好的记忆。另一位我要感谢的、“没有他便没有本书”的人，便是我的丈夫杨孟东。他能熟练掌握多国语言，精通多种中国的方言。在本书写作的漫长过程中，他始终如一的耐心、对历史细节非凡的洞察力与关注，以及对这一研究持续的支持和研究方法上的启发，还有无数次严谨写作了一整天后美味可口的晚餐，可以说，没有他所作的这一切便不会有本书的诞生。

最后，向本书的译者朱晋平先生、王立礼教授（第八章）、朱晓萍女士（第三章）表示衷心的感谢！同时也感谢中国社会科学院近代史所罗敏博士校对全书的译稿。本书的中文版能在中国共产党成立90周年之际出版，深感荣幸，谨向积极促成此事的中共中央党校出版社表示由衷的谢意！